퇴직연금으로 시작하는

자기주도 자산관리

홍정용 지음

WHYBOOKS®
㈜와이북스

머리말_

이 책은 광주은행 WM 사업부에서 근무할 때, PB님들과 PB센터 고객분들께 어떻게 하면 금융시장과 금융상품에 대해 쉽게 이해시킬 수 있을까 하는 고민에서 작성한 자료를 바탕으로 만들어졌습니다.

자산관리에 있어 저금리 시대의 도래는 저축만으로는 더 이상 자산을 형성하고, 노후를 대비할 수 없는 환경을 만들고 있습니다. 따라서 이제는 이전보다 좀 더 적극적으로 자산을 관리할 수밖에 없는 시대가 되었습니다. 하지만 자산관리라는 것이 전적으로 전문가의 도움에 의존하는 것은 아니라는 게 제 생각입니다. 의사결정이라는 것은 언제든지 자신의 책임하에 이루어져야 하며, 특히 최근에 일어난 DLF 사태 등에서 알 수 있듯이, 투자자 자신이 어느 정도 의사결정을 할 수 있는 금융지식을 반드시 가져야 성공적인 자산관리가 가능합니다.

이 책이 나오기까지 항상 관심을 보여주신 김태진 부행장님, 큰 도움을 주신 광주은행 WM 사업부 장진섭 부장님과 김순희 부부장님, 김현행 차장님, 박근하 차장님, 서정혜 차장님, 이명철 과장님, 전창윤 대리님, 김윤미 대리님, 신탁연금부 선혁창 부부장님, 그리고 로보어드바이저에 대해 눈을 뜨게 해주신 쿼터백 테크놀러지 김승종 대표님, 그리고 사랑하는 부모님과 한혜선님, 아들 지호에게 고마운 마음을 전합니다.

2020년 인생 2막을 시작하며, 홍정웅

추천의 글_

요동치는 금융시장에서도 흔들리지 않는 수익을 만들어 내고 싶은 것은 나만의 욕심은 아닐 것이다. 인터넷 자료를 검색하고 은행에 가서 상담을 하고 누구나 다 자산관리에 관심을 두지만 어떻게 해야 할지, 누구를 만나야 할지... 또 내가 가고 있는 방향이 맞는 것인지 가끔씩은 그 누군가에게 확인을 해보고 싶은 생각에 방황(?)을 하기도 한다.

나의 자산을 그리고 노후를 알차게 준비하고 싶다면 정보를 얻기 위해 힘들여 여기저기 기웃거릴 필요가 없어졌다. 이 책을 보고 있으면 자산관리를 어떻게 해야 할지 답이 보이는 것 같다. 어려운 용어들이 아주 쉽게 설명이 되어 있어서 이 책을 덮는 순간 당신의 자산관리 능력은 한층 더 성장해 있을 것이다.
보험 · 자산운용 · 증권 그리고 은행까지 두루 많은 경험들을 섭렵한 저자가 책을 출판했다는 기분 좋은 소식을 접하면서 겨울 가뭄에 단비를 만난 것만 같다.

투자의 기로에서 또는 은퇴준비에 많은 고민을 하고 있다면, 이 책을 자신 있게 권해본다. 분명 '자기주도 자산관리'의 길이 보일 것이다.

광주은행 WM사업부 부장 장진섭

목차_

01 Why? 자기 주도 자산관리

02 When? 사이클의 이해

03 What? 지표의 이해

04 Where? 상품 선택

05 How? 포트폴리오 만들기

퇴직연금으로
시작하는
자기주도 자산관리

Why?
자기주도 자산관리 01

이 장에서 우리는 자기주도 자산관리가 무엇이며, 자기주도 자산관리의 기본원칙과 접근방법 및 포트폴리오 구성 원칙을 공부하게 됩니다.

또한 이 장에서 우리는 퇴직연금 등 자산관리에 적합한 여러가지 상품들에 대해서도 공부하게 됩니다.

이 장을 공부하고 나면 우리는 왜(why) 퇴직연금 등 절세형 상품을 통해 자산관리를 해야 하는지를 알게 됩니다.

알게 될 내용들

- 자기주도 자산관리의 기본 원칙
- 자기주도 자산관리의 접근 방법
- 자기주도 자산관리의 포트폴리오 구성 원칙
- 퇴직연금
- 개인형 퇴직연금
- 연금저축
- 즉시연금

자기주도 자산관리

1. 자기주도 자산관리란?

2000년대 초반 신흥시장 투자 열풍이 불면서, 많은 개인들이 '미차솔(미래에셋 차이나 솔로몬 증권투자신탁의 약칭)'로 대변되던 중국 투자 펀드에 집중 투자했다가 손실로 크게 고생한 기억이 사라지기도 전에, 2019년 'DLF 사태', '라임자산운용 사태' 등으로 일컬어지는 사모 증권 투자신탁 관련 이슈가 발생했습니다.

대부분의 금융기관 종사자들이 고객관리에 최선을 다한다고 생각하지만, 금융기관도 수익을 추구하는 회사이기 때문에, 어쩔 수 없이 판매 중에 간혹 불완전 판매가 이루어질 수밖에 없습니다.

하지만 핀테크(Fin-Tech)로 대표되는 4차 산업혁명으로, 이제는 개인들도 조금만 노력하면 왠만한 투자 전문가들과 동등한 수준의 정보를 이용할 수 있습니다.

이러한 정보를 이용하는 방법을 습득하고, 가끔 투자 전문가의 도움을 받아, 개인들이 스스로 자신의 자신을 관리하는 것을 저는 '자기 주도 자산관리'라고 부릅니다.

저금리와 100세 시대가 맞물린 지금, 자기 주도 자산관리를 통해 노후를 대비한다면, 아름다운 은퇴 후의 삶을 누리면서, 돈의 노예가 아닌 돈의 주인으로서의 멋진 인생이 펼쳐질 것입니다.
그렇다면 먼저 자기 주도 자산관리의 기본 원칙을 알아봅니다.

2. 기본 원칙

복리의 힘을 믿고 장기 투자합니다.
중도에 인출하지 않습니다.
세금효율을 최대한 높입니다.
적정한 리스크를 감수해서 수익률을 높입니다.
효과적인 분산 투자로, 투자 손실의 발생을 최소화합니다.
핵심 투자 원칙을 설명하기 위해 다음의 예를 이용합니다. 김○○씨는 현재 30세로, 올해 회사에 취직한 신입사원입니다. 김○○씨가 다니는 ○○주식회사는 평균적인 중소기업으로, 신입사원의 초봉은 2,730만원입니다. ○○주식회사의 퇴직연금은 DC형으로 투자대상을 김○○씨 본인이 결정해야 합니다. 김○○씨가 ○○주식회사를 55세까지 다닐 경우, 34세에 주임이 되어 연봉은 3,382만원이 되며, 38세에 대리로 4,024만원, 42세에 과장으로 5,014만원, 46세에 차장으로 5,933만원, 50세에 부장으로 7,682만원의 연봉을 받게 되며, 진급을 하지 않은 해에는 연봉이 3.0% 인상됩니다.

a 복리의 힘을 믿고 장기 투자합니다.

우리는 퇴직연금을 통해 복리의 힘을 가장 쉽게 알 수 있습니다. 왜냐하면 일반적으로 다른 저축상품들은 만기가 배교적 단기이고, 중도인출이 쉽기 때문입니다.

김○○씨가 55세까지 근무하면서 한번도 중도인출을 하지 않은 경우, 보수적으로 운용해서 퇴직연금의 수익률이 연평균 2.0%를 기록한다면, 55세에는 약 1억 4,000만원의 퇴직금이 적립됩니다.

만약 위험을 약간 감수해서 퇴직연금의 수익률을 연평균 4.0%로 상승시킨다면, 55세에는 약 1억 7,600만원의 퇴직금이 적립됩니다. 2%의 수익률 상승이 복리효과를 통해 만기 금액을 26%나 증가시킵니다.

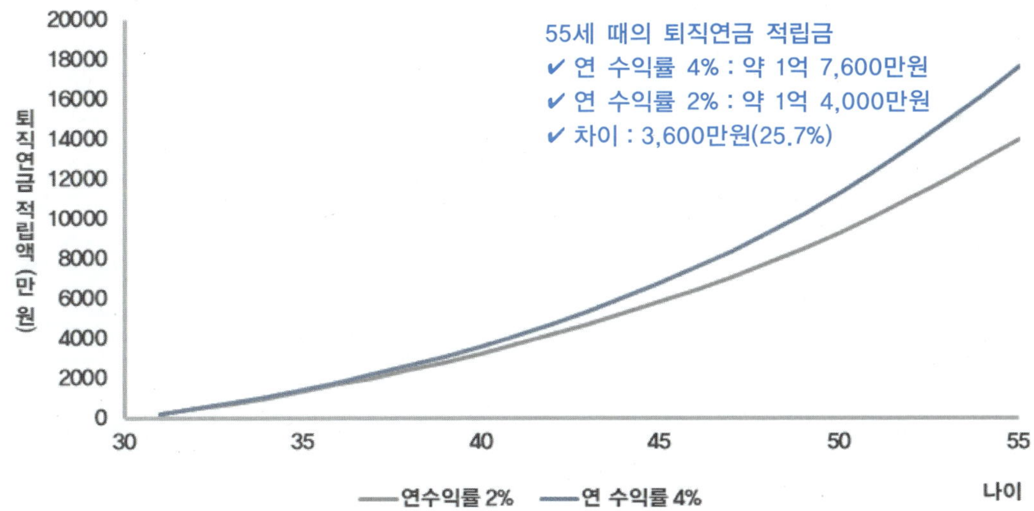

b 중도에 인출하지 않습니다.

복리 효과는 중도 인출을 할 경우 크게 감소합니다.

김○○씨가 55세까지 근무하면서 매 5년마다 자동차 구입을 위해 1,000만원을 중도 인출한 경우, 퇴직연금의 수익률이 연평균 4%를 기록한다면, 55세 적립되는 퇴직금은 약 1억 600만원으로, 4,000만원의 중도인출은 최종 적립금액을 6,700만원이나 감소시키게 됩니다.

물론 인생을 살다 보면, 주택 마련, 결혼, 육아, 교육 등 목돈이 필요한 경우가 너무나도 많습니다. 하지만 이런 자금 소요에 대비해서 목적자금 관리를 위한 금융상품을 따로 마련하고, 은퇴자금은 최종 보루로서 끝까지 인출하지 않고 지키는 것이 중요합니다.

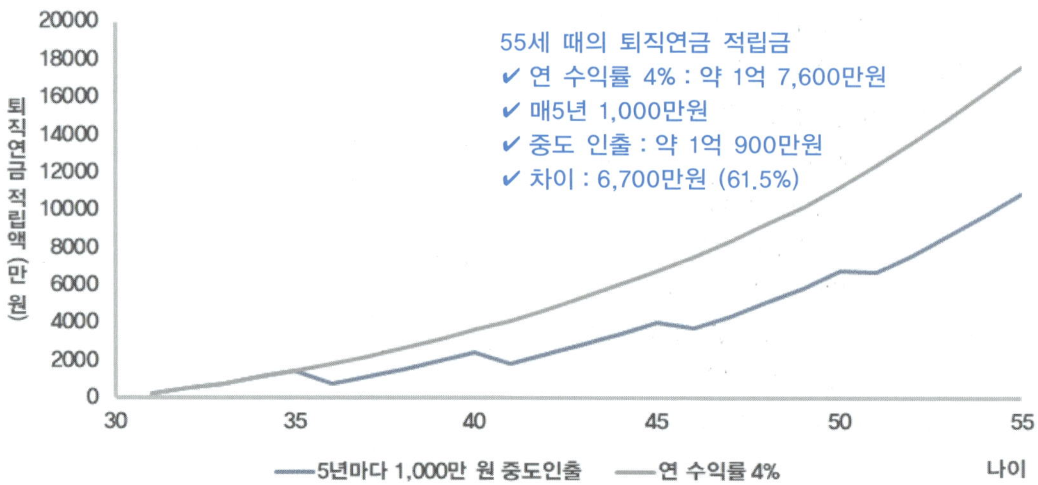

C 세금효율을 최대한 높입니다.

장기 투자의 과정에서 세금은 자산관리의 최대의 적중에 하나입니다.

투자를 하다 보면, 만기 재투자할 때나 교체 매매를 할 때마다 상당한 세금이 부과됩니다. 따라서 이자소득세나 배당소득세가 절감되는 투자수단을 최대한 활용하는 것이 무엇보다도 중요합니다.

또한 국가에서도 노후를 대비하기 위한 투자를 장려하기 위해 투자과정에서 발생하는 소득에 대한 세금을 감면해 주는 동시에, 일정 투자금액에 대해 연말 정산에서 일정 부분 세액공제를 해주는 상품들을 지정하고 있어, 이러한 상품들을 최대한도까지 활용하는 습관을 가져야 합니다.

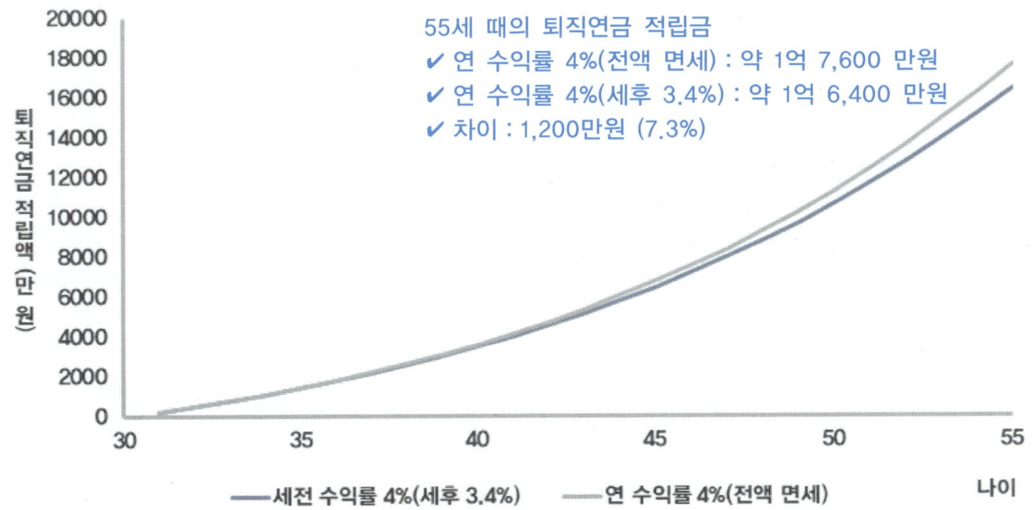

d 적정한 리스크를 감수해서 수익률을 높입니다.

일반적으로 주변의 많은 분들이 퇴직연금을 운용할 때 뿐만 아니라, 자산관리를 하실 때 너무나도 보수적인 자산관리를 하는 경우를 많이 봤습니다.

물론 원금 손실을 두려워하시는 것을 이해하지 못하는 것은 아니지만, (이 책의 대부분의 내용이 적정한 리스크 부담을 통한 자산 증대에 관해 설명하고 있습니다) 요즘같은 저금리 시대에서는 지나치게 보수적으로 자산을 관리했을 때 자산 증식은 기대하기 어렵습니다.

리스크를 관리하면서, 적정한 리스크를 감수한다면, 복리의 힘은 여러분의 자산을 극적으로 증대 시켜 줍니다.

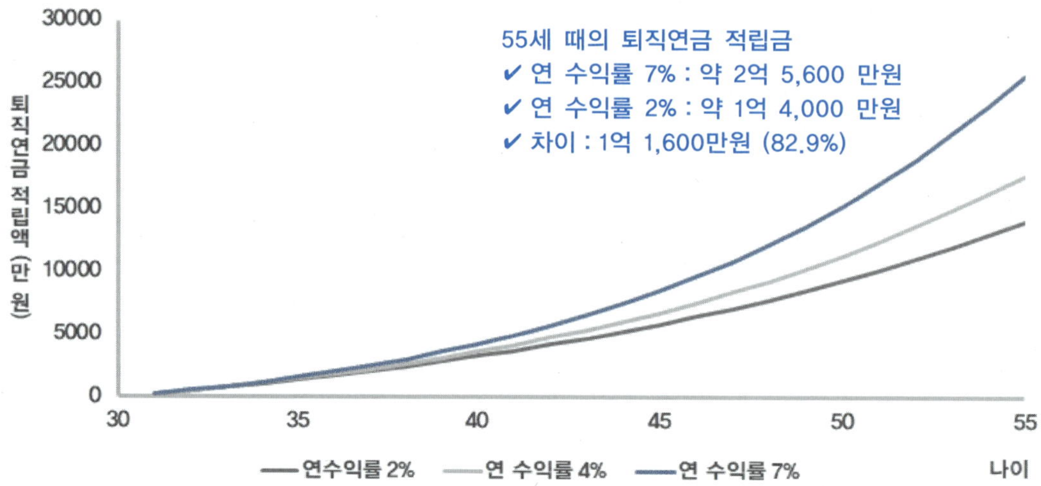

e 분산 투자로, 투자 손실의 발생을 최소화합니다.

다양한 자산군에 분산 투자합니다.

자산군 내에서도 다양한 투자대상에 분산 투자합니다.

다양한 시장/국가/통화에 걸쳐 분산 투자합니다. (home bias를 피합니다)

장기간에 걸친 분산 투자합니다 : 투자할 정확한 시간을 예측하는 것은 불가능합니다. 그러나 오랜 시간에 걸쳐 체계적으로 꾸준히 쌓아 올린다면(적립식) 위험을 줄이고 수익을 장기간에 걸쳐 늘릴 수 있습니다.

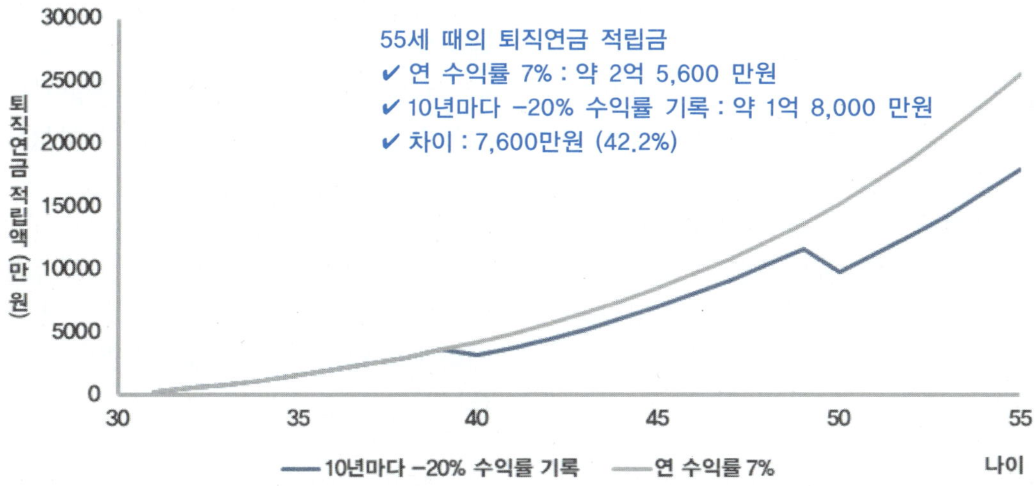

3. 사례 : 김○○씨의 안정적인 은퇴생활 만들기

국민연금 사이트를 참조해 보면, 노후 월 생활비는 현재시점을 기준으로 할 때, 243만원으로 추정됩니다.(제세한 노후 생활비 통계는 국민연금 사이트를 참조해 주십시요)

물론 맞벌이, 가족 수 등 개인의 여러 가지 변수들을 고려하기 위해서는 금융기관을 방문하셔서 은퇴 설계 프로그램을 통해 계획을 수립하시는 방법이 좋지만, 여기서는 간단한 예를 만들어 보았습니다.(분석의 단순화를 위해 세금은 고려하지 않습니다)

먼저 회사의 퇴직연금제도가 DC형 퇴직연금이라고 가정하면, 위험성향 측정을 실시하셔서 자신에게 적합한 모델 포트폴리오를 선택합니다. 김○○씨의 경우 적극 투자형으로 기대수익률이 7%인 모델 포트폴리오를 선택했다고 가정했습니다.

김○○씨는 이 책을 열심히 공부한 후, 여러가지 지표들을 이해하게 되었고, 이 책을 참조해서 자신의 행동 편향(뒤에 나옵니다)을 일부 반영해서 자신만의 포트폴리오를 구축하고, 분기별로 검토해서 리밸런싱을 실시했습니다.

이렇게 3년 정도 투자하다 보니, 투자에 재미를 느낀 김○○씨는 주임으로 승진한 34세부터, 연소득의 10%를 연금저축계좌(또는 IRP)를 통해 투자하기 시작합니다.

55세가 되어 보니, 김○○씨는 퇴직연금 적립금이 2억 5,600만원이 되었고, 연금저축계좌 잔고가 2억 6,400만원이 되었습니다.

김○○씨는 아직은 일하고 싶은 마음에 월 180만원을 받을 수 있고, 업무의 강도는 이전 보다 덜한 직업을 가지기로 했습니다.

생활비가 부족하기 때문에, 일단은 국민연금을 수령할 때까지 연금저축계좌에서 매월 220만원씩 10년간 인출해 총 400만원으로 생활비를 줄여 생활하기로 했습니다. 이 10년은 일차적으로 감소한 생활비로 생활하는 훈련을 하는 과도기라고 생각하시면 됩니다.

이 기간동안 퇴직연금은 IRP 계좌로 계속 운용합니다. 이렇게 10년을 추가적으로 운용하면, 65세에는 IRP 잔고가 5억 400만원으로 증가하게 됩니다.

66세에 김○○씨는 진정한 은퇴에 들어갑니다. 투자도 이제 신경 쓰지 않고, 이제는 정말로 그동안 미뤄온 취미생활을 본격적으로 즐기면서 생활하기 위해 IRP 잔고금액 모두를 30년 보증 종신형 즉시연금에 가입해 매월 187만원을 수령하고, 국민연금 100만원을 더해 매월 287만원의 생활비를 확보했습니다. 물론 큰 금액은 아니지만, 혼자서 은퇴생활을 즐기기에는 크게 부족하지 않아서 김○○씨는 오늘도 즐거운 노후생활을 보내고 있습니다.

나이	30 …	34 … 40 … 45 … 50 … 55	… 60 … 65	66~ …
월급여(만원)	228 …	282 … 356 … 457 … 640 … 742		
퇴직금 적립(만원) : 연수익률 7% IRP적립(만원) : 연수익률 7%	…	1,189 … 4,230 … 8,518 … 15,253 … 25,633	 35,951 … 50,424	
연금저축 적립(만원) : 연봉의 10%		362 … 3,478 … 7,980 … 15,160 … 26,412		
월 소비가능액(만원)	228 …	254 … 320 … 411 … 576 … 668	… 400 … 400	
월급여 연금저축 즉시연금 국민연금	228 …	254 … 320 … 411 … 576 … 668	… 180 … 180 220 … 220	 187 … 100 …

[표] 김○○씨의 월 소비가능액

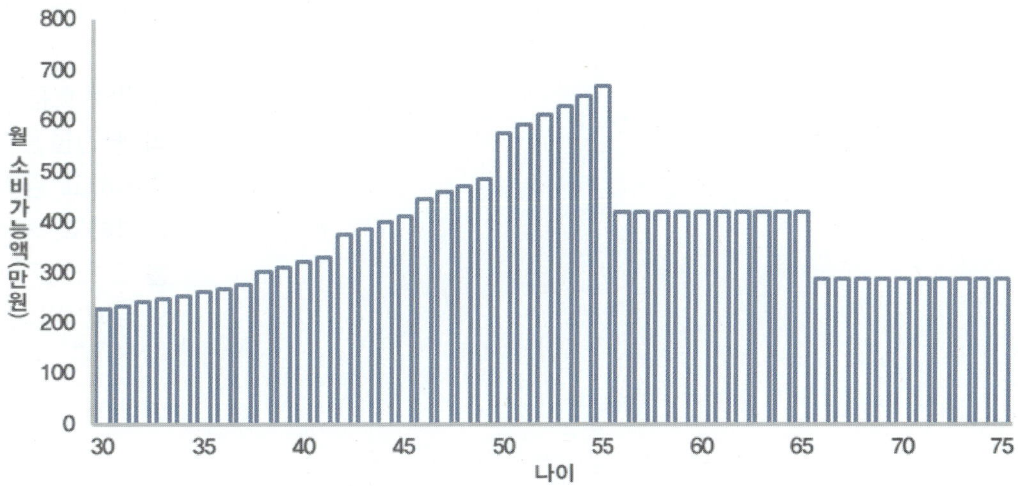

[그림] 김○○씨의 월 소비가능액

접근 방법

4. 접근방법 : 하향식 (top– down) 투자

[1단계] 각종 사이클에서의 현 위치를 파악합니다.

[2단계] 지표 모니터링을 통해 투자 아이디어를 도출합니다.

[3단계] 도출한 아이디어에 맞게 포트폴리오를 조정합니다.

a 전형적인 하향식 투자 사례 : 2007년 신용위기

거대 사건이 발생하면, 자신의 포지션을 보호하는 동시에 이익을 추구합니다 : 상황은 제각각 다르지만, 2007년 신용위기 사례처럼 거대사건의 결과로 반드시 승자와 패자가 나오게 되어 있습니다.
주요 지표 몇 개를 보고 즉시 계획을 세웁니다 : 가장 훌륭한 지표 몇 개로 가장 수익성이 높은 투자전략을 세울 수 있습니다. 여러 지표가 들려주는 이야기를 폭넓게 이해해야 합니다.

사건의 흐름을 끝까지 추론합니다 : 일련의 사건들을 마음속에 그리면서 흐름을 추론하고 깊이 생각합니다. 최대한 깊이 분석하고, 자신의 결론과 시장의 움직임을 조화시켜 매입과 매도시점을 선택함으로써 이익을 극대화합니다.

b 포트폴리오 제조 깔때기

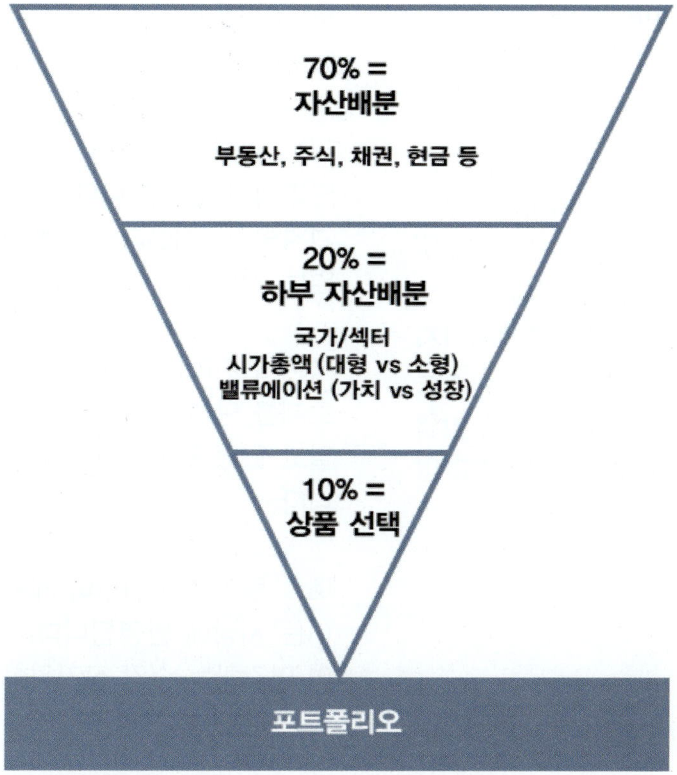

c 역 발상 투자

시장은 군중이 예상하는 방향으로 가지 않습니다. 반드시 기억합시다!!

시장은 군중이 인식하는 정보를 오늘 가격에 모두 반영합니다. 예를 들어, 모두가 악재를 보는 순간 그 악재는 모두 TV와 인터넷으로 퍼져 나가면서 가격에 반영되었을 것이기 때문입니다.

이런 악재는 전혀 중요하지 않습니다. 실제로 중요한 것은 우리가 전혀 모르는 악재와 우리 예상보다 나빠지는 악재입니다.

d 시장은 3~30개월 뒤를 내다봅니다.

시장은 3~30개월 뒤를 내다보며, 특히 12~18개월 뒤를 주목합니다. 30개월 안에 닥칠 파멸이 아니라면, 오늘 시장은 그 파멸을 걱정하지 않을 것이며 우리도 걱정해서는 안됩니다. 이 단순한 기준으로 우리는 끔찍한 소음을 제거할 수 있습니다.

시장은 주목하는 범위가 협소합니다. 시장은 자본의 흐름, 이익, 무역, 상업에 영향을 주는 법과 규제에 관심이 있고, 이미 가격에 반영되었는지, 30개월 안에 일어날 사건인지에 대해서도 관심이 있습니다.

변수를 줄여 놓으면 분석하기가 쉬워집니다. 물론 분석 대상을 찾아낼 줄 알아야 하고 객관성을 유지할 수 있어야 합니다.

e 소가 되지 말고 역발상 투자자가 되어야 합니다.

대중에게는 근시안이라는 특징 말고도 뉴스를 되새김질을 한다는 공통점이 있습니다.

대중매체가 과장 보도하는 되새김질거리 뉴스(잘 먹히는 악재들)는 시장이 매우 효율적이기 때문에, 아무리 되새김질 해도 투자 실적/투자 판단을 개선시키지 않습니다. 대중매체가 쏟아내는 뉴스는 대개 정확하기도 않고, 이미 주가에 반영되었기 때문에 주가에 미치는 영향도 없습니다.

f 우리가 알아야 할 것 : "방안의 코끼리"

모두가 알면서도 거의 모든 사람들이 잊었거나 간과하거나 경시하는 것이 "방안의 코끼리" 입니다. 뻔한 사실이지만 이제는 잊혀졌고 보이지도 않아서 가격에 반영되지 않았습니다. 인간의 경제분야 기억력이 형편없는 탓에 코끼리가 힘을 얻는 것입니다.

착한 코끼리는 모두 알고 있으나 망각한 호재를 말하고, 위험한 코끼리는 모두가 알고 있었으나 이후 망각한 악재를 말합니다.

예를 들어 장기위험이 계속 논의되는 한, 이는 시장에 반영됩니다. 그러나 사람들이 망각하는 순간 장기위험은 실제 위험, 즉 위험한 코끼리가 될 수 있습니다.

포트폴리오 구성 원칙

1. 자산배분은 수익을 창출합니다.

자산배분은 투자수익률을 결정하는 가장 중요한 요인입니다.

그러므로 주식, 채권, 대안투자의 적절한 비율과 조합을 결정하는 것이 투자에 있어 가장 중요한 결정이라 할 수 있습니다.

반드시 여러 종류의 자산군을 국제적으로 분산 투자합니다.

2. 항상 보호막을 유지합니다.

상황이 악화되어 최악의 시점에 마지못해 주식형 상품을 팔지 않으려면, 금전적인 방어수단을 미리 마련해두는 것이 좋습니다.

단기금융상품, 채권형 상품, 수익형 부동산 등에 투자해 적당한 현금흐름을 확보합니다. 또 이런 자산군 내에서도 폭넓은 다각화를 유지합니다.

만일 주가가 폭락하면 단기금융상품, 채권 등을 매각해 저평가된 주식형 상품에 투자합니다. 이는 약세장에 대한 두려움을 없애고 오히려 반가운 친구로 여길 수 있게 해줍니다.

3. 인덱스 펀드/ETF를 포트폴리오 핵심으로 이용합니다.

인덱스 펀드/ETF를 이용해 투자하면, 비용과 세금이 적게 들고 투자군이 매우 다양할 뿐만 아니라 장기적으로 거의 모든 액티브 펀드를 능가합니다.

다각화를 극대화하기 위해 대형주/중형주/소형주 등 모든 규모의 주식에 골고루 투자합니다. 이 같은 폭넓은 분산투자를 통해 시장의 한 섹터가 폭락하더라도 위험에서 보호받을 수 있습니다.

4. 계속해서 탐구합니다.

포트폴리오의 핵심은 시장수익률과 일치하는 인덱스 펀드에 투자하는 것입니다. 그러나 여유가 있다면 그보다 좋은 성과를 낼 수도 있는 합리적인 전략을 탐구하는 것도 좋습니다.

예를 들어 고소득 투자자라면 사모투자펀드 같은 고위험/고수익 투자를 추가할 수 있습니다.

5. 포트폴리오를 재조정합니다.

포트폴리오의 자산비율과 편입자산을 정기적으로 재조정하는 리밸런싱(rebalancing)을 실시합니다.

퇴직연금
[금융상품]

1. 퇴직연금제도

퇴직연금제도란 기업이 근로자의 노후소득보장과 생활안정을 위해 근로자의 동의를 얻어 근로자의 재직기간 중에 퇴직금 지급 재원을 외부의 금융기관에 적립해 기업 또는 근로자의 지시에 따라 운용하고, 근로자 퇴직 시 연금 또는 일시금으로 지급 하는 기업 복지제도입니다.

퇴직연금제도에는 확정급여형(DB), 확정기여형(DC), 기업형 IRP가 있습니다.

a 확정급여형 퇴직연금

확정급여형(DB; Defined Benefit) 퇴직연금제도는 기존 퇴직금제도와 수령금액이 동일한 제도입니다.
퇴직금의 납부는 회사명의 1계좌로 납부되고, 퇴직금은 월평균임금 × 근속년수(퇴직 직전의 3개월 월평균임금)로 계산되며, 적립금의 투자 책임은 회사에 있습니다.

특징 : 수익은 회사의 몫이며, 기존 퇴직금과 지급액이 동일하고, 예금자보호법 비적용 대상이며, 중도 인출이 불가능합니다.

확정급여형은 임금상승률 〉 운용수익률인 회사, 직급이 낮은 경우에 적합합니다.

b 확정기여형 퇴직연금

확정기여형(DC; Defined Contribution) 퇴직연금제도는 가입상품의 운용실적에 따라 최종 퇴직금이 변동되는 제도입니다.

퇴직금의 납부는 각 근로자별 명의 계좌로 납부되고, 퇴직금은 연간임금총액 1/12 이상으로 계산되며, 적립금의 투자 책임은 각 근로자 개인에게 있습니다.

특징 : 수익은 근로자의 몫이며, 퇴직금이 운용결과에 따라 변동되고, 예금자보호법 적용 대상이며, 법정사유에 해당하는 경우 중도 인출이 가능합니다.

확정기여형은 임금상승률 〈 운용수익률인 회사, 직급이 높은 경우, 임금피크제 적용 대상자에게 적합합니다.

c 기업형 IRP

기업형 IRP(IRP; Individual Retirement Pension)는 확정기여형(DC)와 유사한 제도로, 상시근로자 10인 미만 기업을 위해 가입 절차를 완화한 제도입니다.

d 퇴직연금 운용상품

퇴직연금의 운용상품에는 크게 원리금보장형 상품과 실적배당형 상품인 퇴직연금 증권투자신탁이 있습니다.

이중에서 퇴직연금 증권투자신탁은 일반 증권투자신탁에 비해 보수가 낮고, 상품 변경은 언제든지 가능하고, 환매(변경)에 따른 수수료와 세금이 발생하지 않는 특징이 있습니다.

퇴직연금 증권투자신탁은 채권형/채권혼합형의 경우에는 투자한도의 제한 없으나, 주식형/주식혼합형의 경우에는 퇴직연금 적립금의 최대 70%까지만 투자가 가능합니다.

e 확정기여형의 중도인출 법정사유

무주택자인 근로자가 본인명의주택을 구입 시

- 근로자 본인의 무주택여부를 기준으로 해당 여부를 판단(배우자 공동명의는 가능, 배우자 단독 명의 불가)
- 또한 근로자가 중도인출 신청일자 기준으로 무주택 여부를 판단
- 다만, 주택을 구입하고 소유권 등기가 이미 완료된 경우라면 그 등기일부터 1개월 이내에 신청

무주택자인 근로자가 주거를 목적으로 전세금 또는 임차보증금을 부담하는 경우

- 해당 근로자가 무주택자인지 여부는 주택을 구입하는 경우의 판단기준 및 확인방법과 동일
- 주거를 목적으로 전세계약 또는 주택임대차계약을 체결하였는지 증명하는 것으로 사유 확인 가능
- 임차보증금을 지급한 날부터 1개월 이내에 한하여 신청

근로자 · 배우자 또는 생계를 같이하는 부양가족이 질병 · 부상으로 6개월 이상 요양 시

- 부양가족의 범위 : 근로자(배우자 포함)의 직계존속으로서 60세 이상인 사람, 직계비속(또는 동거 입양자)으로서 20세 이하인 사람, 형제자매로서 20세 이하 또는 60세 이상인 사람 등
- 요양에는 입원 뿐 아니라 통원, 약물치료 등도 포함되며, 장래 요양을 요하거나 요양 중인 경우도 신청 가능

파산선고 또는 개인회생절차개시 결정자

천재지변 등 고용노동부장관이 정하는 경우

개인형 퇴직연금

[금융상품]

2. 개인형 퇴직연금

개인형 퇴직연금(IRP; Individual Retirement Pension)이란 퇴직 시 수령한 퇴직급여 및 본인의 여유자금을 자유롭게 적립해 노후자금으로 활용하기 위한 제도입니다.

개인형 퇴직연금은 퇴직연금제도 또는 퇴직금제도에서 지급되는 퇴직금이 입금되는 통장으로, 이직시에도 퇴직금의 합산 수령이 가능하고, 노후 대비를 위해 추가로 본인자금 적립이 가능(연간 18백만원 한도 내)하며, 본인자금 적립 시 세액공제 혜택이 주어지며, 퇴직금 및 본인 추가 부담금은 연금 또는 일시금 수령이 가능하다는 특징이 있습니다.

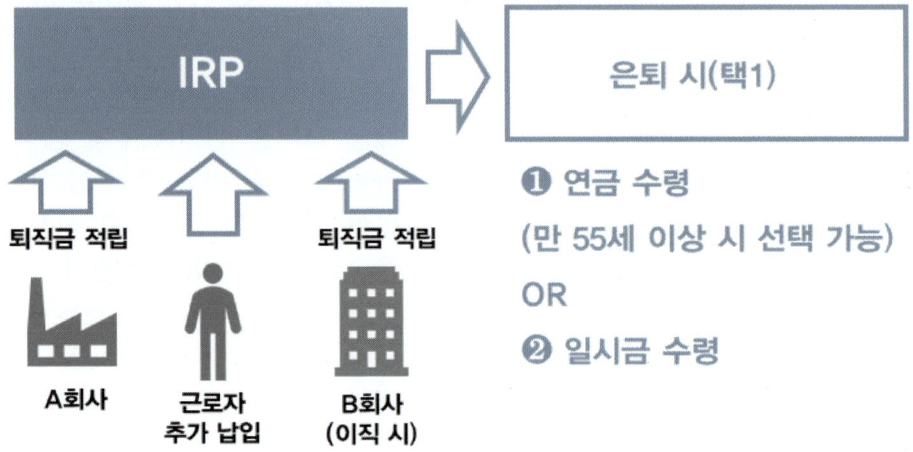

[그림] 개인형 퇴직연금

a 가입대상

b 납입한도

납입한도는 연금저축계좌와 퇴직연금 개인부담금과 합산해서 연간 1,800만원입니다.(전 금융기관 합산)

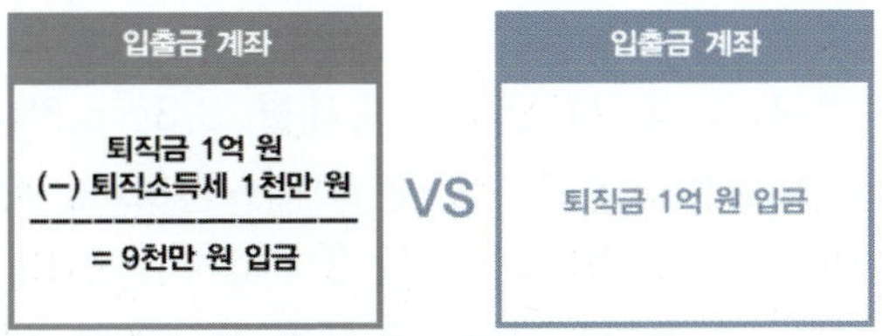

※ 과세 이연 효과: 퇴직소득세 및 운용수익의 원천징수 시기를 IRP 인출시점으로 이연 함으로써 투자원금 증가

[그림] 일시금으로 받는 경우

c 수령방법

일시금 또는 연금수령 중에서 선택할 수 있습니다.

세액공제한도는 연금저축+퇴직연금을 합산해 400만원, 퇴직연금을 별도로 300만원으로, 연간 총 700만원까지 가능합니다. 따라서 연금저축에 400만원을 넣고 있는 고객은 IRP에 300만원을 입금하면, 총 700만원의 세액공제가 가능하며, 총 급여액이 1.2억원 (종합소득 1억원) 초과자는 연금저축에 300만원을 넣고 IRP에 400만원을 입금하면, 총 700만원의 세액공제가 가능합니다.

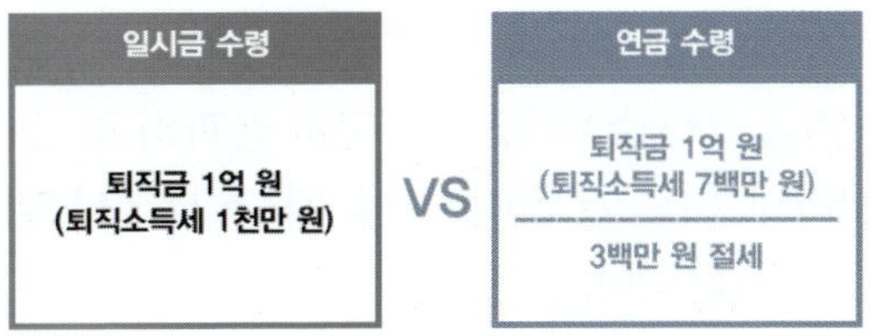

※ 절세 효과: IRP 이전 후 연금 수령 시 30% 세액 경감

[그림] 연금으로 받는 경우

d 개인형 퇴직연금 운용상품

개인형 퇴직연금의 운용상품에는 크게 원리금보장형 상품과 실적배당형 상품인 퇴직연금 증권투자신탁이 있습니다.

이중에서 퇴직연금 증권투자신탁은 일반 증권투자신탁에 비해 보수가 낮고, 상품 변경은 언제든지 가능하고, 환매(변경)에 따른 수수료와 세금이 발생하지 않는 특징이 있습니다.

퇴직연금 증권투자신탁은 채권형/채권혼합형의 경우에는 투자한도의 제한 없으나, 주식형/주식혼합형의 경우에는 퇴직연금 적립금의 최대 70%까지만 투자가 가능합니다.

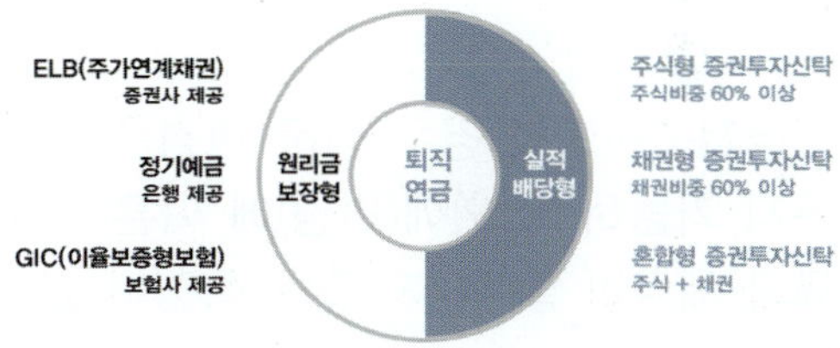

[그림] 다양한 퇴직연금 운용상품

연금저축
[금융상품]

3. 연금저축

연금저축은 개인이 노후생활을 안정적으로 준비하기 위해 자발적으로 가입하는 제도입니다.

연금저축 종류에는 신탁업자와 체결하는 신탁계약(연금저축신탁), 투자중개업자와 체결하는 집합투자증권 중개계약(연금저축펀드), 보험계약을 취급하는 기관과 체결하는 보험계약(연금저축보험)이 있습니다.

연금저축펀드의 경우 상품 변경은 언제든지 가능하고, 환매(변경)에 따른 수수료와 세금이 발생하지 않는 특징이 있습니다.

a 납입한도와 세액공제한도

연금저축의 납입한도는 연간 1,800만원으로 세액공제 한도와는 별개입니다. 세액공제한도는 아래의 표와 같습니다.

종합소득	근로소득	세액 공제한도	공제율
4천만원 이하	5,550만원 이하	400만원	16.5%
1억원 초과	1억2천만원 초과	300만원	13.2%
위 2가지를 제외한 대상자		400만원	13.2%

[표] 연금저축 세액공제한도

b 연금 개시 및 수령

연금 개시는 가입 후 5년 경과하고, 만 55세 이후 본인이 원할 때 개시 신청할 수 있습니다.

연금수령 신청일로부터 1개월 이후 연금 수령 가능하며, 연금 수령 주기는 1개월, 3개월, 6개월, 12개월 중 선택할 수 있습니다.

연금 수령기간은 10년 이상이면 제한이 없습니다.

연금 수령금액은 연금수령주기(1,3,6,12개월)에 따라 남은 좌수의 1/n을 환매 청구해 지급하므로, 금액은 확정되지 않습니다.

연금 수령 시 과세 제외 금액을 선반영해 지급합니다. 따라서 과세 제외 금액이 있을 경우 세금이 감소하기 때문에, 초기 연금 수령금액은 증가합니다. 여기서 과세 제외 금액이란 해당 연금저축계좌에 매년 세액공제 한도액(300~400만원)을 초과해 납입한 금액으로서, 세액공제를 받지 않은 금액을 말합니다.

연금 수령 시 연금소득세율 3.3~5.5%(만70세 미만 5.5%, 만70세~만80세 미만 4.4%, 만80세 이상 3.3%) 적용하며, 일시 수령 시 기타소득세율 16.5%를 적용해 분리 과세합니다. 또한 연간 연금소득금액(사적연금)이 1,200만원 초과할 경우 종합과세 신고 대상이 됩니다.

즉시연금
[금융상품]

4. 즉시연금

즉시연금이란 가입 다음 달 부터 바로 받을 수 있는 연금입니다.

즉시연금은 계약일 이후 1개월이 지난 후부터 매월 연금이 지급되며, 고금리시대에는 실세금리로, 저금리시대에는 최저보증이율로 계산된 연금을 지급합니다. 또한 관련세법에서 정하는 요건에 부합하는 경우, 보험차익 비과세의 혜택도 가능합니다.

a 종신 연금형

종신 연금형이란 산출방법서에서 정한 방법에 따라 계산한 연금액을, 종신토록 지급받는 형태입니다. 보증기간에 따라 10년, 20년, 30년, 100세 보증 등이 있습니다.

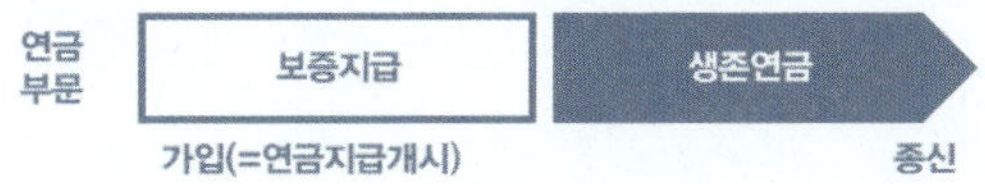

b 확정기간 연금형

확정기간 연금형이란 산출방법서에서 정한 방법에 따라 계산한 연금액을, 일정기간 (10년, 15년, 20년, 30년) 동안 지급받는 형태입니다.

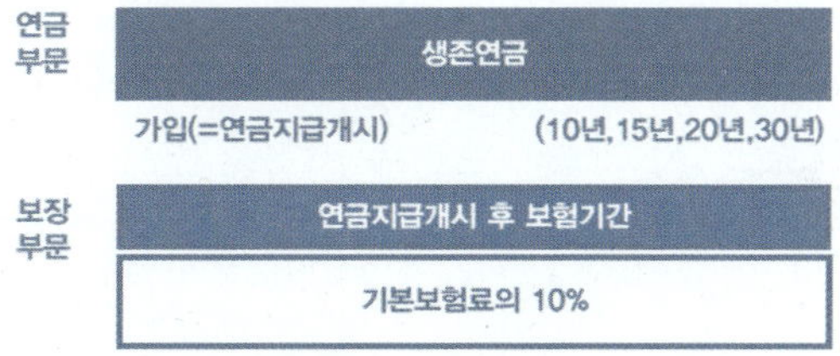

c 상속 연금형

상속 연금형이란 공시이율을 적용하여 산출방법서에서 정한 방법에 따라, 만기보험금 지급을 위한 재원 등을 제외하고 계산된 금액을 생존연금으로 지급받고, 만기 생존시에 만기보험금을 지급받는 형태입니다.

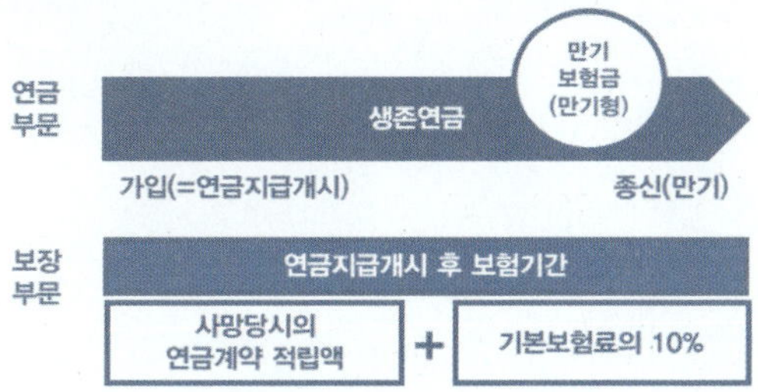

퇴직연금으로
시작하는
자기주도 자산관리

When? 사이클의 이해 02

이 장에서 우리는 사이클이란 무엇이고, 현재 우리가 사이클 상에서 어디에 위치하고 있는가를 파악하는데 사용되는 기본적인 지식을 공부하게 됩니다.

이 장을 공부하고 나면 우리는 언제(When) 투자를 늘리고 줄일 것인가에 대한 의사 결정을 할 수 있게 됩니다.

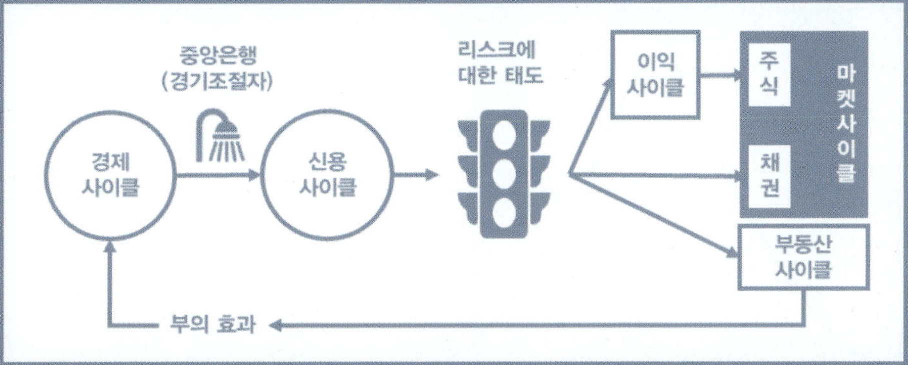

알게 될 내용들

- 사이클의 개요
- 경제 사이클
- 신용 사이클
- 리스크에 대한 태도
- 이익 사이클
- 부동산 사이클
- 마켓 사이클

사이클이란?

[사이클의 개요]

1. 왜 사이클을 알아야 하나요?

정해진 시점에서 포트폴리오의 포지셔닝을 최적화하는 가장 좋은 방법은 공격과 방어의 균형을 결정하는 것입니다. 공격과 방어의 균형은 투자환경이 변함에 따라 시간이 흐르면서 연속적으로 조정되어야 합니다. 여기서 키워드는 포트폴리오의 포지션 조정입니다. 싸게 샀을 때는 공격적이어야 하지만 비싸게 샀을 때는 후퇴해야 합니다.

a 사이클에 불리한 포지션을 보유한 경우

수익을 얻을 확률은 낮아지고,
손실을 입을 확률은 높아집니다.

투자에서 성공은 복권당첨자를 뽑는 것과 비슷합니다. 둘 다 볼풀(가능한 결과의 전체 범위)에서 공(결과)을 뽑아서 결정됩니다. 하나의 결과는 매번 여러 가능성들 사이에서 선택됩니다. 뛰어난 투자자는 볼풀에 어떤 공들이 있으며, 따라서 추첨에 참여할 가치가 있는지 여부를 판단하는 감각이 좋은 사람입니다. 즉 뛰어난 투자자들은 다른 사람들처럼 미래에 무슨 일이 일어날지 정확히 알 수는 없어도 미래의 경향에 대해 평균 이상의 이해를 갖고 있습니다.

사이클 안의 포지션이 바뀌면 확률도 변합니다. 상황 변화에 따라 투자 견해를 바꾸지 않으면 사이클에 수동적으로 대처할 수밖에 없습니다. 확률을 내 편으로 만들 기회를 놓쳐버리는 것입니다. 반면, 사이클에 대한 통찰력이 있으면 투자금을 늘려 확률이 나에게 유리할 때 더 공격적으로 투자할 수 있습니다. 또 확률이 불리할 때에는 자금을 회수하고 방어력을 높일 수 있습니다.

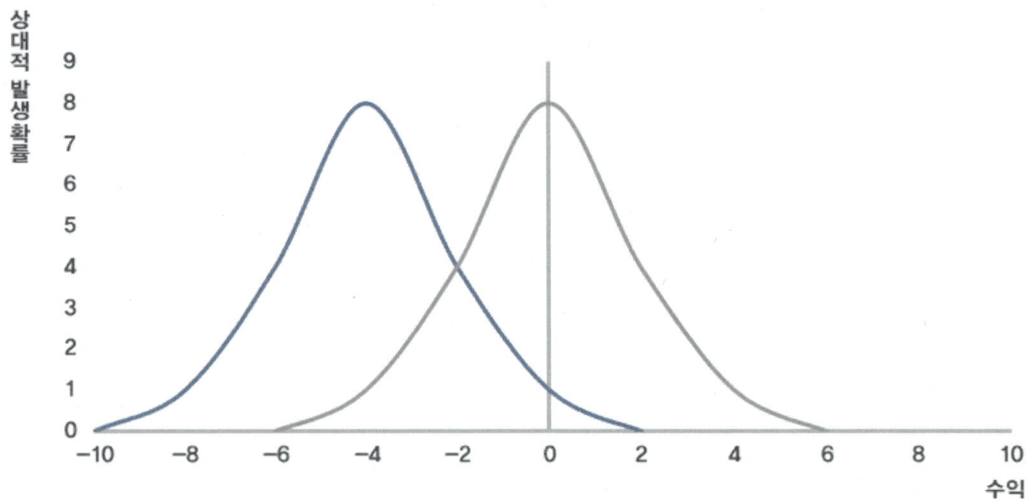

b 사이클에 유리한 포지션을 보유한 경우

수익을 얻을 확률은 높아지고,
손실을 입을 확률은 낮아집니다.

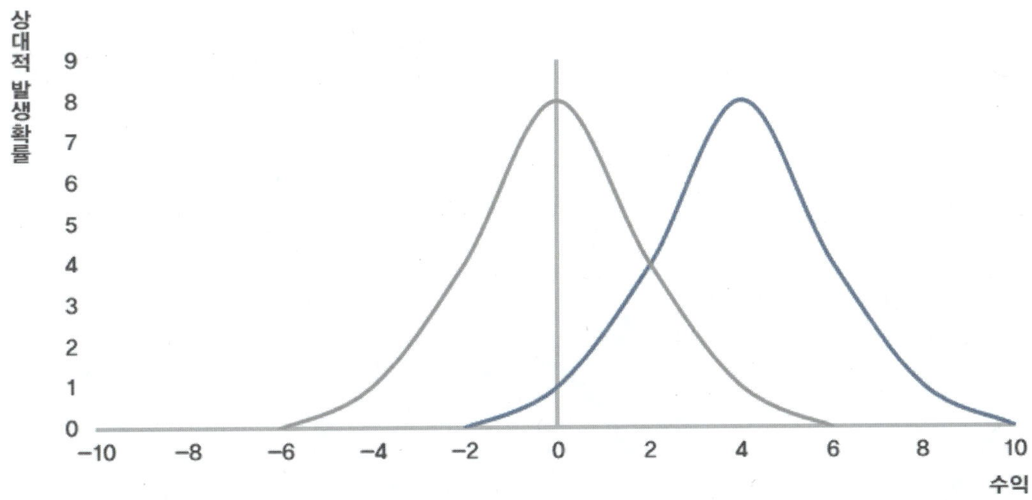

2. 사이클의 성격

사이클은 가운데 선을 중심으로 진동하며, 이 가운데 선을 일반적으로 장기 추세, 기준, 평균 등으로 부릅니다.

반면 사이클의 극단점은 되돌아 가야할 비정상적 또는 과도한 지점이고, 사이클은 대개 가운데 선의 위나 아래에 있지만, 결과적으로 평균을 향해 돌아가는 것이 일반적인 원칙입니다. 고점 또는 저점에서 중간을 향해 되돌아가는 것은 '평균을 향한 회귀' 라고 합니다.

일반적인 사이클 패턴은 극단점에서 가운데 선으로 되돌아가는 움직임과 가운데 선에서 극단점을 향해 가는 움직임으로 이루어져 있다는 것을 알 수 있습니다.

일반적으로 가운데 선은 극단점에서 '정상적인' 방향으로 되돌아오는 일종의 자석 같은 역할을 합니다. 하지만 사이클은 가운데 선에 오래 머무르지 않습니다. 왜냐하면 극단점에서 가운데 선으로 회귀하는 움직임이 가운데 선을 통과해 반대쪽 극단점을 향해 더 멀리까지 진행되기 때문입니다.

사이클에서 극단점을 향한 움직임이 지나치게 되면, 극단에서 사이클 작용에 의해 조장된 행동이 부적절하다고 판명되면서 되돌림은 더 격렬하게 되고, 더 많은 피해가 일어나게 됩니다. 상승 뒤에는 단순한 조정이 따라오고, 강세장 뒤에는 약세장이 옵니다. 하지만 붐과 거품 뒤에는 훨씬 더 해로운 파멸과 폭락, 패닉이 따라옵니다.

대부분의 사람들은 사이클은 일련의 사건들이며, 일련의 사건은 보통 규칙적으로 서로의 뒤를 따른다고 생각합니다. 즉 상승은 하락으로 이어지고, 결국 새로운 상승으로 이어진다고 봅니다.

하지만 사이클의 주기에서 일어나는 사건들을 볼 때는 단순히 개별 사건 이후 다음 사건이 뒤따라온다고 생각해서는 안 되며, 각각의 사건이 다음 사건을 야기하는 것으로 보아야 합니다.

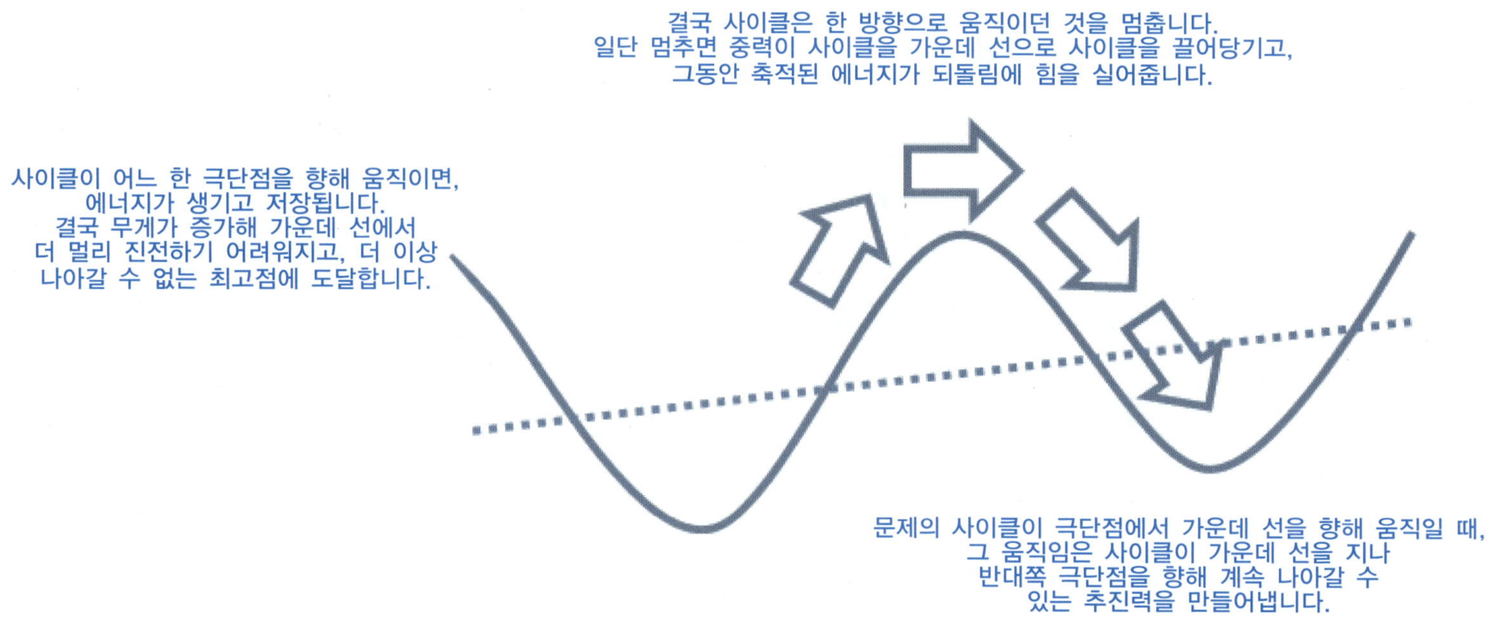

3. 사이클의 본질

사이클은 불가피합니다.

사이클의 영향력은 투자자들이 과거를 기억하지 못하기 때문에 높아집니다.

사이클은 자기 교정적이며, 사이클의 전환이 반드시 외부 사건에 의해 좌우되는 것은 아닙니다. 사이클이 한 방향으로 영원히 가지 않고 전환하는 이유는 추세가 스스로 전환에 대한 이유를 만들어내기 때문입니다.

인간의 지각이라는 렌즈를 통해 보았을 때, 사이클은 종종 실제보다 덜 대칭적으로 보입니다.

- 모든 호황과 불황에서 위험 신호를 보내는 보편적인 주제는 있습니다. 과도한 낙관주의는 위험하며, 위험 회피는 안전한 시장을 위한 필수 요소이고, 지나치게 관대한 자본시장은 우둔한 금융으로 이어져 참가자들에게 위험을 초래한다는 것입니다.
- 다시 말해, 세부사항은 중요하지도 않고 상관이 없을 수도 있지만 기저의 주제는 근본적이며 확실히 반복되는 경향이 있습니다.
- 사이클의 소리를 듣는 데 가장 중요한 요소 중 하나는 이런 경향을 이해하고, 반복되는 것들을 찾아낼 수 있는 능력입니다.

4. 사이클이 규칙적이지 않은 이유

사이클이라고 부르는 현상들이 기계적, 과학적, 물리적 과정에서 나온 것은 아닙니다. 그 현상들이 기계적, 과학적, 물리적 작용에서 기인했다면 훨씬 더 믿을 수 있고 예측 가능했겠지만, 잠재적 수익성은 훨씬 낮았을 것입니다. (큰 이익은 다른 사람들보다 현상을 더 잘 보는 데서 오기 때문입니다)

사이클 생성에 있어 기저를 이루는 원리가 있기도 하지만(때로는 없기도 하고), 많은 변화를 야기하는 것은 인간의 역할입니다. 사이클을 만드는 과정에서 사람이 개입하면, 감정과 심리 때문에 만들어진 경향이 사이클 현상에 영향을 미칠 수 있습니다. 우연이나 무작위성 역시 큰 역할을 하기도 하지만, 그들의 존재에도 인간의 행동이 기여합니다. 따라서 인간은 사이클이 존재하는 이유에서 큰 부분을 차지하면서 동시에 무작위성과 함께 사이클의 불규칙성과 그에 따른 낮은 신뢰성의 이유가 되기도 합니다.

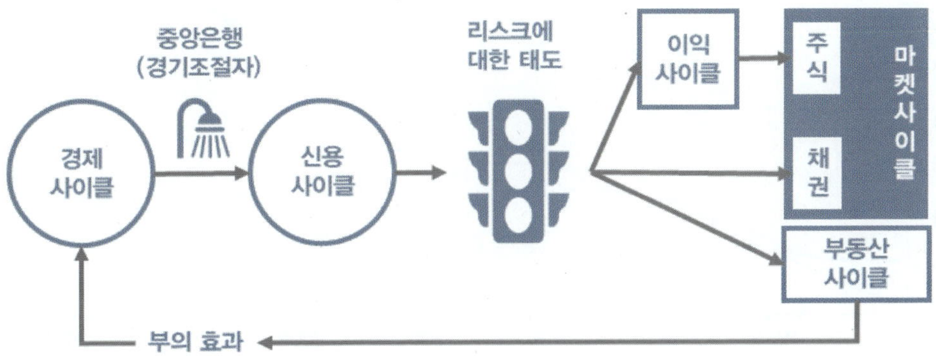

[그림] 사이클의 구성

장기 경제 사이클

[경제 사이클]

1. 경제 사이클이란?

자본주의경제는 그 고유한 현상으로 역사상 단기, 중기, 장기 파동을 기록 하면서 번영과 침체과정을 반복해 왔습니다. 즉 생산량, 고용량, 물가 등의 경제변량들은 한번 어느 방향으로 변동하기 시작하면 같은 방향으로 누적적으로 발전하여 호황과 불황의 과정을 반복하는데 이를 경제 사이클(economic cycle이라고 합니다.

경제 사이클은 과거에는 주로 경기순환(business cycle)이라고 불렸습니다.

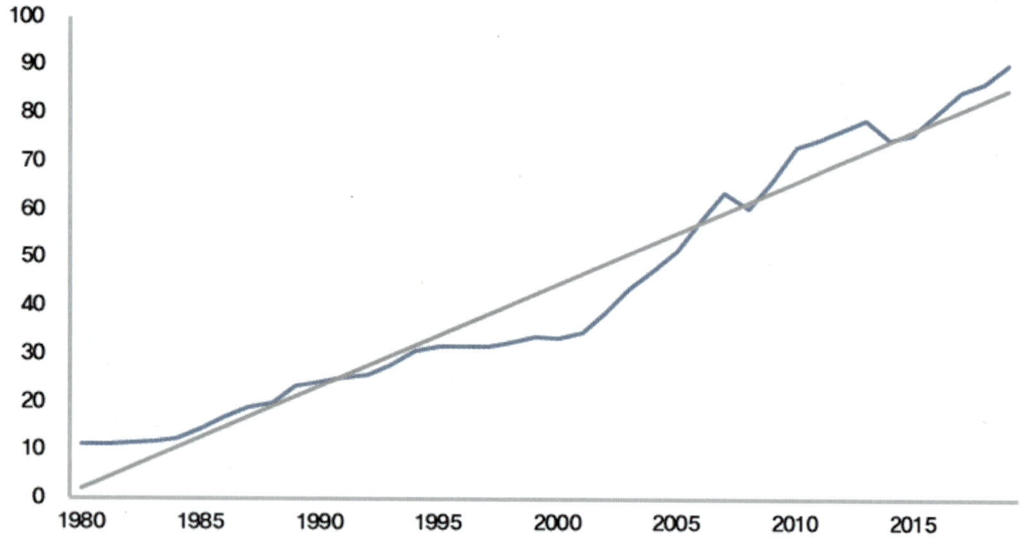

[그림] 장기 경제 사이클(미국 GDP)

2. 장기 경제 사이클

한 경제의 장기 경제 사이클은 그 경제의 국내총생산(GDP)의 흐름을 통해 파악할 수 있습니다.

GDP는 노동시간과 시간당 생산량의 산물입니다. 그러므로 경제의 장기적 성장은 노동인구 증가율과 생산성 증가율 같은 기본적인 요소에 의해 주로 결정됩니다(물론 사회와 환경의 다른 변화도 영향을 미칩니다).

사회와 환경의 큰 변화를 일으켜, 장기 경제 사이클을 크게 변화시키는 요인으로는 산업혁명이 있습니다. 산업혁명(Kondratiev cycles)이란 인프라(커뮤니케이션 인프라+에너지 인프라+운송 인프라)의 변화가 산업생산의 극단적 증가를 가져오는 것을 말합니다. 이때 기술 플랫폼은 인프라를 구성할 뿐만 아니라 경제를 조직하고 관리하는 방법에까지 영향을 미칩니다.

[석탄+기차]의 1차 산업혁명, [전화+석유 · 전기+자동차]의 2차 산업혁명, 그리고 [인터넷 기반]의 3차 산업혁명을 거쳐, 이제 세계 경제는 [IoT+신재생에너지+무인 전기차]를 기반으로 하는 4차

산업혁명의 초입에 들어섰습니다.

이러한 요인들은 연도별로는 거의 변하지 않으며 10년을 단위로 서서히 변할 뿐입니다. 따라서 경제의 평균 성장률은 장기간에 걸쳐 상당히 안정적입니다. 장기적인 경제 성장률은 아주 긴 시간 프레임 안에서만 의미 있게 빨라지거나 느려집니다.

3. 사이클에 영향을 미치는 요인들

기본적인 장기 경제가 비교적 안정적으로 성장한다는 사실을 고려한다면, 경제의 성과가 매년 한결 같으리라고 기대할 수도 있겠습니다. 하지만 많은 요인들이 변동하므로 경제 성장은 평균적으로 기본 추세선을 따름에도 불구하고 연간 변동성을 보이게 됩니다.

사이클에 영향을 미치는 요인들은 다음과 같습니다.

- 내생적 요인 : 경제 주체의 의사결정이 변하면 연간 경제 성장에 영향을 미칠 수 있습니다. 예를 들어 소비자는 지출과 저축 사이에서, 또는 재고 비축(생산 증가 요구)과 재고 판매(기존에 비해 생산 감축) 사이에서 결정을 내립니다. 이러한 결정은 소비자나 기업 경영자와 같은 경제 행위자들의 심리 상태에 의해 종종 영향을 받습니다.
- 외생적 요인 : 연간 경제 성장은 ① 전쟁 발생, 세율 변경이나 무역 장벽 조정과 같은 정부의 결정, 카르텔에 의한 상품 가격 변화처럼 엄밀히 따져서 경제적 사건은 아니지만 사람에 의한 사건, 또는 ② 가뭄, 허리케인, 지진과 같이 사람의 개입 없이 발생하는 자연 현상의 영향을 받을 수 있습니다.

단기 경제 성장은 평균적으로 장기 추세를 따르지만, 매년 추세선을 중심으로 진동합니다.

a 경제 사이클의 금융 동력

경제 사이클의 주요 동력 : 금융 동력과 경제 동력

금융 동력으로는 ① 이자 지급과 ② 자산가치 변동에 따른 부의 효과가 있습니다.

이자 지급 : 중앙은행이 기준금리를 인상/인하함에 따라 그 크기를 변동시킬 수 있습니다.

부의 효과 : 전세계 자산가치는 GDP의 400~500%에 이릅니다. (구성) 부동산 50%(주거용 40% 이상), 채권 25%, 주식 25%.

b 경제 사이클의 경제 동력

경제 동력으로는 소비의 변동에 따라 투자가 어떻게 변화하는가에 따라 ① 재고와 ② 자본 지출이 있습니다.

재고 : 소비의 뚜렷한 변화없이 계절적인 요인만 존재하는 경우에는 본격적인 소비 시즌에 맞춰 재고를 축적하고 소진하는 재고 변동에 의해 단기 경제 사이클이 형성됩니다.

자본 지출 : 소비의 추세적인 증가 또는 소비 트렌드의 변화로 생산능력을 초과하는 수요가 발생하는 경우에는 자본 지출(설비 투자)에 의해 중기 경제 사이클이 형성됩니다.

단기와 중기 경제 사이클

[경제 사이클]

4. 단기 경제 사이클

재고 변동에 의해 단기 경제 사이클이 형성되며, 키친사이클(Kitchin cycle)이라고도 부릅니다.

지속기간이 평균 4.5년(이중 하락국면 6~9개월)으로, 꽤 높은 규칙성을 가지고 있습니다.

재고는 GDP 대비 –3~3%를 차지하며, 이 수치는 변동이 매우 심합니다. 변동이 심한 이유는 재고의 상당 부분을 사람들이 미래를 걱정하면 구입하지 않는 내구재가 차지하고 있기 때문입니다.

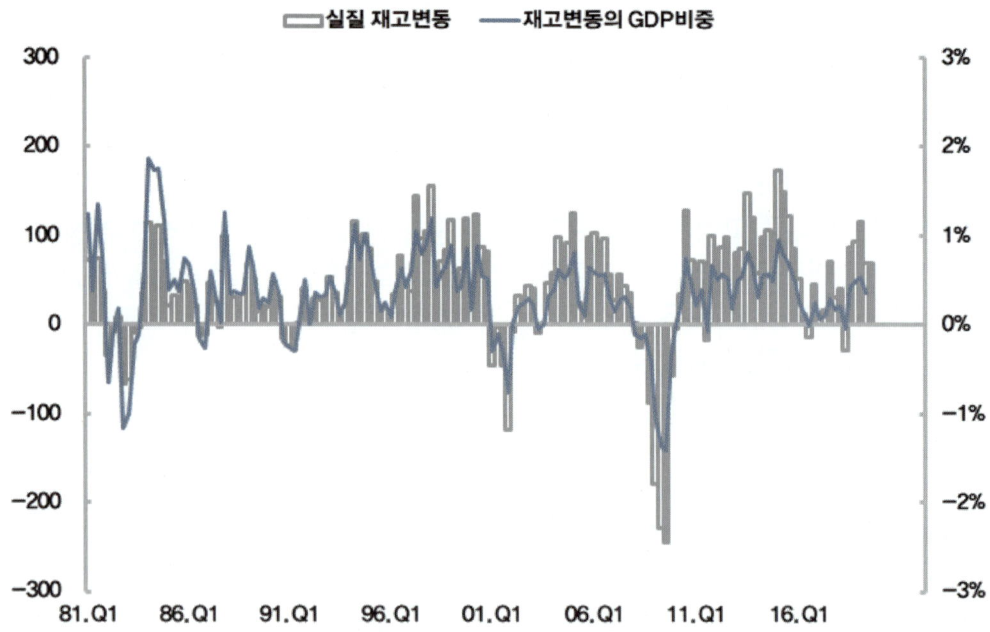

[그림] 재고 변동

5. 중기 경제 사이클

자본 지출(설비 투자)에 의해 중기 경제 사이클이 형성되며, 주글라사이클(Juglar cycle)이라고도 부릅니다.
지속기간이 평균 9년(이중 하락국면 2~2.5년)으로, 빈도는 약간씩 다르고, 특수한 혁신, 무역자유화 등의 영향을 받습니다.

자본 지출은 선진 경제의 경우 GDP 대비 10% 이상(신흥 경제의 경우 그 이상)을 차지하며, 건물이 아닌 기계류 및 장비에 대한 투자를 말합니다. 미국의 경우 자본 지출은 보통 ICT에서 30%, 운송장비에서 20%가 일어납니다. 물론 일부는 공공부문에서 일어나지만, 대부분 민간 부문에서 일어난다고 볼 수 있습니다.

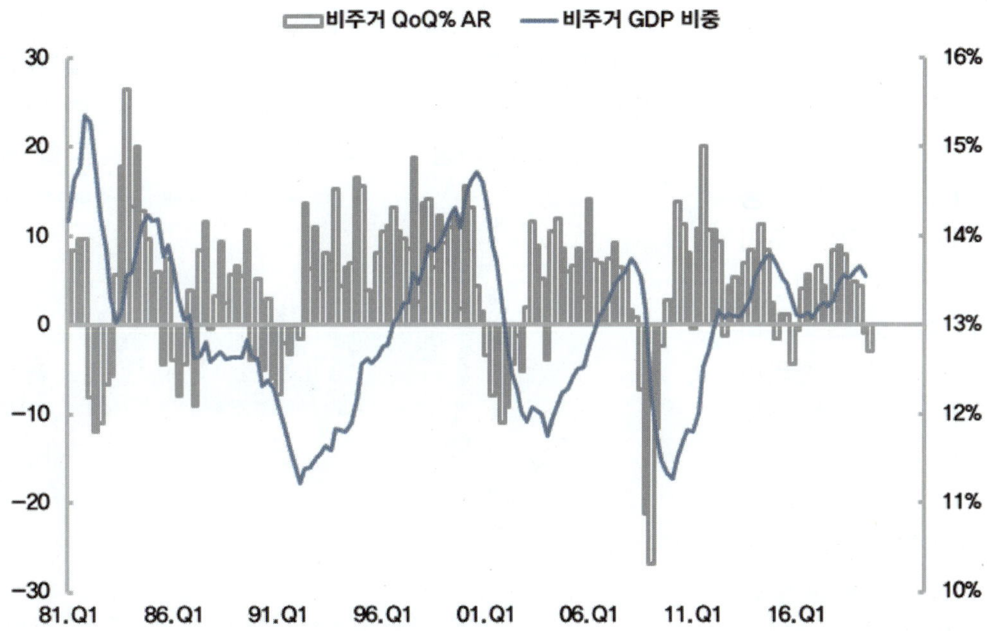

[그림] 자본 지출(비주거용 투자)

출처 : US BEA

경제 사이클 지표

[경제 사이클]

6. GDP = 최종 소비지출 (개인 + 정부) + 투자 + 순수출

영문명 : GDP(Gross Domestic Product)

분류 : 경제 사이클

국민소득은 한 나라 가계, 기업, 정부 등 모든 경제 주체가 일정기간 동안 새로이 생산한 재화와 서비스의 가치를 시장가격으로 평가하여 합산한 것으로 흔히 GDP(국내 총생산)라는 용어로 불리며 경제상황을 종합적으로 파악할 수 있는 정보를 제공합니다.

GDP는 전년동기비 증가율(yoy%)과 전기비 증가율(qoq%)로 표현되며 보통 성장률로 지칭됩니다. 전년동기비 증가율의 경우 연간 성장률 및 추세 측정에 유용하고, 전기대비 증가율의 경우 단기적인 경기변동의 속도나 경기 전환점 포착에 유용한 특성이 있습니다.

출처 : US BEA(Bureau of Economic Analysis) 등

발표시기 : 4월(1Q), 7월(2Q), 10월(3Q), 1월(4Q)에 분기별 속보치가 발표되고, 4주 간격으로 수정치, 최종치가 발표됩니다. 세 차례에 걸쳐 발표되는 이유는 자료수집시 모든 필요 자료가 확보되지 않기 때문입니다.
경기 흐름(확장, 후퇴, 침체, 회복)을 판단할 수 있는 가장 결정적 지표입니다.

이를 통해 정책 관계자들은 재정/통화 정책을 결정하고, 기업들은 사업 계획을 수립하며, 투자자들은 투자 판단을 합니다. 시장 기대치를 벗어나는 결과가 나올 경우 시장에 가장 큰 영향을 미칩니다. 따라서 Top-down 분석을 단순하게 표현하면 GDP 분석의 틀을 기본으로 해서 각국의 GDP를 분석하고 이를 통해 투자 전략을 수립하는 것입니다.

단점 : ① 분기별로만 발표됩니다. ② 자료의 변동폭이 매우 크고 잦은 수정을 요합니다. ③ GDP 자료가 나올 즈음이면 다른 유용한 정보가 많아서 GDP 수치를 꽤 정확히 예측할 수가 있습니다.

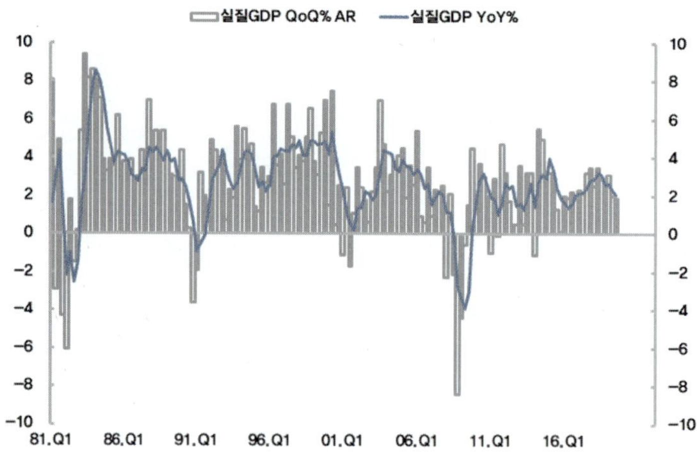

[그림] 미국의 분기별 GDP

출처 : US BEA

7. 노동인구 증가율

분류 : 경제 사이클

GDP 잠재 성장률 = 노동인구 증가율 + 생산성 증가율

장기적으로 볼 때 GDP 잠재 성장률은 노동인구 증가율과 생산성 증가율의 합으로 볼 수 있습니다. 따라서 이런 관점에서 투자대상 국가를 선정할 때, 우선적으로 노동인구 증가율이 높고, 인구 규모가 큰 나라에 주목합니다.

소비시장으로서 글로벌 기업들이 주목하는 국가들의 공통점은 인구를 기준으로 1억 명 이상인 내수시장을 보유한 국가입니다. 이 기준에 부합하는 국가는 중국, 인도, 미국, 브라질, 나이지리아, 멕시코 등이 있습니다.

특히 인도는 인구 증가율이 1.32%(중국 0.50%)이어서, 2020년 중국을 앞질러서 세계 1위 인구대국이 될 것으로 보여, 세계에서 제일 주목받는 시장으로 부상하고 있습니다.

인구 규모와 증가율을 종합해서 볼 때 인도, 멕시코, 나이지리아, 아세안 등의 국가들을 차세대 세계 경제를 이끌 원동력으로 세계가 주목합니다.

또한 각국의 인구 비중이 세대별로 차이가 존재하는 경우, 인구 비중이 큰 세대가 노동인구로 등장하는 때를 주목합니다.

[그림] 세계 각국의 인구 증가율(2018년 기준)

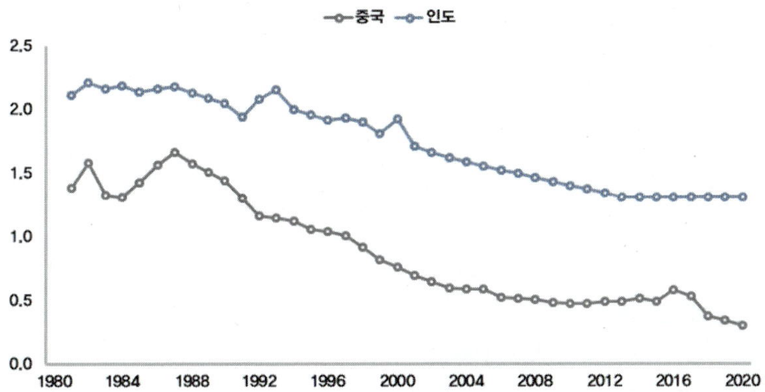

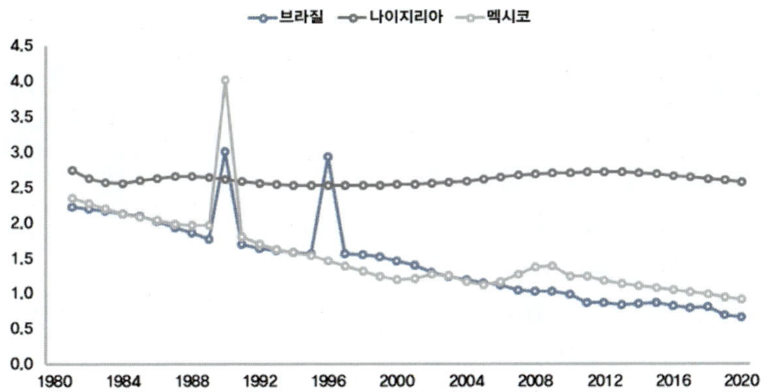

8. 생산성 증가율

영문명 : productivity

분류 : 경제 사이클

생산성은 국민의 생활 수준을 높여주는 원천입니다.

출처 : US BLS 등

발표시기 : 미국의 경우 분기별 첫째달 초. 발표 1개월 후 정정발표.

지난 40년 동안 미국 생산성 증가율은 평균적으로 연2%였습니다. 이는 기업들이 인건비를 더 지급하지 않고서 상품과 서비스 생산량을 매년 2% 높였다는 뜻입니다.

그래서 미국 경제의 잠재 성장률 = 생산성 증가율 2% + 노동인구 증가율 1% = 연3%라고 말합니다. 실제 성장률이 이 잠재 성장률을 초과하면 실업률이 감소하고 인플레이션 압력이 높아집니다. 반면에 실제 성장률이 잠재 성장률을 밑돌면 실업률이 증가하고 인플레이션 압력이 낮아집니다.

생산성이 높아지면 잠재 성장률이 높아지므로 인플레이션 압력이 낮아집니다. 따라서 생산성 향상은 주식과 채권에 호재가 됩니다. 투자 관점에서 보면 생산성을 높여 상품과 서비스 생산에 소요되는 원자재의 양을 절감하면 이익이 증가합니다. 그러면 당연히 주가도 상승합니다. 또한 노동단가도 하락해 인플레이션 압력이 낮아지므로, 채권시장에도 호재가 됩니다.

생산성 향상의 원천은 기술 혁신이며, 이러한 기술 혁신이 인프라 (커뮤니케이션 + 에너지 + 운송)의 변화를 가져와 생산성의 향상을 가져오고, 이로 인해 생산가능 곡선이 이동해 산업생산(생산관점 GDP)이 극단적으로 증가하는 것을 산업혁명이라고 합니다.

예를 들어 1910년대에는 자동차 부문이, 1920년대에는 라디오와 전력산업이 생산성을 높였습니다. 1990년대 중반부터는 컴퓨터와 인터넷이 기술적 충격을 불러오면서 연2.5%나 생산성을 끌어올렸습니다. 문제의 핵심은 지금이 과연 산업혁명의 단계에서 어떤 위치에 있는지를 판단하는 일입니다.

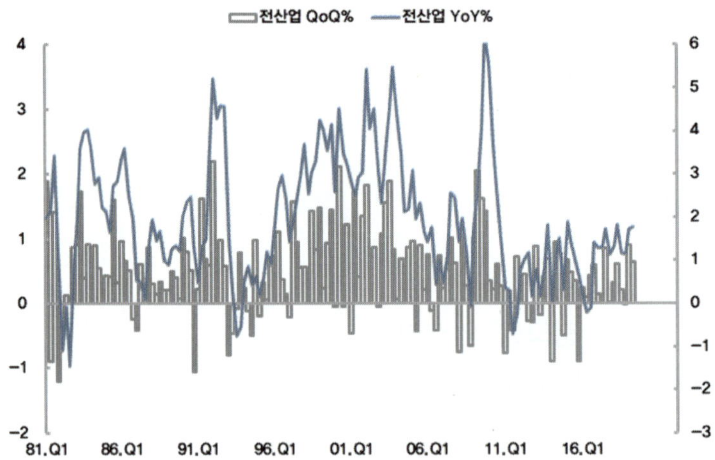

[그림] 미국 노동생산성(전 산업)

출처 : US BLS

중앙은행
[경기 조절자]

1. 경기 조절자로서의 중앙은행

극단적인 경제 사이클은 바람직하지 않은 것으로 여겨집니다. 힘이 지나치게 강하면 인플레이션을 부추길 수 있고, 경제를 너무 높이 끌어올려 경기 후퇴가 불가피해집니다. 반면 힘이 너무 약하면 기업이익이 떨어지고 사람들이 일자리를 잃을 수 있습니다. 따라서 중앙은행은 경제 사이클을 관리해야 합니다.

사이클은 자칫 과도한 상승과 하락을 만들어내기 때문에 이를 다루는 도구는 경기 조정적(counter-cyclical)이며, 이상적으로는 경제 사이클과 반대인 그 자체의 사이클로 작용합니다. 하지만 사이클을 관리하는 문제는 쉽지 않습니다. 간단히 다룰 수 있는 것이었다면 우리는 사이클의 극단을 한 번도 보지 못했을 것입니다.

2. 중앙은행의 두 가지 책임

하나는 인플레이션을 통제할 책임입니다. 인플레이션은 경제력이 원인이기 때문에 이를 통제하려는 중앙은행들은 경제에서 열기를 조금 식히려고 노력합니다. 그 방법으로 중앙은행은 통화 공급을 줄이고, 금리를 올리며, 유가 증권을 팔아서 민간 부문으로부터 시중 자금을 흡수할 수 있습니다.

또 다른 하나는 고용을 지원할 책임입니다. 물론 고용은 경제가 활성화됐을 때 개선됩니다. 따라서 중앙은행은 '양적 완화' 프로그램을 통해 통화량을 늘리고, 금리를 낮추고, 유가 증권을 사들여 경제에 유동성을 주입하는 등 부양 조치를 통해 고용을 촉진합니다.

이러한 중앙은행의 이중적 책임은 서로 상반된 것이어서 미묘한 균형잡기가 요구됩니다.

3. FOMC : 정책금리수준을 결정

영문명 : FOMC
(Federal Open Market Committee)

분류 : 경기 조절자

통상적으로 6주 간격으로(긴급하게 소집되는 경우도 있습니다) 열리는 미국 FOMC 회의에서는 미국의 통화금융정책을 결정합니다. 금융시장의 기본적인 잣대가 될 수 있는 정책금리수준을 결정해 경기과열과 위축을 조절합니다.

출처 : Federal Reserve

a 글로벌 유동성흐름의 방향성을 결정

금리인하를 하게 되면 자본조달비용을 낮춰주고, 정책기준이 경기부양 쪽으로 맞춰진다는 점에서 증시도 우호적으로 반응합니다.

회의 후 성명서를 발표하게 되는데, 금리결정 결과 이외에도, 통화금융정책 당국의 현 경제상황에 대한 인식과 향후 경제정책추이를 가늠해 볼 수 있어 시장에서 매우 중요시하는 이벤트입니다.

특히 성명서에 포함된 점도표는 앞으로의 금리방향성과 수준을 나타내고 있어 매우 유용한 자료로, 반드시 검토해야 할 자료입니다.

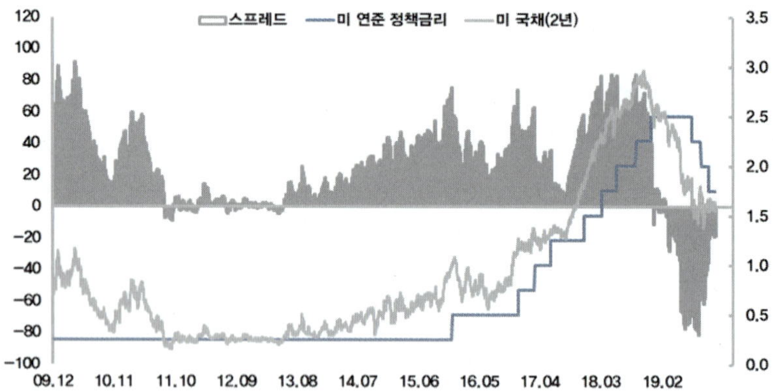

[그림] 미국 정책금리

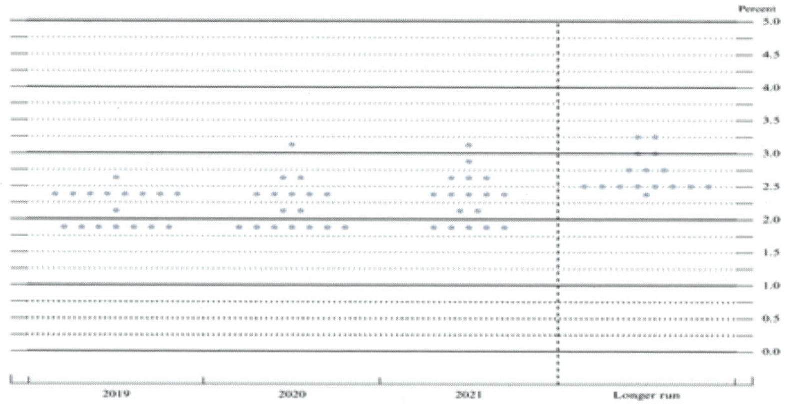

[그림] 점도표 : 연준위원들의 연방기금금리 목표치 전망

b 통화정책의 파급효과

FRB(연방준비제도이사회)의 정책 변화가 금융시장과 금융상품에 미치는 영향을 반드시 추적해야 합니다.

FRB가 금리변경으로 원하는 성과를 얼마나 달성하느냐는 통화정책(Monetary policy)의 파급효과(Transmission effect)에 크게 좌우됩니다. FRB가 단지 금리변경만으로 성과를 거둔다고 생각하면 커다란 착각입니다. 우리는 각각의 파급효과를 고려해서 전반적인 금융여건을 추적해야 합니다.

주가가 미치는 파급효과는 분석하기 매우 쉽습니다. 주로 자산효과를 고려하면 됩니다.

달러가 미치는 파급효과에 쓰는 어림셈법은 다음과 같습니다. 달러가치가 5% 하락하면 연준정책금리가 37.5bp 하락하는 효과가 있으며, 2년 동안 산업생산이 0.4% 증가합니다(대체로 미국 산업생산은 연 1% 증가합니다). 또한, 달러가치가 5% 하락하면 미국 제조업 이익도 5% 증가합니다.

c 전반적인 금융여건의 변화를 함께 살펴보아야 함

대출 기준을 분석하려면 은행여신과 연준의 대출책임자 분기조사를 추적해야 합니다.

이상은 계량분석 자료이고, FRB 금리변경이 효과가 있는지 다른 방식으로도 감을 잡아야 합니다. 예를 들어 2007년과 2008년 초에는 FRB 금리인하에서 효과를 감지할 수 없었는데, 이는 금리가 대폭 더 인하되어야 하며 경제회복에는 더 오랜 시간이 걸린다는 뜻이었습니다. 이런 분위기가 감지되면서 금융시장은 더욱 침체했습니다.

FRB 금리 변경만 주목하는 피상적인 분석을 피하고, 전반적인 금융여건 변화를 살펴보아야 합니다. 통화정책의 파급효과가 순조롭게 효과를 나타낸다면, 연준은 정책목표를 더 빨리 달성할 것입니다. 예를 들어 FRB가 잇달아 금리를 인하한 다음 금융여건이 개선된다면(주가상승, 달러가치 하락, 신용스프레드 축소), 경기가 회복될 것으로 보고, 채권보다 주식의 비중을 높여야 합니다. FRB가 잇달아 금리를 인하하는데도 금융여건이 악화한다면, 경기회복이 지연되어 FRB가 금리를 더 인하할 것이므로, 주식보다 채권의 비중을 높이고, 만기가 짧은 채권에 투자해야 합니다.

신용 사이클이란?

[신용 사이클]

1. 신용 사이클

신용 가용성의 변화는 경제, 기업, 시장에 미치는 가장 기본적인 영향력 중 하나입니다. 신용 사이클은 대부분의 다른 사이클보다 보통 사람들에게 덜 알려져 있지만, 이 사이클은 가장 중요하고 심오한 영향을 미칩니다.

신용 사이클은 창문에 비유할 수 있습니다. 가끔은 열려 있고, 가끔은 닫혀 있습니다. 금융업계 사람들은 '돈을 빌리러 가는 곳' 을 자주 '대출 창구(the credit window)'라고 말합니다. 창구가 열려 있을 때는 자금이 풍부하고 또 쉽게 얻을 수 있습니다. 창구가 닫혀 있을 때는 자금이 부족하고 구하기 어렵습니다. 마지막으로 창구는 활짝 열린 상태에서 닫힌 상태로 순식간에 바뀔 수 있다는 사실을 늘 명심해야 합니다. 신용 사이클이 움직이는 이유와 그 영향을 포함해서 사이클에 대해 이해할 것이 많지만 핵심은 변동한다는 것입니다.

호황으로 대출이 늘면서 잘못된 대출로 인해 큰 손실이 발생하고 결국 대출기관이 더 이상 대출을 하지 않게 되면서 호황은 끝이 납니다. 이 상황은 계속 반복됩니다.

신용 사이클은 다양한 방법으로 추정할 수 있는데, 여기서 우리는 은행여신을 통해 신용 사이클을 추정합니다.

a 신용 사이클의 정점

일이 잘 풀리고, 긍정적인 뉴스들이 나오며, 위험회피 성향이 적고, 투자자들이 열정적일 때 신용 사이클의 정점에 도달한다는 사실을 아는 것은 신용 사이클을 다루는 중요한 열쇠입니다.

신용 사이클의 정점에서 대출자들은 돈을 쉽게 조달할 수 있고, 매수자와 투자자들은 자금 제공 기회를 얻기 위해 경쟁합니다. 그 결과 저렴한 자금 조달, 낮은 신용기준, 부실한 거래, 현명하지 못한 신용 기한 연장 등의 상황이 발생합니다. 신용 창구가 열려 있을 때 카드를 쥐고 있는 것은 대출기관이나 투자자가 아니라 바로 대출자입니다. 이 모든 것의 결과는 분명합니다. 주의를 기울여야 한다는 것입니다.

b 신용 사이클의 저점

불쾌한 사건이 전개되고, 위험회피 성향이 고조되며, 투자자들이 침체되어 있을 때 최악의 순간이 도래합니다. 이런 상황에서는 아무도 자본을 제공하고 싶어 하지 않고, 신용시장은 얼어붙으며, 제안된 상품들을 원하는 사람이 없어집니다. 이 상황에서는 대출자보다 자본제공자들의 손에 열쇠가 쥐어집니다. 대출이 어렵고 자금의 가용성이 떨어졌기 때문에 자금을 소유하고 있고 그것을 제공하려는 사람들은 엄격한 기준을 적용해 튼튼한 채권구조와 보호 조항을 주장하며 높은 수익률을 요구할 수 있습니다. 이런 것들이 탁월한 투자를 위해 필요한 안전마진을 제공하는 것입니다. 이런 조건들이 충족됐을 때 투자자들은 공격적인 모드로 들어가야 합니다.

신용 사이클 지표

[신용 사이클]

2. 은행 여신

영문명 : bank credit

분류 : 신용 사이클

은행대출을 통해 은행들의 여신의지, 경제에 유입되는 자금규모, 금융위기 이후 은행들의 자본변경현황 등을 파악할 수 있습니다. 은행들 만이 통화공급을 확대할 수 있다는 것을 기억해야 합니다.

출처 : Federal Reserve 등

발표시기 : 미국의 경우 매월

a 미국경제의 건전성을 평가

은행 여신에 관한 연준 데이터를 이용해 미국 경제의 건전성을 평가할 수 있습니다. 이는 증권 매수, 대출, 리스 등의 형태로 은행이 여신을 증가시키면, 차입자들이 그 자금을 소비하면서 경제가 활성화되기 때문입니다.

은행 여신 증가율은 2008.03까지 15년 동안 약 8%였습니다.

대출과 리스(loans & leases in bank credit)가 은행 여신에서 차지하는 비중은 약 74%이고, 여기서 절반이 부동산대출(real estate loans)이므로, 부동산대출의 증감이 얼마나 중요한지 쉽게 알 수 있습니다.

기업 대출(commercial & industrial loans)도 중요합니다. 은행 여신에서 차지하는 비중은 15%에 불과하지만, 기업 신뢰도, 재고자산 투자, 자본 지출, 고용 등에 영향을 미치므로 대단히 중요합니다. 신용위기 이후 이 데이터가 여신상황을 점검하는 척도로도 사용되고 있습니다.

은행 여신이 빠르게 증가하면 경제 확장의 선순환을 기대할 수 있습니다. 은행 여신이 증가하면 금융자산도 증가하면서 은행이익도 증가하므로, 대개 은행에도 호재가 됩니다.

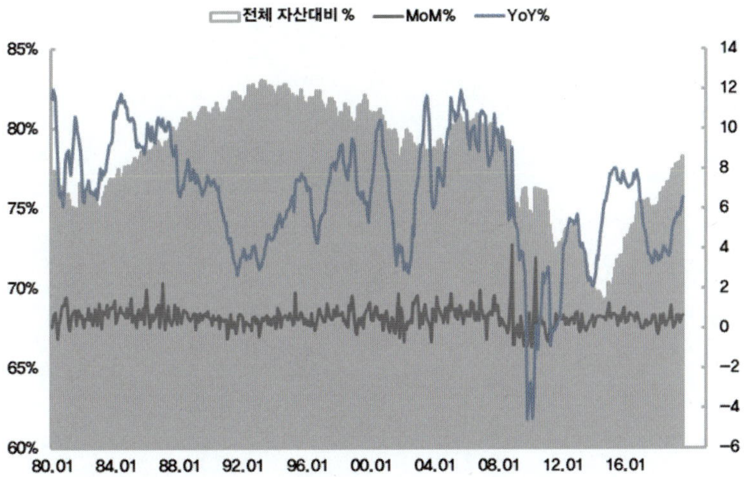

[그림] 미국 은행 여신(bank credit)

출처 : Federal Reserve

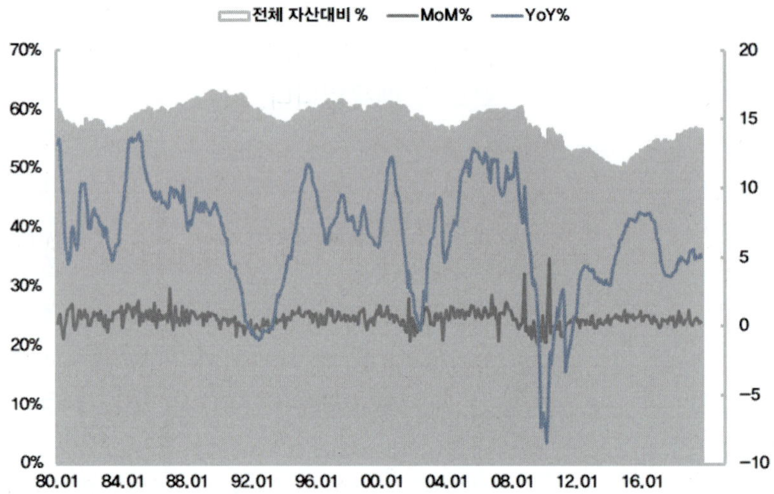

[그림] 은행 여신(대출과 리스)

출처 : Federal Reserve

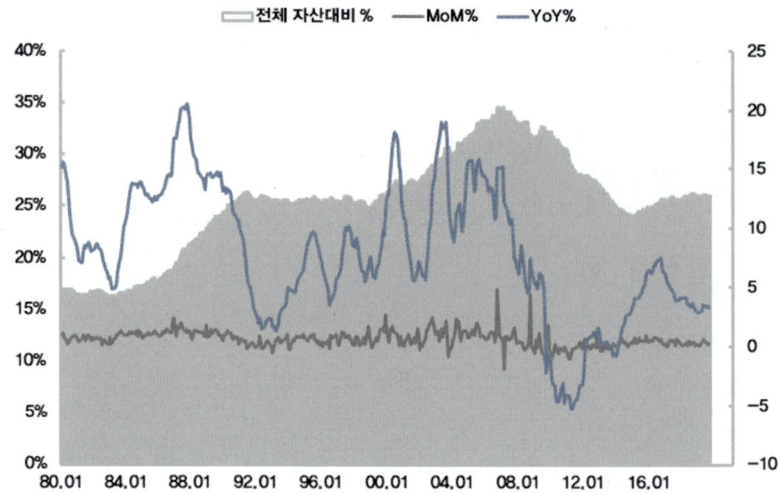

[그림] 은행 여신(부동산 대출)

출처 : Federal Reserve

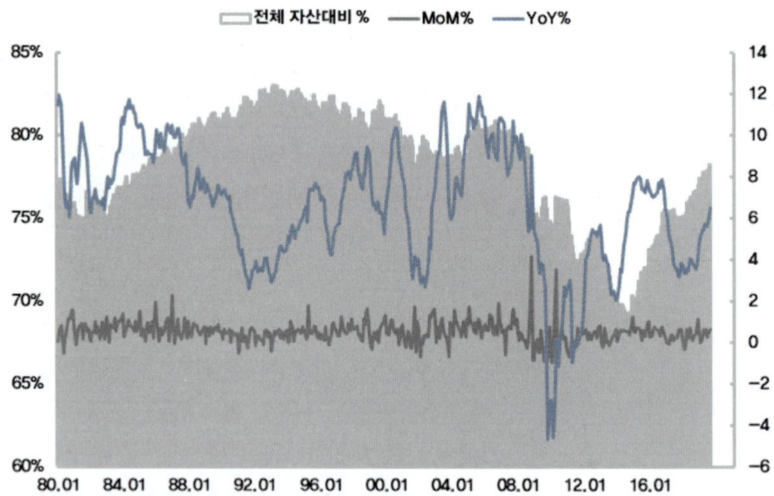

[그림] 은행 여신(기업 대출)

출처 : Federal Reserve

리스크에 대한 태도란?

[리스크에 대한 태도]

1. 리스크에 대한 태도

리스크가 투자의 중요한 가변요소라는 관점은 어떤 환경에서 투자자들이 리스크에 대해 어떤 행동을 취하는지가 우리가 속한 투자환경을 형성하는 데 아주 중요하다는 결론으로 이어집니다. 그리고 투자 환경의 현재 상태는 그 시점에서 리스크에 어떻게 대응해야 하는지를 결정짓는 중요한 열쇠가 됩니다.

사이클에서 리스크에 대한 태도가 어디쯤 있는지 가늠해보는 것은 어쩌면 가장 중요한 부분일지도 모릅니다. 리스크에 대한 태도는 다양한 방법으로 추정할 수 있는데, 여기서 우리는 공포와 탐욕 지수(Fear & Greed Index)를 통해 리스크에 대한 태도를 추정합니다.

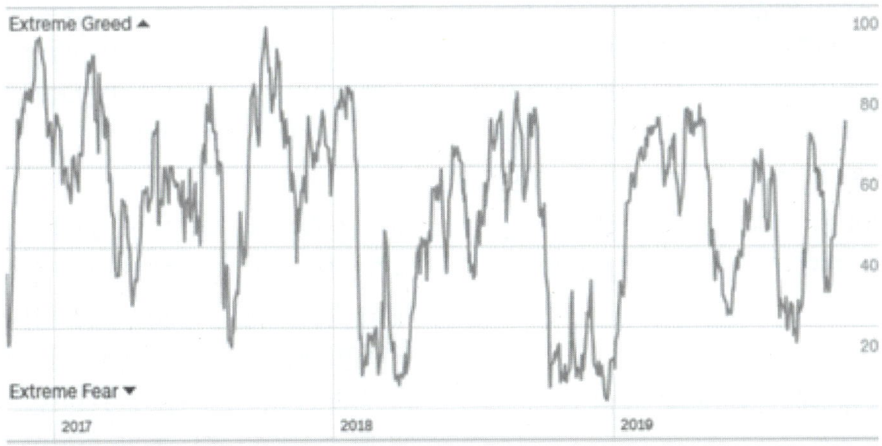

[그림] 공포와 탐욕 지수

a 리스크에 대한 태도의 고점 : 탐욕 (Greed)

호황기에 사람들은 더 낙관적이고, 경계심을 버리며, 위험한 투자임에도 적은 리스크 프리미엄을 받고 만족해합니다. 게다가 비관적이지도, 불안해하지도 않기 때문에 리스크/수익률 그래프의 더 안전한 영역에는 관심을 잘 기울이지 않습니다.

이런 조건에서 위험자산의 가격은 안전자산에 비해 상승합니다. 따라서 어리석은 투자가 나쁜 시기보다 좋은 시기에 이루어진다는 것은 놀랄 일이 아닙니다.

더 높은 가격으로 위험한 투자에 뛰어든다는 것이 위험을 의식하던 시기보다 예상 리스크 프리미엄이 훨씬 더 적다는 것을 뜻해도, 호황기에는 일어납니다.

위험은 투자자들이 낮다고 느낄 때 높은 것입니다. 그리고 위험 보상은 리스크가 최대일 때(즉, 위험 보상이 필요할 때) 가장 작습니다. 합리적인 투자자는 이 순간 투자를 중단할 것입니다.

이 모든 것의 핵심은 리스크가 없다는 믿음이 리스크의 가장 큰 원인이라는 점입니다. 광범위한 위험 수용, 즉 투자자가 위험을 편안하게 느끼는 현상은 시장 하락의 가장 큰 징조입니다. 그러나 어느 때보다 위험을 인지하고 신중해져야 할 때에 이를 거의 인식하지 못합니다.

b 리스크에 대한 태도의 고점 : 공포(Fear)

위험회피를 간과한 태도 때문에 그 어떤 리스크도 알아채지 못한 채 벌기 쉬운 돈이라는 비전에 넘어가 가격을 밀어 올리고 꼭지에서 매수했던 것처럼 투자자들은 이제 가격을 끌어내리고 바닥에서 매도합니다. 그들은 투자 실패를 경험하면서 이제 투자는 뛰어들지 말아야 할 위험한 분야라고 확신합니다. 그 결과 위험회피 성향은 극단으로 나아갑니다.

상황이 가라앉으면 투자자들도 가라앉습니다. 투자자들은 시장을 돈을 잃는 곳으로, 리스크는 어떤 수를 써서라도 피해야 할 것으로, 손실이 나는 것은 안타깝지만 벌어지기 쉬운 일로 생각합니다. 지나친 경계심이 퍼진 상황에서는 ① 어느 누구도 낙관론을 포함하는 가능성을 믿지 않을 것이며, ② 어떤 가정이 '믿기지 않게 나쁜 일'이 될 가능성도 마찬가지로 받아들일 수 없을 것입니다.

패닉 상태에서 사람들은 엄청난 기회를 놓칠까봐 걱정해야 할 시간에 손실을 없게 하려고 시간을 100% 사용합니다. 소극적인 태도가 극단에 이른 시기에 지나친 위험회피는 가격을 가능한 한 낮아지게 할 수 있습니다. 추가 손실의 가능성은 아주 낮아지고, 따라서 손실위험은 최소화됩니다. 앞서 언급한 것처럼 세상에서 가장 위험한 것은 리스크가 없다는 믿음입니다. 마찬가지로 매수하기에 가장 안전한 (그리고 가장 보상이 큰) 시기는 대개 모두가 희망이 없다고 확신할 때입니다.

c 결론

투자자들이 위험에 대해 어떻게 생각하고 대처하는지 이해하는 것이 가장 중요할 것입니다. 요컨대 지나친 위험 수용은 위험을 만들며, 과도한 위험 회피는 시장을 침체시키지만 최고의 매수 기회를 만들어냅니다.

위험에 대한 태도의 변화 또는 움직임은 어떤 사이클의 결과이자 다른 사이클의 원인이기도 합니다. 그리고 언제나 그러할 것입니다. 사람들은 보통 일이 잘될 때는 더 낙관적이고 위험을 수용하는 반면, 상황이 하락세로 돌아서면 걱정이 많아지고 위험을 회피하기 때문입니다. 이것은 가장 신중해야 할 때 가장 기꺼이 매수하고, 가장 공격적이어야 할 때 가장 매수를 꺼린다는 뜻이기도 합니다. 뛰어난 투자자들은 바로 이러한 사실을 인식하고 반대로 행동하려고 노력합니다.

리스크에 대한 태도 지표

[리스크에 대한 태도]

2. 공포와 탐욕 지수

공포와 탐욕 지수(Fear & Greed Index)는 미국의 뉴스전문채널 CNN이 제공하는 것으로, 이 지수가 높으면, 현재 사람들이 엄청 욕심을 내고 있다고 보는 것입니다.

이 지수는 다음의 7가지를 고려합니다.

- 주식시장 모멘텀(market momentum) : S&P500 지수와 S&P500 지수의 125일 이동평균
- 주식가격 강도(stock price strength) : 뉴욕 증권거래소(NYSE)의 52주 신고가 종목수와 신저가 종목수의 차이
- 주식가격 너비(stock price breadth) : 가격이 올라간 주식의 거래량 대 가격이 떨어진 주식의 거래량 비율
- 풋/콜 비율(put/call ratio) : CBOE 5일 평균 풋/콜 옵션 비율
- 정크채권 수요(Junk bond demand) : 정크 채권과 투자등급 채권의 수익률 스프레드(yield spread)
- 시장 변동성(market volatility) : VIX 지수와 VIX 지수의 50일 이동평균
- 안전피난처 수요(safe haven demand) : 최근 20일 간의 미국 주식과 미국 국채의 수익률 차이

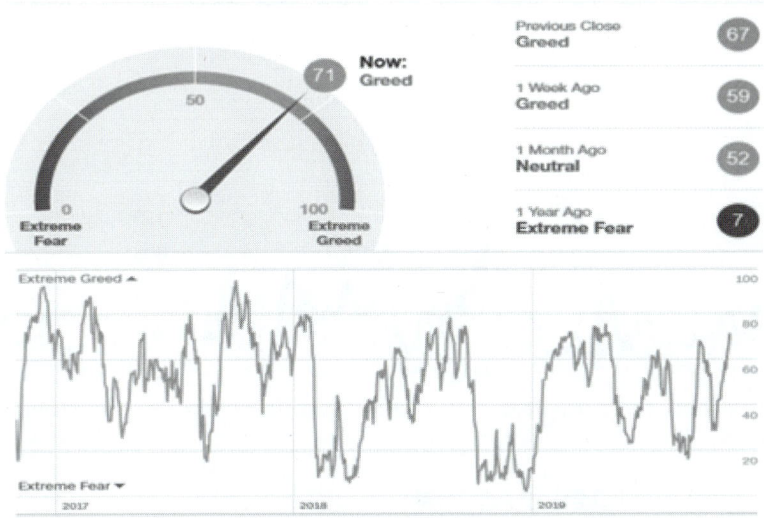

[그림] 공포와 탐욕 지수

출처 : CNN

[그림] 주식시장 모멘텀

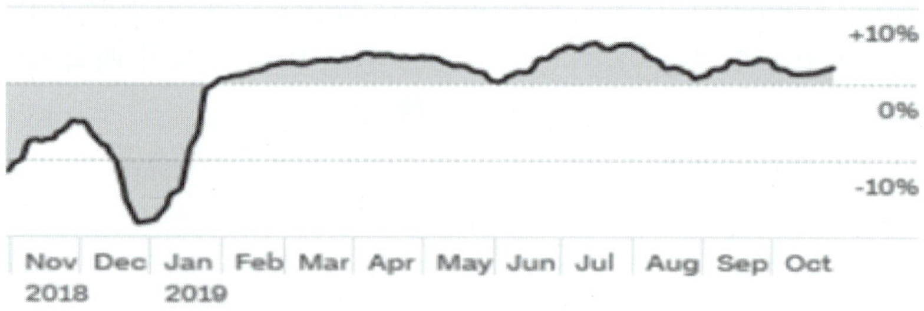

[그림] 주식가격 강도

[그림] 주식가격 너비

[그림] 풋/콜 비율

[그림] 정크채권 수요

[그림] 시장 변동성

[그림] 안전피난처 수요

이익 사이클이란?

[이익 사이클]

1. 이익 사이클

기업의 이익을 결정하는 과정은 복잡하며 여러 변수가 있습니다. 경제 사이클에 따라 매출이 큰 영향을 받는 기업이 있는가 하면 그렇지 않은 기업도 있습니다. 매출 변화율은 주로 영업 레버리지와 재무 레버리지의 차이 때문에 일부 기업에서 이익에 더 큰 영향을 미칩니다.

물론 특이한 사건들이 이익에 매우 중대한 영향을 미칠 수도 있습니다. 여기에는 재고, 생산 수준, 자본 투자에 관한 경영진의 결정과 기술 발전(한 기업 내, 업계 경쟁자들, 경쟁 산업 기업들의 발전을 포함합니다), 규제 및 세제의 변화, 날씨, 전쟁, 유행과 같은 업계 또는 경제계 바깥의 사건 등이 포함될 수 있습니다.

경제 사이클은 기업의 매출 및 이익 변화의 배경이 될 수 있지만, 사이클에 기초한 예상에서 편차가 생길 가능성이 큽니다. 색다른 사건이 그 주된 이유입니다.

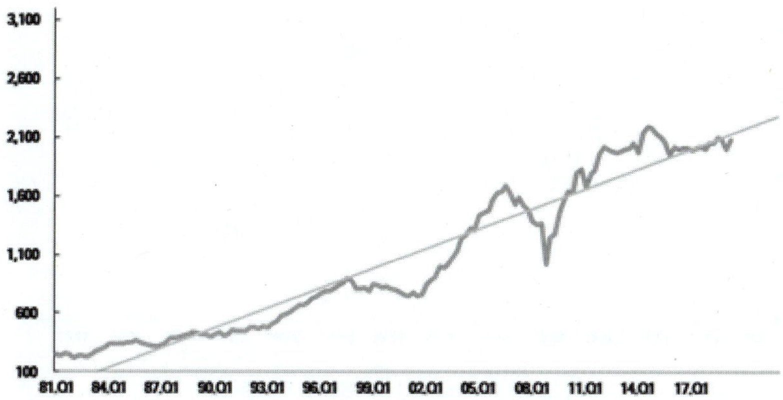

[그림] 미국 기업의 이익 사이클

출처 : US BEA

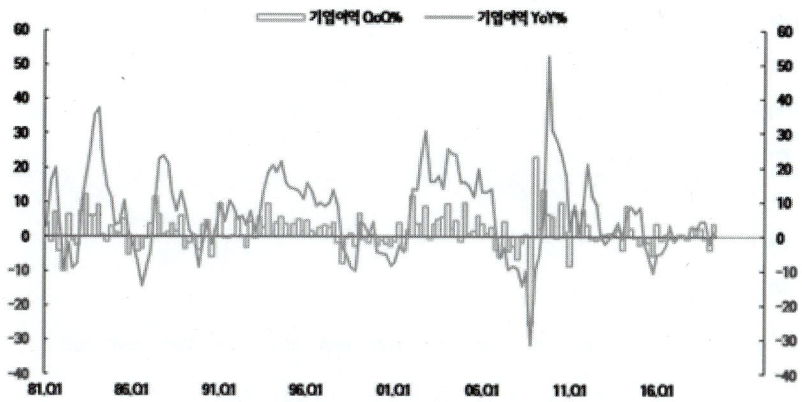

[그림] 미국 기업의 이익

출처 : US BEA

부동산 사이클이란?

[부동산 사이클]

1. 부동산 사이클

전형적인 부동산 사이클을 쿠즈네츠 사이클(Kuznets cycle)이라고 부릅니다. 지속기간은 평균 18년(이중 하락국면 3~3.5년) 정도이며, 빈도는 약간씩 다르고, 이자율의 구조적 경향에 영향을 받습니다.

부동산 사이클의 주요동인은 GDP 대비 11~12%(주택이 9%, 상업용이 2~3%)를 차지하는 건축 시공입니다. 부동산 가격의 부의 효과도 영향을 미칩니다. 건축시공이 GDP에서 차지하는 비중은 신흥 시장보다 선진 경제에서 더 높으며, 선진 경제의 경우 건축 시공의 절반이 수리를 위한 것입니다.

건축시공이 1/3 줄어들면 GDP의 3% 이상이 사라지는 셈입니다. 이는 그다지 큰 부분으로 보이지 않겠지만, 이것이 부동산 가격 하락으로 이어지고, 부의 효과 때문에 추가로 사라지는 부분이 생길 수 있음을 염두에 두어야 합니다.

부동산 사이클은 다양한 방법으로 추정할 수 있는데, 여기서 우리는 다양한 부동산 관련 지표를 통해 부동산 사이클을 추정합니다.

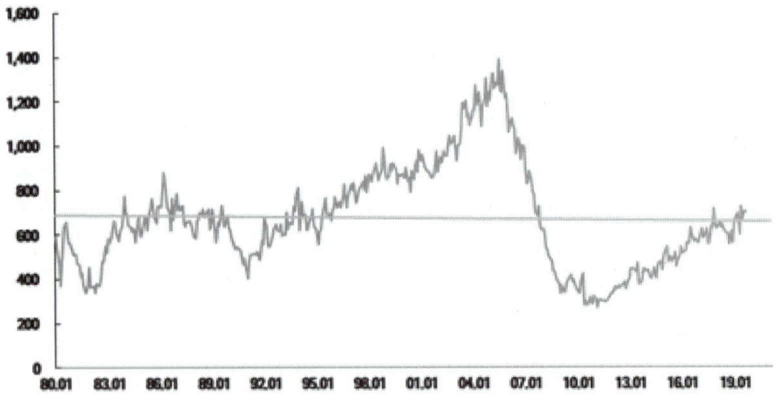

[그림] 미국 주택 판매(신규 주택)

출처 : US Census Bureau

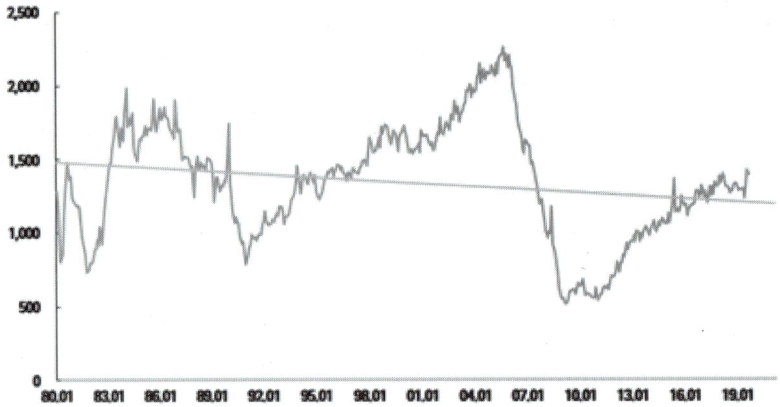

[그림] 미국 건축 허가 건수

출처 : US Census Bureau

부동산 사이클 지표

[부동산 사이클]

2. 주택 판매 보고서

영문명 : home sales

분류 : 부동산 사이클

주거용 부동산 수요 부문은 크게 기존 주택 판매(비중 90% 이상)와 신규 주택 판매(비중 10% 이하)로 나눌 수 있습니다.

주택판매보고서는 중간가격, 재고, 월별 주택공급수, 그리고 가격과 건축 단계별 판매를 포함하고 있습니다.

2005년 여름 주택 시장이 정점에 도달한 이후부터는 가장 중요한 지표가 미분양 주택 재고였습니다. 당시에는 주택 판매량이 여전히 많았으므로, 후행 지표인 재고/판매비율은 크게 바뀌지 않았습니다. 따라서 주택 재고 현황을 파악하려면 반드시 주택 판매 수량에 집중해야 하며, 신규 주택과 기존 주택을 모두 보아야 합니다.

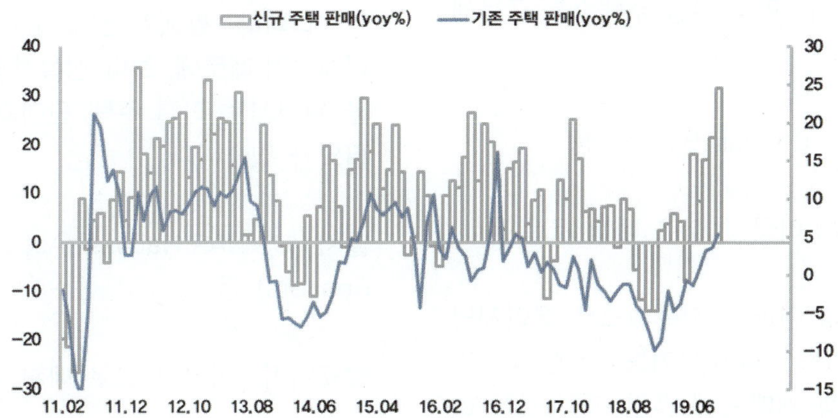

[그림] 미국 주택 판매

출처 : US Census Bureau

a 미결 주택 판매

영문명 : pending home sales

주택 매매 계약은 했지만, 대출 승인 문제 등으로 거래가 끝나지 않은 가계약 상태의 거래를 측정하는 것입니다.

주택 판매의 선행 지표이며, 이를 통해 앞으로의 주택 판매 향방을 예측해볼 수 있습니다.

출처 : US NAR(National Association of Realtors) 등

발표시기 : 미국의 경우 매월 27일경

b 신규 주택 판매

영문명 : new home sales

신규 주택 판매는 새로 지어진 혹은 지어질 주택의 판매량을 나타냅니다. 계약이 체결되는 시점에서 통계에 집계되므로, 매매가 완료될 때까지 기다려야 하는 기존 주택 판매보다 선행성을 지닙니다.

신규 주택 판매의 핵심은 월별 변화율입니다. 신규 주택 판매는 경기 침체 국면에서 벗어날 때 급증하는 경향이 있습니다. 이는 경기가 좋지 않을 때 신중한 소비자들이 고가품의 구매를 미루며 발생한 억압 수요 때문입니다. 또한 전환기에는 선행 지표인 미분양 주택수를 주목해야 합니다.

출처 : US Census Bureau 등

발표시기 : 미국의 경우 매월 26일경

신규 주택 판매가 지속적으로 좋아지면 미국 경기가 호황기일 가능성이 높습니다. 기존 주택 매매는 소유권 이전(transfer of ownership)이라는 점에서 경제적 영향이 제한적인 반면, 신규 주택 판매는 ① 건설업자의 투자 및 생산 활동을 촉진시키고, ② 기타 주거용 내구재 시장을 활성화시킨다는 점에서 파급 효과가 매우 큽니다. 즉, 주택 경기가 좋아지면 내수가 좋아지는 흐름을 보입니다.

c 기존 주택 판매

영문명 : existing home sales

주택 시장의 수요 측면을 보여주는 지표로 신규 주택을 제외한 주택 판매량을 측정합니다. 판매가 완료되는 시점에서 집계되기 때문에, 보다 정확한 상황 파악을 위해서는 미결 주택 판매와 함께 볼 필요가 있습니다.

출처 : US NAR(National Association of Realtors) 등

발표시기 : 미국의 경우 매월 19일경

기존 주택 판매는 전체 주택 판매에서 90% 이상 비중을 차지함에도 불구하고, 신규 주택 판매보다 경제적 효과가 제한적입니다. 기존 주택이 판매되는 것은 결국 소유권 이전을 뜻하며, 따라서 투자 및 고용을 창출하기보다는 가구의 추가 지출을 유발하는데 그칩니다.

그러나 개인 재산 중 주택이 차지하는 비중이 크기 때문에 주택 시장의 변화는 전체 소비에 영향을 미치기 때문에 관심있게 봐야 합니다.

또한 기존 주택 판매가 이루어져야 집주인은 매매 차익을 이용하여 값비싼 신규 주택을 구매할 수 있습니다. 따라서 주택 시장을 활성화시키는데 윤활유 역할을 한다고 볼 수 있습니다.

3. 건축 허가/ 주택 착공 건수

영문명 : building permits/housing starts

분류 : 부동산 사이클

주택 착공 건수는 전월에 건설을 시작한 주거용 부동산의 수를 측정한 것이며, 건축 허가 건수는 기초 공사에 대한 허가를 받은 수로, 신규 주택의 공급 과정을 보여줍니다.

주택건설보고서는 크게 5가지 세부항목(건축허가를 받은 주택, 허가를 받았지만 아직 착공되지 않은 주택, 착공된 주택, 건설중인 주택, 완공된 주택)으로 구성되어 있습니다. 미국 전체의 경우 단독 주택, 2~4가구용 주택, 5가구 이상용 주택으로 구분되어 있습니다. 이중 유심히 봐야 하는 데이터는 주택 공급의 70% 이상을 차지하는 단독 주택입니다.

출처 : US Census Bureau 등

발표시기 : 미국의 경우 매월 19일경

주택 산업은 경제의 나머지 부문들에 대한 선행 지표입니다. 주택 매매가 둔화되면 사람들은 그만큼 가구와 가전제품, 실내장식품 등을 구매하지 않습니다. 그 결과 소매활동이 감소하고 그 부문의 고용이 둔화됩니다.

건축 허가 건수는 건축 경기의 선행 지표입니다. 건축 허가는 주택 착공으로 귀결됩니다. 모기지 금리 변동에 따라 민감하게 반응하며 시장에서 가장 주시하는 주택 관련지표 중 하나로, 경기 선행 지수의 구성요소입니다. 경제를 자극하기 위해 FRB가 금리를 인상 또는 인하하면 가장 민감하게 반응하는 부문입니다.

주택 착공 건수는 경기 변동과 금리 변화에 가장 민감하게 반응하는 지표입니다. 단독 주택 그리고 다세대 주택을 포함하며, 이동 주택이나, 기숙사, 세놓은 집 등은 포함하지 않습니다. 핵심은 단독 주택의 월별 변화에 있습니다. 인플레이션이 경기 확장 국면의 중기나 말기에 걱정거리라면, 주식 시장은 높은 주택 착공률을 악재로 간주합니다. 반면 경기 확장 국면의 전기나 경기 수축 국면 말기에서는 주택 착공의 증가는 호재가 됩니다.

건축 허가 건수가 주택 착공 건수에 비해 월별 자료에 있어서 변동성도 적으며, 예측하기 힘든 날씨 패턴에 영향을 덜 받기 때문에, 건축 허가 건수를 경기 선행 지수로 활용합니다.

마켓 사이클이란?

[마켓 사이클]

1. 마켓 사이클

시장이 기업의 펀더멘털만을 가지고 가치를 계산하는 훌륭한 계산기라면, 주식 가격은 발행 기업의 현재 실적과 미래 실적 전망보다 더 크게 변동하지 않을 것입니다. 아마도 가격은 대개 실적보다 덜 변동할 것입니다. 기업의 분기별 실적 변화는 장기적으로 안정적이며, 기업이 가진 장기 잠재력의 실제적인 변화를 꼭 반영하는 것도 아니기 때문입니다.

그럼에도 주식 가격은 일반적으로 실적보다 훨씬 크게 움직입니다. 그 이유는 주로 심리적, 감정적인 것이지 펀더멘털적인 것이 아닙니다. 사실 경제적 사실이나 수치는 시장 반응의 시작점일 뿐입니다. 투자자의 합리적인 행동은 예외적인 것이지 법칙이 아닙니다. 가격 변화는 펀더멘털 변화를 과장하고 부풀립니다.

a 마켓 사이클이 상승세일 때

강세장의 3단계

- 1단계, 통찰력 있는 소수만이 상황이 좋아질 것이라고 믿을 때
- 2단계, 대부분이 개선이 실제로 일어나고 있다는 것을 깨달을 때
- 3단계, 모든 사람이 상황이 영원히 나아질 것이라고 결론지을 때

1단계에서는 대부분이 개선 가능성을 보지 못하기 때문에 주식 가격이 오르지 않고 가격에 낙관주의가 거의 혹은 전혀 포함되어 있지 않습니다. 이 단계는 종종 가격이 폭락한 후 일어납니다.

반면 3단계에서는 오랫동안 상황이 잘 진행되어왔고, 이런 점이 자산 가격에 강하게 반영되어 시장 분위기를 더욱 고조시켜왔기 때문에 투자자들은 가격이 끝없이 올라갈 것이라고 생각합니다. 과대평가된 것으로 드러난 잠재력에 돈을 지불하는 것만큼 비싼 것은 거의 없습니다.

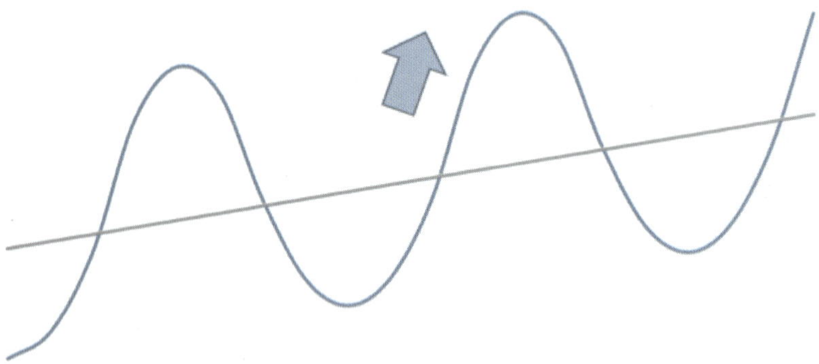

[그림] 마켓 사이클이 상승세일 때

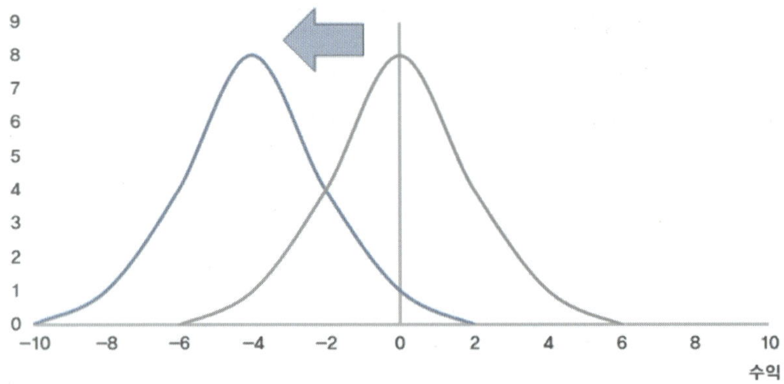

[그림] 마켓 사이클이 상승세일 때 수익률

b 마켓 사이클이 하락세일 때

마켓 사이클의 고점에서는 최고조에 달한 심리, 최대로 완화된 신용 가용성, 최고 수준의 가격, 최소의 잠재 수익률, 최대 리스크가 동시에 이루어지며, 이러한 극단은 대개 매수의 마지막 발작과 함께 일어납니다.

마켓 사이클의 상승 움직임이 만들어낸 고점에서와는 반대로 마지막 낙관주의자가 패배를 인정할 때, 바닥에서 동시에 일어나는 심리의 최저점, 신용 접근성의 완전한 불능, 최저 가격, 최대의 잠재수익률, 최소 리스크를 확인할 수 있습니다.

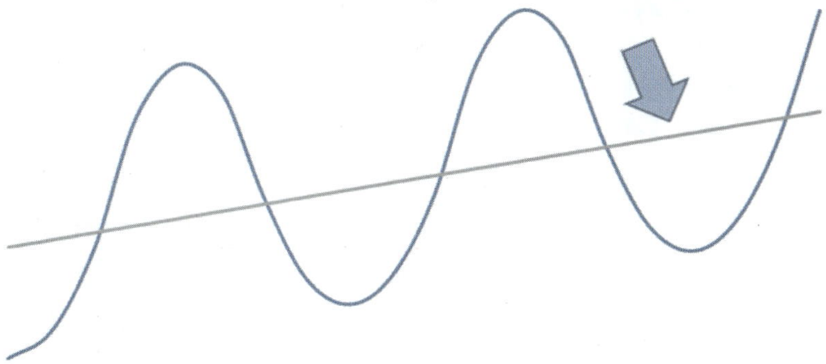

[그림] 마켓 사이클이 하락세일 때

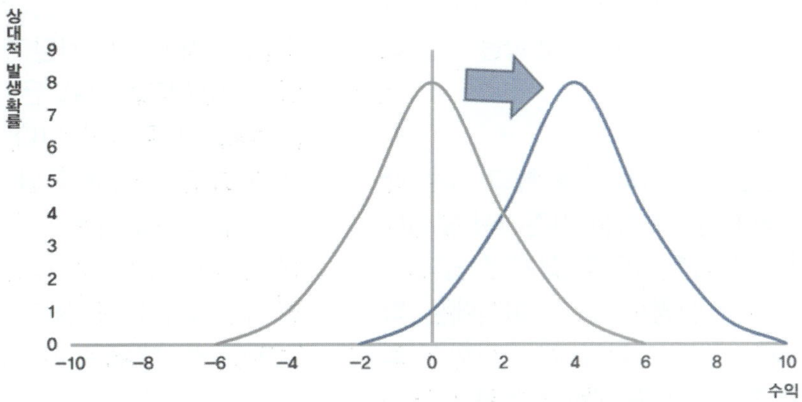

[그림] 마켓 사이클이 하락세일 때 수익률

c 필연적인 마켓 사이클

시장의 상승 사이클을 처음 경험한 미숙한 투자자는 강세장 또는 거품의 긍정적인 요소들이 혼합된 초기 과정의 흐름이 타당하다고 생각합니다. 그는 그렇게 계속 쏟아지는 좋은 뉴스들과 감정이 손실로 끝날 수 있다는 사실에 놀랄지도 모릅니다. 물론 특별한 경험이 없는 사람들이 이렇게 판단하는 것은 어쩔 수 없습니다.

판단 오류에 기초해 사이클의 진행 과정이 극단으로 갈 수 없다면 시장은 상승 시장의 정점 (또는 하락 시장의 바닥)에 도달한 이후 붕괴하지도 (회복되지도) 않을 것이기 때문입니다.

마켓 사이클에 대응하는 방법

[마켓 사이클]

2. 마켓 사이클에 대응하는 방법

마켓 사이클에 대응하는 가장 좋은 방법은 바로 시계추처럼 움직이는 심리와 밸류에이션 사이클이 어디쯤 위치해 있는지 아는 것입니다.

또 지나치게 긍정적인 심리와 높은 밸류에이션을 부여하려는 생각 때문에 가격이 정점으로 급등할 때 매수하지 않는 것(그리고 아마 매도하는 것)입니다.

마지막으로 침체된 심리와 밸류에이션 기준의 하락으로 패닉에 빠진 투자자들이 낮은 가격에도 불구하고 매도했을 때, 그리하여 염가 매수가 가능할 때 기회를 잡는 것입니다.

여기서 필수적인 요소는, 추론(inference)입니다. 모두가 미디어를 통해 매일 무슨 일이 일어나는지 보지만, 우리는 주변에서 일어나고 있는 일들 속에 함축된 암시를 이해하려고 해야 합니다. 다른 사람들이 무모한 확신을 갖고 공격적으로 매수할 때 우리는 매우 신중해져야 합니다. 다른 사람들이 겁먹고 행동하지 못하거나 패닉에 빠져 매도할 때 우리는 공격적으로 행동해야 합니다.

a 이번에는 다르다?

심리적, 감정적 요소들은 투자자들에게 과거의 밸류에이션 기준이 더 이상 적절하지 않으며, 과거의 기준에서 벗어날 수 있다는 확신을 줌으로써 영향을 미칩니다.

투자자들은 고점에서 돈을 벌고 있을 때 자산가격이 밸류에이션 기준에서 벗어나야 하는 간편한 이유를 쉽게 찾습니다. 이유에 대한 설명은 주로 "이번에는 다르다."라는 말로 시작합니다. 기꺼이 의심을 보류하는 이 불길한 신호를 조심해야 합니다.

반대로 자산가격이 폭락할 때는 과거에는 가치를 지지했던 그 어떤 것도 미래에는 장담할 수 없다는 가정이 이유가 됩니다.

b 떨어지는 칼날은 잡지 않는다?

바닥은 패닉에 빠진 마지막 보유자가 매도한 날 또는 매도자가 매수자에 비해 우위에 선 마지막 날로 볼 수 있습니다. 바닥에서부터 가격이 오릅니다. 항복하고 매도할 보유자가 없기 때문이거나 이제 매도자들이 팔고 싶어 하는 것보다 매수자들이 사고 싶어 하는 분위기가 더 압도적이기 때문입니다.

시장이 하락세로 치닫고 있을 때 투자자들은 "떨어지는 칼날은 잡지 않는다."라는 말을 자주 듣습니다. '추세가 하락세이고 그것이 언제 끝날지 알 수 없는데, 바닥에 도달했다는 것을 확신하기도 전에 왜 매수해야 하는가?'라는 말입니다. 하지만 상황이 안정되고 투자자들이 진정되면 싼 매물은 사라집니다.

3. 사이클 포지셔닝

사이클 포지셔닝은 사이클에 대해 내린 판단에 따라 포트폴리오 리스크에 대응하는 태도를 결정하는 과정이고, 자산 선택은 어떤 시장, 틈새 분야, 특정 증권이나 자산을 비중 확대(overweight)할지 비중 축소(underweight)할지 결정하는 과정입니다. 이 두 가지가 포트폴리오를 관리하는 주요한 수단입니다.

이 중에서 사이클 포지셔닝은 주로 공격과 방어 사이에서 어떤 선택을 하느냐, 즉 시장의 움직임에 따라 포트폴리오 결과의 변화 정도를 결정하는, 포트폴리오의 시장 움직임에 대한 노출을 늘리거나 줄이는 것에 관한 것입니다.

여기에서 성공 비결은 ① 시장이 사이클의 어디쯤 위치하는지에 대한 신중한 분석이 이루어지고, ② 그 결과 공격성을 높이며, ③ 이것이 옳다고 증명되는 것입니다. 사이클 포지셔닝에서는 이것을 '기술' 또는 '알파'로 요약할 수 있습니다.

물론 ③은 무작위성의 영향을 심하게 받기 때문에 투자자의 통제 안에 있는 문제가 아닙니다. 옳은 것으로 증명되는 일은 항상 일어나는 것이 아니며, 이는 상황을 잘 추론하는 숙련된 투자자들에게도 마찬가지입니다.

향후 시장 움직임에 대비해 포트폴리오를 성공적으로 포지셔닝하는 것은 어떤 태도(공격적인 태도나 방어적인 태도)를 취하는지 또는 언제 그렇게 하는지(미래의 시장 움직임에 대해 사이클이 의미하는 바를 더 잘 이해하는 것)에 달려 있습니다.

a 투자자가 유리한 환경에 있다고 판단했을 때

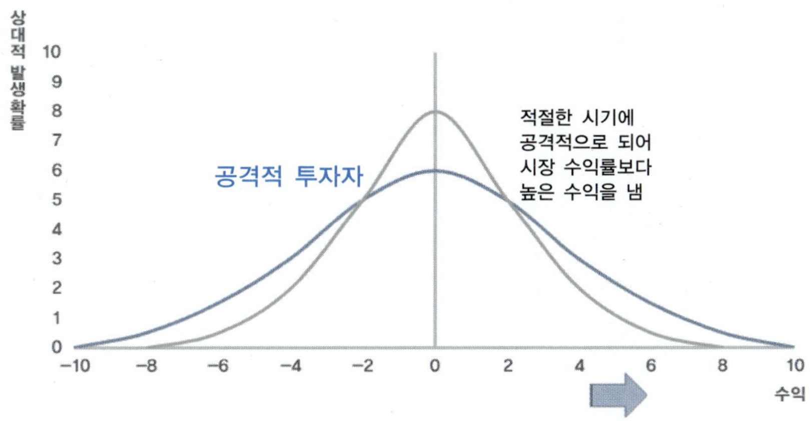

b 투자자가 불리한 환경에 있다고 판단했을 때

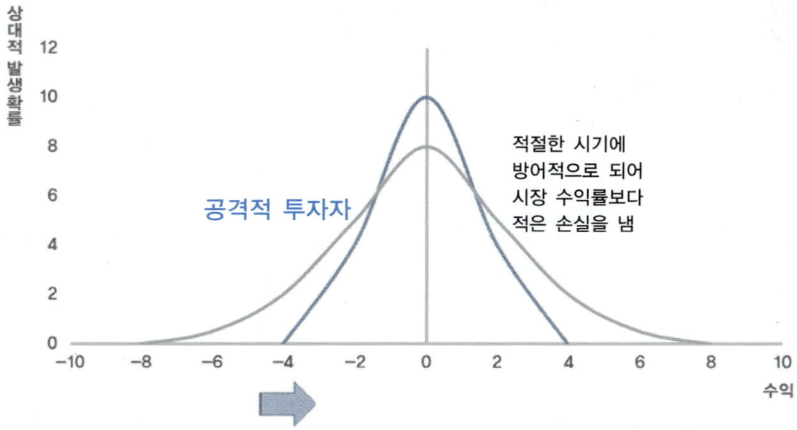

4. 마켓 사이클에 대한 오해

마켓 사이클을 이해하고 그것을 기초로 포지션을 바꿔 장기적인 투자 결과를 개선하려고 노력하는 것은 당연한 일입니다. 하지만 이 과정에서 필요한 기술과 과정의 어려움, 그 한계를 이해하는 것도 중요합니다.

사이클이 비쌈과 저렴의 양극단 사이, 즉 가운데 선인 적정에 있을 때 가격과 가치의 관계는 극단에서처럼 명백하지 않습니다. 결과적으로는 다음과 같습니다.
자주 구별하기 어려우며 정확한 구별도 어렵습니다.
따라서 중간 부분을 구별하는 것은 극단을 구별하는 것만큼 잠재적인 수익성이 높지 않으며, 신뢰할 만한 구별이 이루어지는 것도 아닙니다.

극단을 발견하고 이용하는 것이 우리가 바랄 수 있는 최고의 상태입니다. 투자자가 분석적이고, 통찰력이 있으며, 경험이 있고(또는 역사에 정통하고), 감정적이지 않은 사람이라면 이렇게 할 수 있을 것입니다.

하지만 이것은 매일, 매달, 심지어 매년 수익성이 있는 결론에 도달할 거라고 기대해서는 안 된다는 뜻입니다.
사이클 타이밍을 잡으려는 노력이 합리적인지는 순전히 무엇을 기대하느냐에 달려 있습니다. 만약 '내일 무슨 일이 일어날까?' 혹은 '다음 달에 어떤 일이 일어날까?'라는 의미에서 사이클상 위치를 자주 알아내려고 한다면 성공하지 못할 것입니다. 투자 결과를 현저히 높일 만큼 그렇게 세세히, 충분히, 자주 또는 지속적으로 옳게 상황을 구별할 수 있는 사람은 아무도 없습니다.

What?
사이클 관련 지표의 이해 03

이 장에서 우리는 앞에서 공부한 사이클에 대한 지식을 바탕으로 여러가지 사이클 관련 지표들을 모니터링 하는 방법을 공부하게 됩니다.

이 장을 공부하고 나면 우리는 사이클 관련 지표들은 무엇(What)인지 알게 되고, 이를 이용해 투자 아이디어를 만들 수 있게 됩니다.

알게 될 내용들

- 경제 사이클 지표
- 신용 사이클 지표
- 리스크에 대한 태도 지표
- 이익 사이클 지표
- 부동산 사이클 지표
- 마켓 사이클 지표

지표를 모니터링하는 법

[개요]

1. 캘린더를 만들어 보자!

사이클 관련 지표의 흐름을 파악하는 가장 좋은 방법은 캘린더를 만들어보는 것입니다.

캘린더에 금융 사이클의 흐름을 한 줄로 기록합니다. 예를 들면, S(세계 주식시장)△, 코(KOSPI)△ | B(미 국채10년)△, 채(한 국채3년)▽ | D(Dollar index)▽, 원(달러/원 환율)▲, 금△, 이런 식으로 기록합니다. △은 소폭 상승, ▲은 대폭 상승을 의미합니다.

지표는 컨센서스와의 차이가 중요하므로, 컨센서스보다 높게 나왔을 경우 빨간색, 낮게 나왔을 경우 파란색으로 표시합니다.

2. MarketWatch를 이용한 지표 모니터링

www.marketwatch.com에서 컨센서스 데이터, 발표된 지표 결과, 마켓 사이클 지표를 확인합니다.

해당 지표를 클릭하면, 상세한 내용의 기사도 확인할 수 있고, 시계열 차트도 볼 수 있습니다.

[그림] Google 캘린더

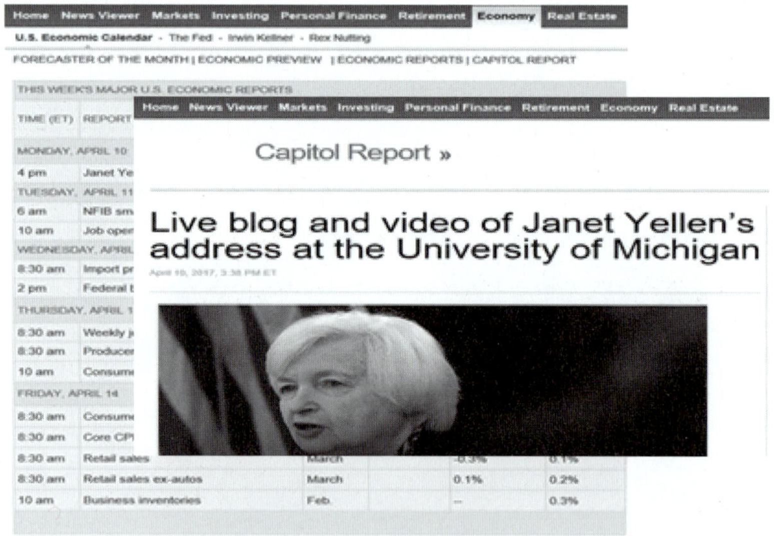

[그림] MarketWatch 인터넷 버전

국내총생산(GDP)

[경제 사이클 지표]

1. GDP = 최종 소비지출 (개인 + 정부) + 투자 + 순수출

영문명 : GDP(Gross Domestic Product)

분류 : 경제 사이클

국민소득은 한 나라 가계, 기업, 정부 등 모든 경제 주체가 일정 기간 동안 새로이 생산한 재화와 서비스의 가치를 시장가격으로 평가해 합산한 것으로 흔히 GDP(국내 총생산)라는 용어로 불리며 경제 상황을 종합적으로 파악할 수 있는 정보를 제공합니다.

GDP는 전년동기비 증가율(yoy%)과 전기비 증가율(qoq%)로 표현되며 보통 성장률로 지칭됩니다. 전년동기비 증가율의 경우 연간 성장률 및 추세 측정에 유용하고, 전기대비 증가율의 경우 단기적인 경기 변동의 속도나 경기 전환점 포착에 유용한 특성이 있습니다.

출처 : US BEA
(Bureau of Economic Analysis) 등

발표시기 : 4월(1Q), 7월(2Q), 10월(3Q), 1월(4Q)에 분기별 속보치가 발표되고, 4주 간격으로 수정치, 최종치가 발표됩니다. 세 차례에 걸쳐 발표되는 이유는 자료 수집시 모든 필요 자료가 확보되지 않기 때문입니다.

경기 흐름(확장, 후퇴, 침체, 회복)을 판단할 수 있는 가장 결정적 지표입니다. 이를 통해 정책 관계자들은 재정/통화 정책을 결정하고, 기업들은 사업 계획을 수립하며, 투자자들은 투자 판단을 합니다. 시장 기대치를 벗어나는 결과가 나올 경우 시장에 가장 큰 영향을 미칩니다. 따라서 Top-down 분석을 단순하게 표현하면 GDP 분석의 틀을 기본으로 해서 각국의 GDP를 분석하고 이를 통해 투자 전략을 수립하는 것입니다.

단점 : ① 분기별로만 발표됩니다. ② 자료의 변동폭이 매우 크고 잦은 수정을 요합니다. ③ GDP 자료가 나올 즈음이면 다른 유용한 정보가 많아서 GDP 수치를 꽤 정확히 예측할 수가 있습니다.

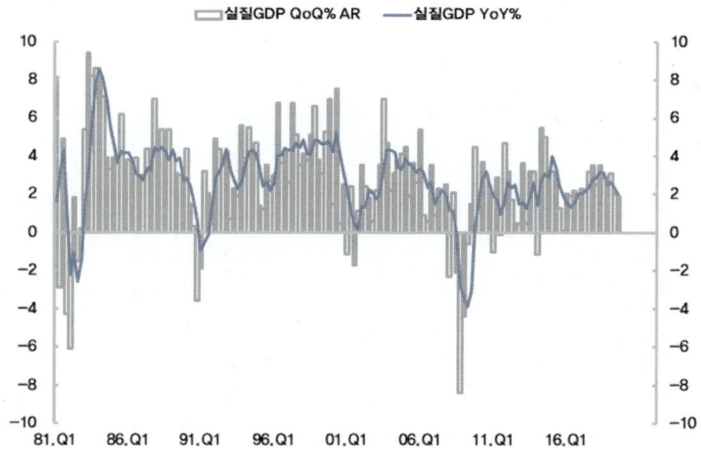

[그림] 미국의 분기별 GDP

출처 : US BEA

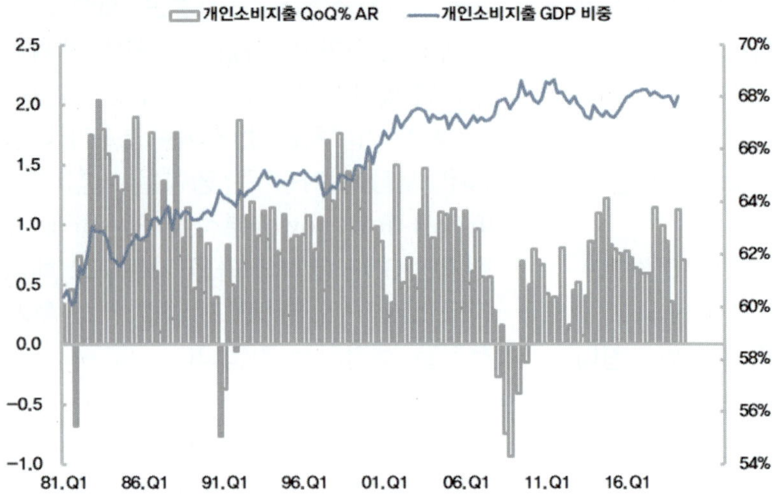

[그림] 미국 GDP(개인 소비지출)

출처 : US BEA

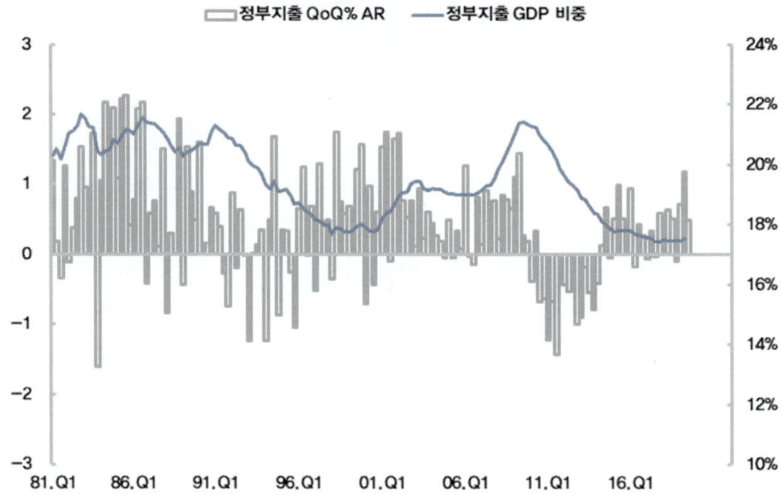

[그림] 미국 GDP(정부 지출)

출처 : US BEA

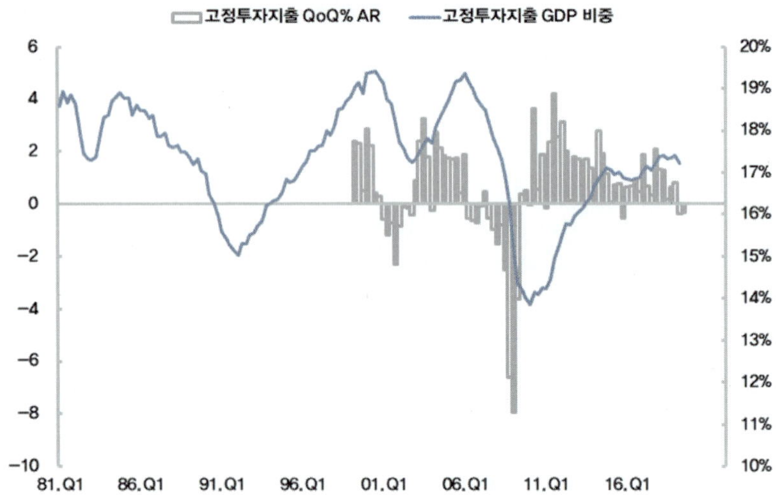

[그림] 미국 GDP(고정투자지출)

출처 : US BEA

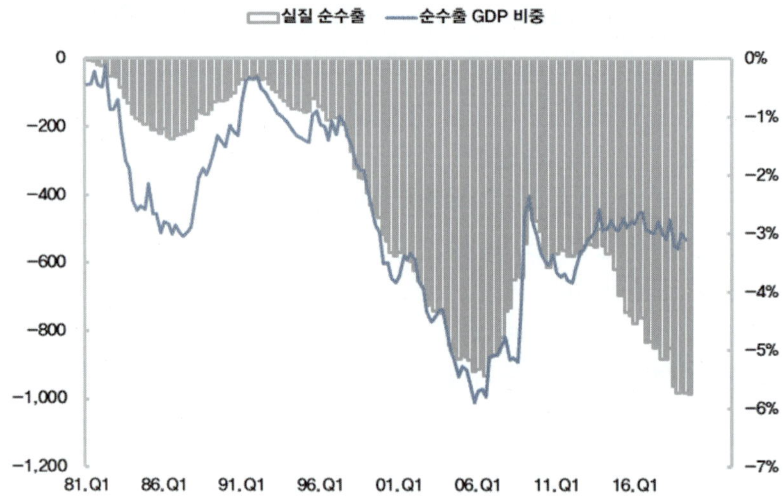

[그림] 미국 GDP(순수출)

출처 : US BEA

2. 중국 국내총생산(GDP)

분류 : 경제 사이클

2016년 중국 국가통계국은 국민계정 통계기준(System of National Account 2008)에 R&D 항목을 GDP 계정에 추가하며 국제계정 통계방식 도입을 위한 움직임을 보여주었습니다. 또한 통계방법상의 개선을 위해 표본추출방법을 개선하고 있으며, 통계 보고 누락, 허위 보고 등 통계법 처벌 강화에 노력하고 있습니다.

지출법으로 살펴본 중국 GDP 구성항목 비중은 2015년 기준 최종 소비지출 51.6%(민간 38.0%, 정부 13.6%), 투자 45.0%, 순수출 3.4%로 2012년 이후 소비가 투자의 비중을 넘어섰습니다.

출처 : NBS(National Bureau of Statistics of China)

발표시기 : 매 분기초 20일 전후

중국 GDP는 항상 통계 조작이라는 오명에서 자유롭지 못했습니다. 기본적으로 국제적 규정에 부합하는 통계 방식을 채택하고 있지만, GDP 통계 역사가 짧고 산업 분류가 세분화되지 않아 누락/중복의 오류가 발생합니다.

또한 지방정부의 의도적인 통계 조작과 새로운 국제표준에 맞춰 나가는 과도기여서, 신뢰성에 많은 의문을 가지고 있습니다.

이러한 점에서 리커창 전 총리가 제시한 전력 사용량, 화물 운송량, 신규 대출로 산출된 리커창 지수는 중국 경제 현황을 판단하는데 유용한 편입니다.

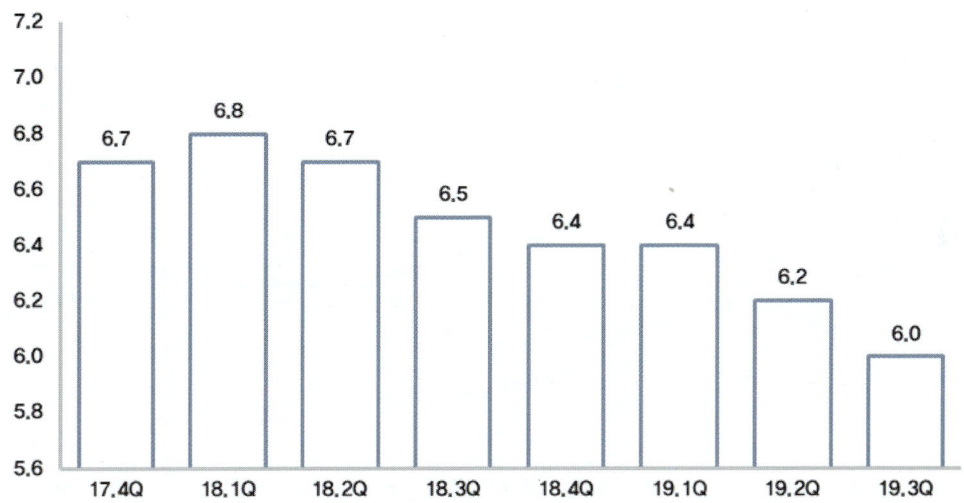

[그림] 중국의 분기별 GDP(yoy%)

출처 : NBS

3. 노동인구 증가율

분류 : 경제 사이클

GDP 잠재 성장률 = 노동인구 증가율 + 생산성 증가율

장기적으로 볼 때 GDP 잠재 성장률은 노동인구 증가율과 생산성 증가율의 합으로 볼 수 있습니다. 따라서 이런 관점에서 투자대상 국가를 선정할 때, 우선적으로 노동인구 증가율이 높고, 인구 규모가 큰 나라에 주목합니다.

소비시장으로서 글로벌 기업들이 주목하는 국가들의 공통점은 인구를 기준으로 1억 명 이상인 내수시장을 보유한 국가입니다. 이 기준에 부합하는 국가는 중국, 인도, 미국, 브라질, 나이지리아, 멕시코 등이 있습니다.

특히 인도는 인구 증가율이 1.32%(중국 0.50%)이어서, 2020년 중국을 앞질러서 세계 1위 인구대국이 될 것으로 보여, 세계에서 제일 주목받는 시장으로 부상하고 있습니다.

인구 규모와 증가율을 종합해서 볼 때 인도, 멕시코, 나이지리아, 아세안 등의 국가들을 차세대 세계 경제를 이끌 원동력으로 세계가 주목합니다.

또한 각국의 인구 비중이 세대별로 차이가 존재하는 경우, 인구 비중이 큰 세대가 노동인구로 등장하는 때를 주목합니다.

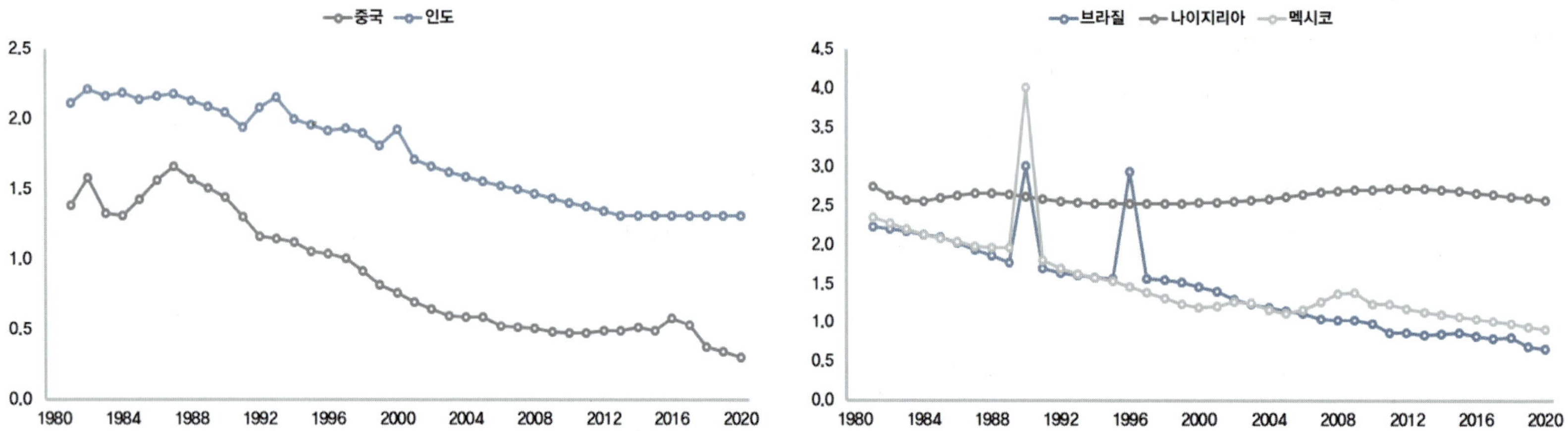

[그림] 세계 각국의 인구 증가율(2018년 기준)

출처 : IMF

4. 생산성 증가율

영문명 : productivity

분류 : 경제 사이클

생산성은 국민의 생활 수준을 높여주는 원천입니다.

출처 : US BLS 등

발표시기 : 미국의 경우 분기별 첫째달 초. 발표 1개월 후 정정발표.

지난 40년 동안 미국 생산성 증가율은 평균적으로 연2%였습니다. 이는 기업들이 인건비를 더 지급하지 않고서 상품과 서비스 생산량을 매년 2% 높였다는 뜻입니다.

그래서 미국 경제의 잠재 성장률 = 생산성 증가율 2% + 노동인구 증가율 1% = 연3%라고 말합니다. 실제 성장률이 이 잠재 성장률을 초과하면 실업률이 감소하고 인플레이션 압력이 높아집니다. 반면에 실제 성장률이 잠재 성장률을 밑돌면 실업률이 증가하고 인플레이션 압력이 낮아집니다.

생산성이 높아지면 잠재 성장률이 높아지므로 인플레이션 압력이 낮아집니다. 따라서 생산성 향상은 주식과 채권에 호재가 됩니다. 투자 관점에서 보면 생산성을 높여 상품과 서비스 생산에 소요되는 원자재의 양을 절감하면 이익이 증가합니다. 그러면 당연히 주가도 상승합니다. 또한 노동단가도 하락해 인플레이션 압력이 낮아지므로, 채권시장에도 호재가 됩니다.

생산성 향상의 원천은 기술 혁신이며, 이러한 기술 혁신이 인프라 (커뮤니케이션 + 에너지 + 운송)의 변화를 가져와 생산성의 향상을 가져오고, 이로 인해 생산가능곡선이 이동해 산업생산(생산관점 GDP)이 극단적으로 증가하는 것을 산업혁명이라고 합니다.

예를 들어 1910년대에는 자동차 부문이, 1920년대에는 라디오와 전력산업이 생산성을 높였습니다. 1990년대 중반부터는 컴퓨터와 인터넷이 기술적 충격을 불러오면서 연2.5%나 생산성을 끌어올렸습니다. 문제의 핵심은 지금이 과연 산업혁명의 단계에서 어떤 위치에 있는지를 판단하는 일입니다.

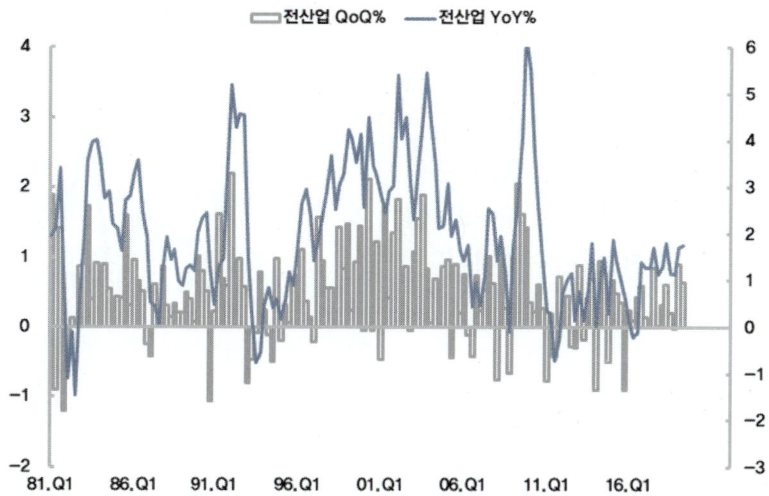

[그림] 미국 노동생산성(전 산업)

출처 : US BLS

OECD 경기선행지수

[경제 사이클 지표]

5. OECD 경기선행지수

영문명 : OECD CLI(Composite Leading Indicators)

분류 : 경제 사이클

OECD 경기선행지수는 평균 주당노동시간, 신규 수주, 소비자 예상, 주택 허가건수, 주식가격, 금리 스프레드 등을 포함한 10개의 선행지표를 조합해, 6~9개월 뒤 경기흐름을 예측하는 지수입니다.

출처 : OECD

발표시기 : 이 지표는 3개월 후(예를 들어 1월 지표는 4월에 발표) 발표되기 때문에 실제로는 3~5개월 후의 경기를 예측한다고 할 수 있습니다.

100을 기준으로 해서 (100 상회 + 상승 추세)이면 확장 국면, (100 상회 + 하락 추세)이면 하강 국면, (100 하회 + 하락 추세)이면 수축 국면, (100 하회 + 상승 추세)이면 회복 국면으로 해석합니다. 이 지수가 3개월 이상 꾸준하게 하락하는 경우 평균적으로 6개월 뒤에 세계 경제 성장이 둔화되는 경향이 있습니다.

각 국가에서도 경기선행지수를 발표하지만, 산출하는 기준이 서로 다르기 때문에, 국가간 상호 비교가 어렵습니다. 따라서 자산 배분 차원에서 사용할 때는 국가간 상호 비교를 위해 OECD 경기선행지수를 사용합니다.

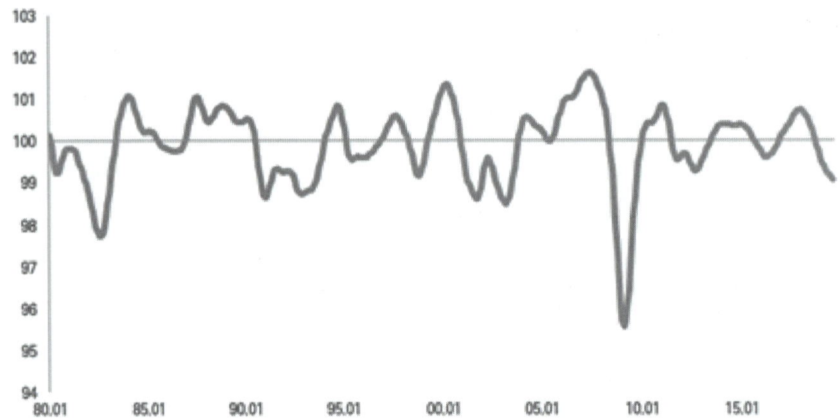

[그림] OECD 경기선행지수(회원국 전체)

출처 : OECD

이 지수는 OECD가 29개 회원국, 6개 비회원국 및 유로존 같은 7개 국가 그룹에 대해 편찬합니다. 이렇게 그룹별 경기선행지수를 발표하기 때문에 세계 전체나 지역 전체의 경제 상황을 한 눈에 볼 수 있어 투자에 활용하기에 매우 유용합니다.

경기종합지수
[한 걸음 더]

1. 경기종합지수

영문명 : business cycle indicators

분류 : 경제 사이클

source : Conference Board 등

발표시기 : 미국의 경우 매월 20일

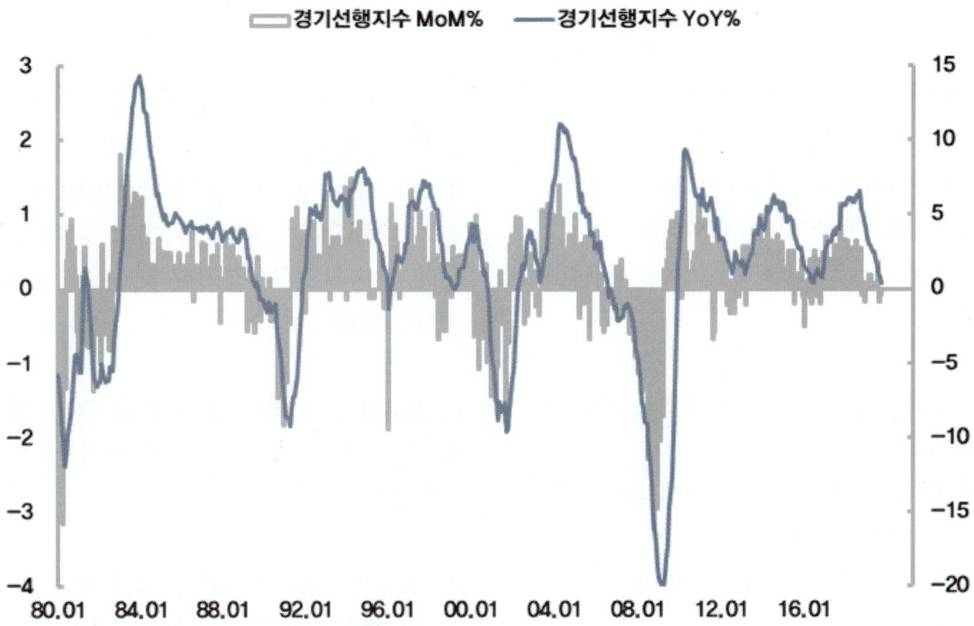

[그림] 미국 경기선행지수

출처 : Conference Board

a 경기선행지수

영문명 : leading economic index

미국 경기선행지수는 단기적으로 경제 상황을 예측할 수 있는 10개의 주요 경제지표들로 구성되어 있습니다.

- 제조업 주간 노동시간(average weekly hours, manufacturing)
- 주간 신규 실업수당 청구건수(average weekly initial claims for unemployment insurance)
- 소비자 신뢰지수(average consumer expectations for business conditions)
- 제조업 소비재 신규 주문 (manufacturers ' new orders, consumer goods and materials)
- ISM 신규 주문지수(ISM new orders index)
- 비국방 자본재 신규 주문 (manufacturers' new orders, nondefense capital goods)
- 주택 건축 허가건수(building permits, new private housing units)
- S&P500지수(stock prices, 500 common stocks)
- Leading Credit Index
- 장단기 금리차(interest rate spread, 10-year Treasury bonds less federal funds)

i 경기선행지수는 기업 수주와 관련된 지표라고 보면 됨

일반적으로 선행지수는 기업의 수주와 관련된 지표라고 보면 이해하기 편리합니다.

향후 경기 방향 및 전환점을 포착하기 위한 경기종합지수(선행, 동행, 후행)의 하나입니다. 경기선행지수는 일반적으로 경기 후퇴기 이전에 하락하고 상승기 이전에 상승하므로, 경기에 대한 사전 예측 지표입니다.

1개월 짜리 흐름에 몰두하지 말고 장기 추세를 보면 되고, 미국의 추세만 봐도 충분합니다.

기 발표된 여타 지표들의 조합이라는 점과 화려하지 않고 복잡하지도 않기 때문에 주목하는 이가 드물지만, 단순하기 때문에 매우 훌륭한 지표입니다.

ii 경기선행지수 보는 법

컨퍼런스 보드는 경기선행지수가 6개월에 걸쳐 2% 넘게 하락하고, 10개 구성요소 대부분 하락을 동반한 경우를 침체국면(recession)라고 정의하고 있습니다.

금융시장에서는 경기선행지수가 전월 대비 3개월 연속 하락하면 경제 침체의 신호라고 여겨지고 있습니다. 1959년 발표 이래 2008년을 포함해서 8번을 침체기로 예측했습니다.(3번 잘못 예측한 경우도 있었습니다.)

경기선행지수는 경기 회복의 지표로서 더욱 유용합니다. 하지만, 이 지표가 반등 시점을 합리적으로 나타내더라도, 그것은 성장률을 예측하는데 유용하지 않습니다.

b 경기동행지수

영문명 : coincident economic index

일반적으로 경기동행지수는 기업의 매출과 관련된 지표라고 보면 이해하기 편리합니다. 미국 경기동행지수는 생산, 도소매 판매 등 실제 경기와 같이 움직이는 지표로 구성되는데, 100을 기준으로 조정된 경기동행지수 순환변동치 기준으로 100 이상이면 현재 경기가 확장국면임을 의미합니다.

미국 경기동행지수는 4개 주요 경제지표들로 구성되어 있습니다.

- 비농업 신규 취업자수(employees on nonagricultural payrolls)
- 개인소득(personal income less transfer payments)
- 산업생산(index of Industrial production)
- 제조 및 교역 판매(manufacturing & trade sales)

c 경기후행지수

영문명 : lagging economic index

일반적으로 경기후행지수는 기업의 비용과 관련된 지표라고 보면 이해하기 편리합니다.

미국 경기후행지수는 7개 주요 경제지표들로 구성되어 있습니다.

- 평균 실업기간(average duration of unemployment)
- 재고/판매비율(ratio, manufacturing & trade inventories to sales)
- 단위당 노동비용(change in labor cost per unit of output, manufacturing)
- 우대금리(average prime rate changed by bank)
- 기업대출(commercial and industrial loans outstanding)
- 소비자 할부신용 대비 소득비율(ratio, consumer installment credit outstanding to personal income)
- 서비스 소비자 물가(change in Consumer price index for services)

고용 동향
[경제 사이클 지표]

6. 고용 동향 보고서

영문명 : employment situation

분류 : 경제 사이클(GDP 중 최종 소비지출). 고용지표는 개인 소비지출의 가장 중요한 선행지표입니다.

출처 : US BLS

발표시기 : 매월 첫째 금요일

월별 고용 동향 보고서의 핵심은 비농업부문 신규 고용자수, 평균 주당 노동시간, 평균 시간당 임금, 그리고 실업률에 있습니다.

명목 임금소득(비농업부문 신규 고용자수 X 평균 주당 노동시간 X 평균 시간당 임금)을 계산해볼 수 있어, 월말 발표되는 개인소득보다 빠르게 소비지출 방향성을 가늠할 수 있습니다. 또한 FRB(연방 준비 제도 이사회)가 금리 결정시 사용하는 지표이기도 합니다.

실업률, 평균 시간당 임금 등은 완전 고용과 물가 안정(price stability)이라는 FRB의 두 가지 임무(dual mandate)를 수행하는데 필요한 정보입니다. 따라서 이들을 관찰하면 FRB의 행보를 가늠해 볼 수 있습니다.

평균 주당 노동시간의 증가율은 GDP 성장률의 강력한 선행지표가 됩니다.
고용지표는 시차(time lag)가 거의 없으며, 개별적 구성요소이면서 경제 전반에 걸친 새로운 정보를 많이 담고 있기 때문에, 일반적으로 가장 중요한 지표입니다. 일정 실업률 하에서 급여 지불총액은 연 1.5% 정도 증가합니다.

전체 관련 데이터는 물론 각각의 섹터들에 대한 관심도 증가하고 있습니다(특히 제조업). 가끔, 특별한 섹터들은 예상치 못한 날씨, 파업, 일시적인 고용 등으로 인하여 왜곡될 수 있습니다.

이 보고서는 한 달간 Wall Street에서 거시경제전략이 수립되도록 도와주며, 그것은 증시의 추세로 이어집니다. 이것은 이 자료로부터 그 이후 발표되는 다른 많은 거시경제 지표들을 추정할 수 있기 때문입니다.

예를 들어 실제 노동자수와 그들의 노동시간 및 초과 근무시간을 알게 되면 생산량을 예측할 수 있습니다. 이 정보는 2주일 후 산업생산지수로 발표될 것입니다.

이와 비슷하게 노동자 급여수준을 안다면 개인소득을 합리적으로 추정할 수 있습니다.

한편 섹터별로 살펴보면 건설업의 데이터는 주택착공을 예측할 수 있게 해줍니다.

a 비농업 신규 취업자수

영문명 : nonfarm Payroll

월별 신규 일자리수 증감을 통해 현 고용 상황의 파악과 향후 예상을 가능하게 해주는 척도로서, 경기동행지수의 구성 요소입니다.

비농업 신규 취업자수에는 정규직, 비정규직을 구분하지 않고 모든 임금 근로자를 포함하나, 자영업자, 무임금 가족 근로자, 무급 휴가자, 임시휴업 공장근로자, 파업자 등은 제외합니다.

비농업 신규 취업인구 중 제조업:서비스업 비율은 1:6 정도입니다. 제조업 취업인구에는 제품 생산과 직접 관련된 노동자만 포함되며 임원, 기획, 마케팅, 회계 등은 서비스업에 포함됩니다.

분기별로 발표되는 GDP 통계 등에 비해 매달초 발표돼 경기 방향성을 점검하고 확인하는 좋은 기준이며, 자동차 판매 등 내구재소비를 전망하는 근거가 됩니다.

비농업 신규 취업자수를 검토할 때 고용 증가나 감소가 각 부문에 걸쳐 고르게 나타나고 있는지, 아니면 어떤 특정한 부문에만 집중되어 있는지에 관심을 가져야 합니다.

다만 비농업 신규 취업자수를 살펴볼 때 다음은 고려해야 합니다.

이중계산 가능 : 풀타임과 파트타임 직업을 동시에 보유한 사람이 파트타임 직업을 그만둘 경우 그것이 고용 감소처럼 나타납니다.

노동자 파업 : 노동자들이 파업에 나서면 비농업 신규취업자수는 급격히 감소할 수 있습니다. 여기서 모순이 되는 점은 노동시장이 튼튼하고 노조 교섭력이 절정에 이른 경제 호황기에 이런 파업이 자주 일어난다는 것입니다. 따라서 대규모 파업으로 인한 고용 감소를 보고 경제가 흔들린다고 착각해서는 안됩니다.

정부 임시 직원 고용 급증 : 정부 임시 직원 고용 급증이 이 자료를 왜곡시킬 수 있습니다. 정부 임시 직원 고용 급증은 민간부문의 일자리가 사실상 감소하고 있을 때조차 급격한 경제 성장의 느낌을 갖게 할 수가 있습니다.

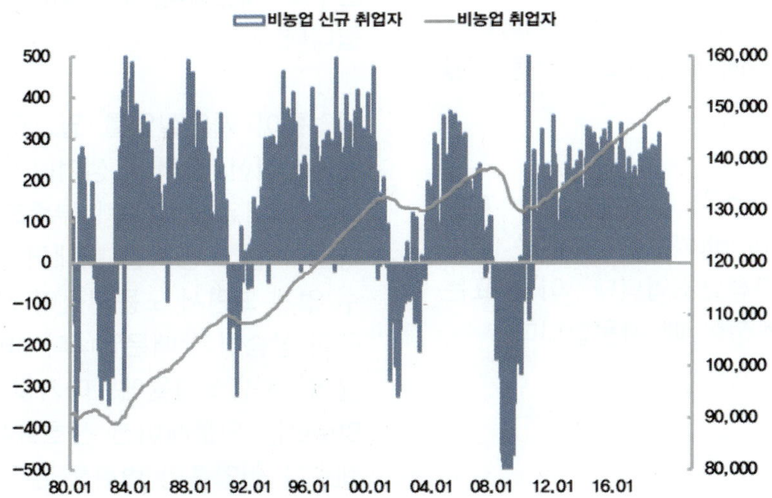

[그림] 미국 비농업 신규 취업자수

출처 : US BLS

b 평균 주당 노동시간

영문명 : average workweek

산업생산 및 개인소득과 직결되는 지표이며, 경기선행지표로 간주되기 때문에 매우 중요합니다. 그 이유는 기업들이 노동자를 추가로 고용하기에 앞서 기존 노동자의 노동시간을 늘리는 경향이 있기 때문입니다. 그들은 또한 경기 침체시 직원을 해고하기 전에 먼저 노동시간을 단축하기 시작합니다.

경기 회복기에 평균 주당 노동시간이 상승하면, 이는 고용주들이 직원을 늘리려 한다는 최초의 매우 낙관적인 신호가 될 수도 있습니다.

평균 주당 제조업 노동시간(Average weekly manufacturing hours)은 경기선행지수의 구성요소입니다. 이 지표는 산업생산을 추정할 때 사용합니다.

c 평균 시간당 임금

영문명 : average earnings

경기후행지표로 간주되기 때문에, 노동시장에서의 인플레이션 척도로 활용 가능합니다.

d 실업률

영문명 : unemployment rate

실업률 = 실업자 ÷ 15세 이상 경제활동인구로 계산되며, 경기후행지표로 간주됩니다.

실업률이 자연실업률 밑으로 떨어지면 인플레이션 압력이 생겨나기 시작합니다. 그 이유는 노동력 부족으로 기업이 다른 기업 노동자를 빼내어 오지 않을 수 없게 되면서 노동시장이 경직되고 임금이 상승하기 때문입니다. 따라서 실업률이 자연실업률에 다가갈 때 Wall Street는 인플레이션 신호로서 경기 침체보다 실업률의 변화를 주시하기 시작합니다.

10대들이 공부를 마치고 구직에 나서는 여름에 실업률이 크게 변할 수 있다는 점에 주의해야 합니다. 노동시장에 들어오는 10대들의 숫자가 기대 이하일 때, 전체 노동력은 계절적 요인으로 인해 감소할 것이고, 실업률은 하락하게 됩니다. 반대로 가을에 학생들이 학교로 돌아가면 실업률은 다시 증가할 수 있습니다. 이처럼 실업률에 대한 자료는 매우 변동적일 수 있습니다.

2차 세계대전 이후 미국 실업률이 0.6% 증가할 때마다 경기가 침체했습니다. 실업률 곡선 상승과 경기 침체 사이의 시차는 평균 9개월이었습니다.

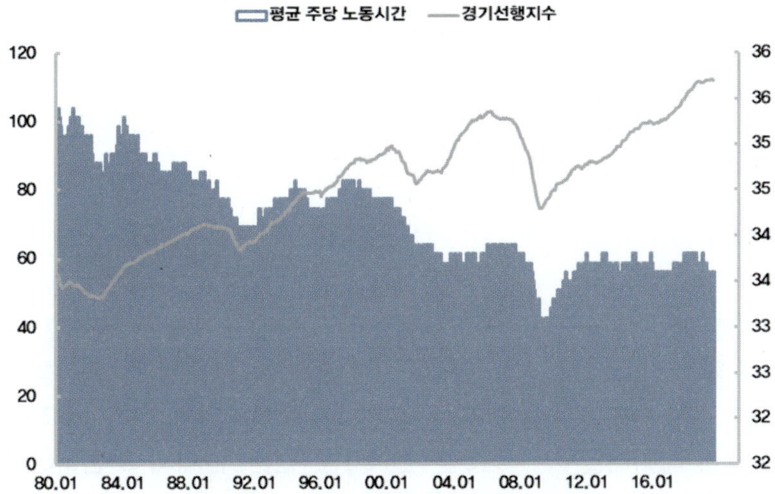

[그림] 미국 평균 주당 노동시간

출처 : US BLS

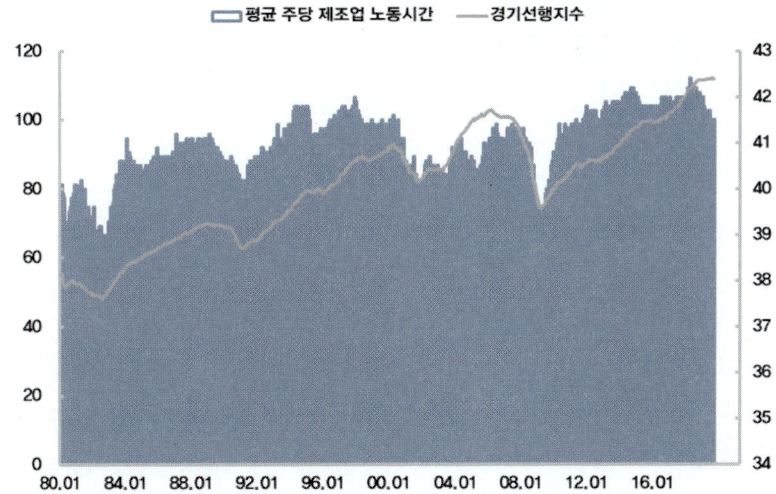

[그림] 미국 평균 주당 제조업 노동시간

출처 : US BLS

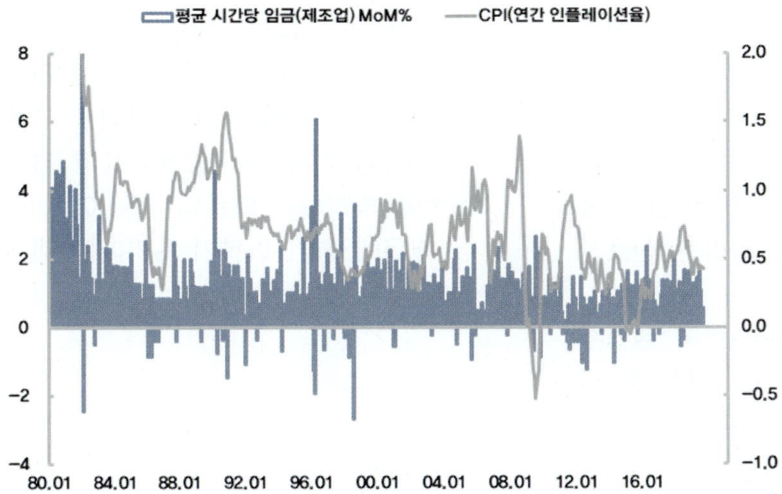

[그림] 미국 평균 시간당 임금

출처 : US BLS

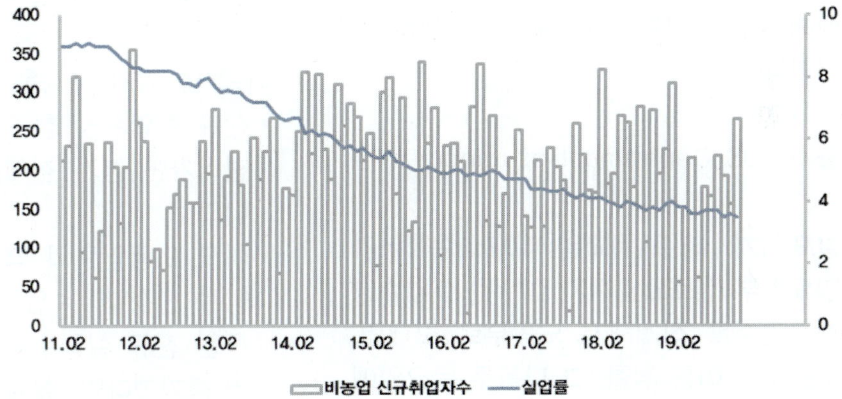

[그림] 미국 실업률

출처 : US BLS

고용 동향

[한 걸음 더]

1. 미국 신규 실업수당 청구건수

영문명 : initial jobless claims

분류 : 경제 사이클(GDP 중 최종 소비지출)

한 주 동안 실업자가 얼마나 증가했는지 나타내는 지표입니다. 단, 주별 변동이 심해 4주간 이동평균으로 그 추세를 파악합니다.

출처 : US Department of Labor

발표시기 : 매주 목요일. 50개 주정부가 일요일부터 토요일까지 접수된 실업수당 청구건수를 집계해서 노동부로 보내면, 노동부는 이를 취합, 그 다음주 목요일에 발표합니다.

이 지표는 매우 정확하기 때문에 노동통계국조차 자신이 생산하는 월간 고용통계를 이 지표와 대조합니다. 이 지표가 정확한 이유는 각 주에서 직접 데이터를 수집하며, 추정이 필요 없기 때문입니다. 실업률 예측의 선행지표로 활용되며 경기선행지수 구성요소입니다. 청구건수 증가는 불황의 시작을, 감소는 인플레이션의 시작에 선행합니다.

다음 몇 가지 규칙을 기억해야 합니다.

- 신규 실업수당 청구건수가 40만 건을 넘어가면 경기 침체를 알리는 신호입니다.
- 미국 노동인구의 약 60%만이 실업수당을 신청할 수 있습니다. 이는 한 달 동안 신규 실업수당 청구건수가 10만 건 증가했다면, 실제 실업자는 약 16만 명이라는 뜻입니다.
- 역사적으로 미국 노동인구 증가율은 연 1% 수준이므로, 신규 실업수당 청구건수도 연 1% 증가해야 합니다. 따라서 5년 전 30만 건은 현재의 31만5,000건과 같습니다.
- 경기 하강기에는 신규 실업수당 청구건수를 경기순환을 알려주는 선행지표로 활용해야 합니다. 반면에 경기 회복기에는 선행지표로 활용해서는 안됩니다. 기업들은 매출액이 증가해도 고용에 신중을 기하므로, 고용지표가 경기회복에 후행하기 때문입니다. 이런 이유 때문에 경기 회복기 초기에는 대개 생산성이 향상됩니다.

소매 판매
[경제 사이클 지표]

7. 미국 소매 판매

영문명 : sales for retail and food services

분류 : 경제 사이클(GDP 중 최종 소비지출)

이 지표는 백화점, 식료품점, 음식점 등 각종 소매업체들이 소비자를 대상으로 판매한 금액을 나타내며, 내구재와 비내구재로 구분됩니다. 판매액의 약 35%는 자동차, 건축자재, 가구, 가전제품 등 내구재가 차지합니다.

출처 : US Census Bureau

발표시기 : 매월 13일경

소매를 분석할 때는 판매액의 약 25%를 차지하는 자동차 판매를 제외한 나머지 자료들로 평가하는 것이 좋습니다. 그것은 자동차 판매가 매월 빠르게 변하고, 이런 큰 폭의 변동이 전반적인 추세를 모호하게 만들 수 있기 때문입니다.

가솔린과 식품이 소매에 미치는 영향을 재는 것도 중요합니다. 이 두 가지가 미치는 영향의 변화는 소비자들의 수요 변화보다는 이 물품들의 가격변화 때문인 경우가 많습니다.

시장은 자동차 판매 제외 데이터 이외에도 전체 소매 판매 데이터에 크게 반응합니다.
이 지표는 소비자 심리 및 경기 현황 파악에 유용하며, GDP의 2/3를 차지하는 개인 소비지출의 향방을 가름하는데 중요합니다. 또한 소비자 수요 변화 분석에도 용이합니다.

소매 판매는 시장에서 가장 중요한 소비의 단일지표입니다.

- 월별 PCE는 종합적인 지표로 사용되지만, 적시성이 떨어집니다.
- 자동차 판매, 주간 체인점 매출액 등은 적시성이 높은 지표지만, 종합적인 지표가 되지 못합니다.

개인 소비지출(PCE)보다 약 2주 먼저 발표된다는 장점을 가진 반면, 명목 달러 기준으로만 발표되며 서비스 지출을 포함하지 않는다는 단점이 있습니다. 따라서 정확한 판단을 위해서는 단점을 보완하는 개인 소비지출과 함께 볼 필요가 있습니다. 또한 발표되는 최초 데이터는 1차, 2차수정이 이루어지며, 수정폭이 크게 발생할 수 있다는 사실을 염두에 두어야 합니다.

소비는 고용증가 없이 늘어날 수 없기 때문에, 민간 고용 추세와 함께 보는 것이 좋습니다. 물론 2012년 이후 둘의 관계가 다소 약해진 면이 있습니다.

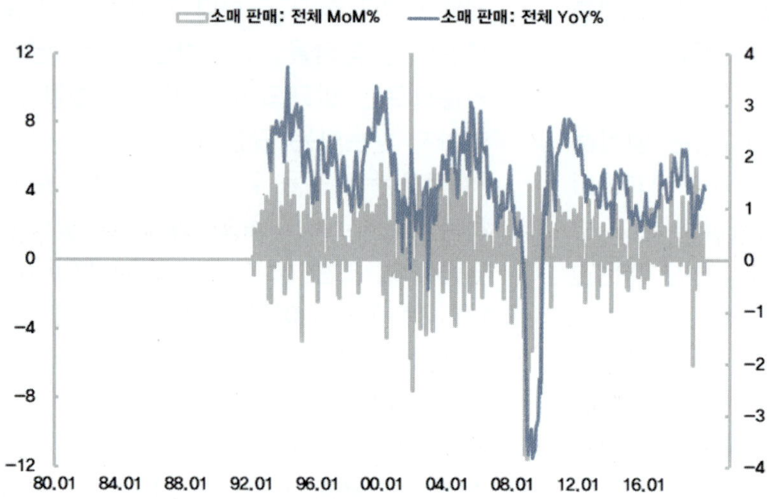

[그림] 미국 전체 소매 판매

출처 : US Census Bureau

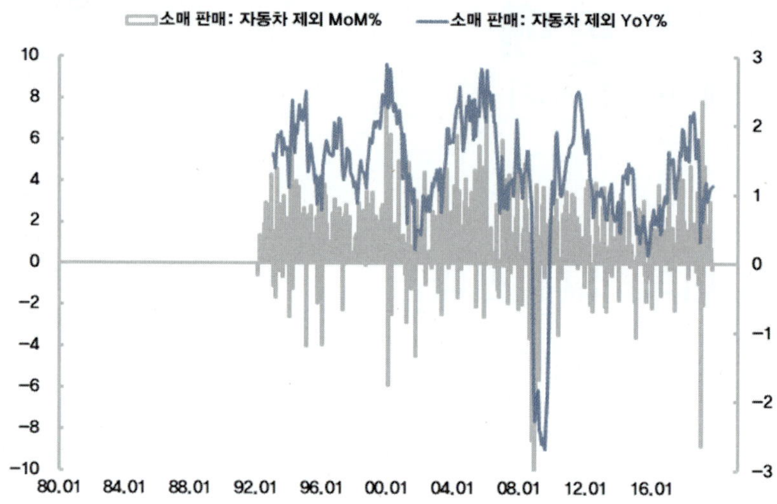

[그림] 미국 자동차 제외 소매 판매

출처 : US Census Bureau

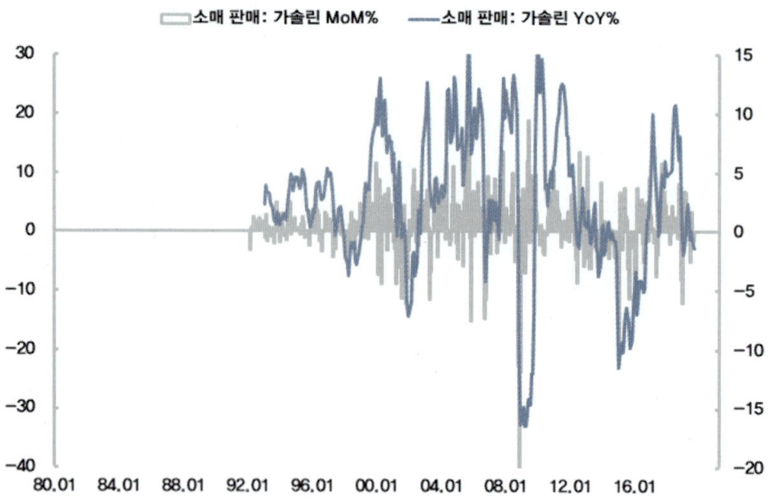

[그림] 미국 가솔린 소매 판매

출처 : US Census Bureau

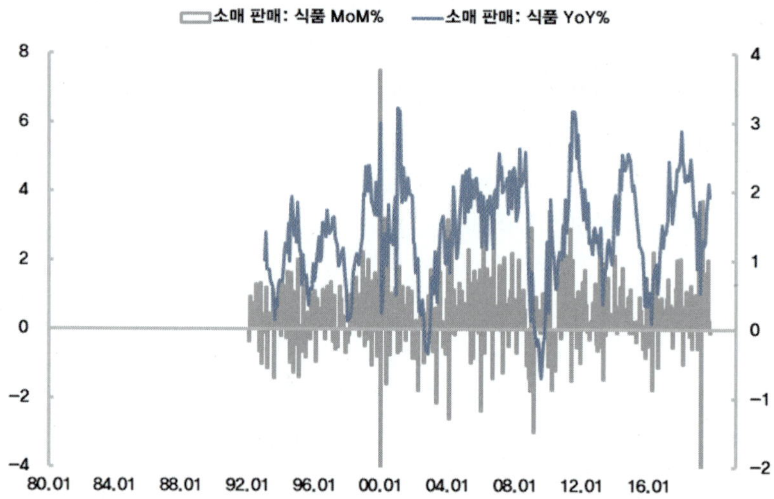

[그림] 미국 식품 소매 판매

출처 : US Census Bureau

소매 판매

[한 걸음 더]

1. 미국 개인 소비지출

영문명 : Personal Consumption Expenditures; PCE

분류 : 경제 사이클(GDP 중 최종 소비지출)

미국 경제의 서비스 부문에 대해서는 데이터도 부족하고 관심도 부족하지만, 이 지표는 일자리수 예측의 토대가 되는 서비스 부문에 관해서 풍부한 정보를 제공합니다.

출처 : US BEA(Bureau of Economic Analysis)

발표시기 : 다음달 말

이 지표는 노동시장에 영향을 미치는 대단히 중요한 지표인데도, 관심을 기울이는 투자자가 매우 드뭅니다. 제조업 부문은 일자리가 창출되지 않으므로 주목할 필요가 없습니다. 미국에서 일자리 절대 다수가 창출되는 곳은 서비스 부문입니다.

개인 소비지출 중 서비스 부문이 경제의 다른 부문보다 강세를 보이면 일자리가 사람들의 예상보다 빠르게 증가할 것입니다. 반대로, 서비스 부문에 대한 개인 소비지출보다 내구재 지출이 강세를 보이면, 일자리 증가가 예상보다 둔화할 것입니다.

2. 중국 소매 판매

분류 : 경제 사이클(GDP 중 최종 소비지출)

중국 전체 사회소비품의 도/소매 판매를 집계한 데이터입니다. 각 산업별 소비품이 최종 소비자에게 판매되는 총액으로, 전산업의 다양한 상품과 판매 채널을 포함하므로 중국 소비시장을 모니터링하는 중요지표입니다.

출처 : NBS(National Bureau of Statistics of China)

발표시기 : 매월 13일 전후

중국 소매판매는 중국내 판매되는 소비품의 총액을 파악하는 지표로 중국 대외 수입과 높은 상관관계를 가지고 있습니다(상관계수 : 0.83)

2015년 기준 중국 GDP내 최종 소비지출이 차지하는 비중이 52%(민간 38%, 정부 14%)까지 상승하면서, 기존 고정자산 투자 중심의 성장축이 소비로 이동하고 있습니다. 따라서 미국 개인소비지출(PCE)와 같은 개인의 소비지출 행태를 파악하는 경제지표가 부재한 중국에서 소매 판매는 중국의 소비성향을 파악하는 유일한 지표입니다.

소비자 심리지수

[경제 사이클 지표]

8. 미시간대학 소비자 신뢰지수

영문명 : Univ. of Michigan's index of consumer sentiment

분류 : 경제 사이클(GDP 중 최종 소비지출)

소비자 심리를 보여주는 대표적인 지표입니다.

출처 : University of Michigan

발표시기 : 매월 2주(잠정치), 4주(확정치) 금요일

500명의 성인을 대상으로 ① 개인 재정, ② 경제 상황, 3) 향후 구매 계획에 대해 전화설문조사를 실시하고, 이를 토대로 지수를 산출합니다. 본 지수의 핵심은 기대 인플레이션이라 할 수 있습니다. 왜냐하면 기대 인플레이션은 근원 PCE물가 상승률과 유사한 흐름을 보이기 때문입니다.

세부 항목으로 현 경제 상황(current economic conditions), 소비자 기대(consumer expectations), 기대 인플레이션이 있습니다. 소비자 기대(consumer expectations)는 경기선행지수의 구성 요소입니다.

경기 둔화시기 예측에 유용합니다.

상승하면 경기 호전을, 위축되면 GDP의 감소를 의미합니다.

a 컨퍼런스 보드 소비자 신뢰지수

영문명 : Conference Board's consumer confidence index

분류 : 경제 사이클(GDP 중 최종 소비지출)

소비자가 느끼는 경기에 대한 기대를 나타낸 지표입니다.

출처 : Conference Board

발표시기 : 매월 마지막 화요일

매월 5천 가구를 대상으로 실시한 현재와 향후 경기/고용 상황에 대한 서베이를 바탕으로 합니다. 다른 소비자 심리지수인 미시간대 소비자 심리지수와 비교했을 때 서베이 표본이 더 큰 반면(미시간대 500명 개인을 대상) 매월 새로운 그룹을 설문조사하기 때문에 변동성이 심합니다.

경기 상황의 경우 현재의 상황 뿐만 아니라 향후의 전망에 대한 소비자들의 심리를 조사하기 때문에 민간소비 및 경기에 선행하는 특성이 있습니다. 세부 항목으로 현재 상황(situation), 기대(expectations)가 있습니다.

고용 상황에 대한 답변은 ① 일자리가 많다, ② 별로 많지 않다, ③ 구하기 어렵다로 나뉘는데 이중 구하기 어렵다는 실업률과 매우 유사한 흐름을 보입니다.

b 두 지수의 차이점

두 조사의 명목상 차이점은, 컨퍼런스 보드는 고용시장 여건을 강조한 반면, 미시간대학은 가계 재정 여건을 강조한 것입니다.

이 차이점이 시간경과에 따라, 두 지표 사이의 근소한 차이를 야기시킵니다. 예를 들어, 불경기가 끝나고 자본시장이 반등할 때(실업률은 여전히 높은 상태), 미시간대학 지수는 컨퍼런스 보드 지수보다 선행하는 경향이 있습니다. 이 때문에 미시간대학 지수가 컨퍼런스 보드 지수보다 선행지표로서 더 유용합니다. 컨퍼런스 보드 지수는 계절조정하며, 미시간대학 지수는 조정하지 않습니다.

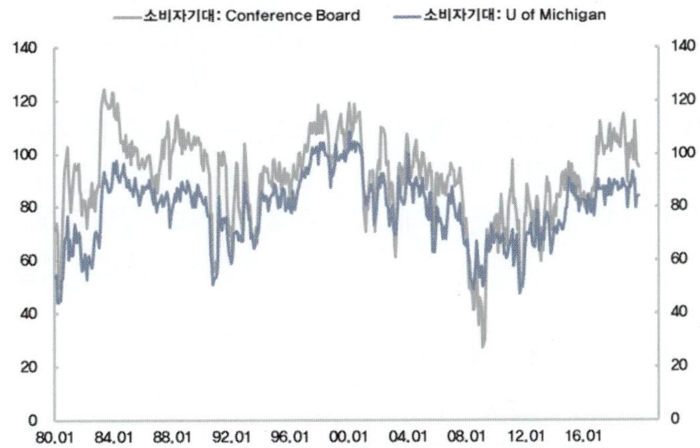

[그림] 소비자 심리지수

출처 : University of Michigan, Conference Board

c 고용과 인플레이션의 선행지표

몇 개월간 지수가 오르면(내리면), 소비자의 소비 욕구가 넘친다(일시적으로 소비를 꺼린다)는 의미입니다. 소비자들은 고용과 재정이 안정될 때 소비하는 경향이 있으며, 반대의 경우에는 소비를 줄이는 경향이 있습니다.

컨퍼런스 보드 지수의 고용부문 지수를 통해 향후 고용 추세에 대한 단서를 얻을 수 있습니다. 이는 소비자들이 자신이 처해있는 고용 상황을 경기 상황보다 잘 이해하기 때문입니다.

미시간대학 지수의 기대 인플레이션 추이를 통해 향후 FRB(연방 준비제도 이사회)의 행보를 가늠해 볼 수 있습니다. 기대 인플레이션은 물가 안정을 도모하고 통화정책을 결정하는 FRB가 꾸준히 모니터링 하는 항목입니다. FRB가 주목하는 기대 인플레이션은 ① 미시간대학 5~10년 기대 인플레이션, ② 필라델피아 연방 준비은행이 전문가를 대상으로 집계한 기대 인플레이션, ③ 금융시장에서 제공하는 5~10년 기대인플레이션 등이 있습니다. 기대 인플레이션이 꾸준히 상승(하락)하면, 물가상승률 또한 상승(하락)하면서 통화정책은 긴축(완화) 기조로 바뀔 가능성이 높습니다.

주의사항 : 변동성이 크고 정확성이 떨어지며, 오르내림이 무작위여서 해석이 쉽지 않습니다. 따라서 1개월간의 자료와 더불어 3개월 이동평균을 함께 보아야 합니다. 또한 소비자 내구재 판매나 은행의 소비자 신용한도 같은 데이터와 함께 보는 것이 좋습니다.

고정자산 투자

[경제 사이클 지표]

9. 중국 고정자산 투자

분류 : 경제 사이클(GDP 중 투자)

산업생산, 소매 판매와 함께 실물 경제를 진단하는 핵심 지표로 제조업, 부동산, 인프라 투자를 포함해 금융, 환경, 교육 등 서비스투자까지 사회 전체 고정자산 투자를 총괄해 발표합니다.

출처 : NBS(National Bureau of Statistics of China)

발표시기 : 매월 15일 전후

대표적인 세부 항목은 제조업, 부동산, 인프라 투자입니다. 2015년 기준 이들 3개 항목이 전체 고정자산 투자에 차지하는 비중은 각각 33%, 23%, 18%로 총 74%에 이릅니다. 특히 제조업 투자는 전체 고정자산 투자 중 33%의 높은 비중을 차지하고 있습니다. 따라서 제조업 투자는 전체 고정자산 투자 방향을 결정하는 중요 세부 항목입니다.

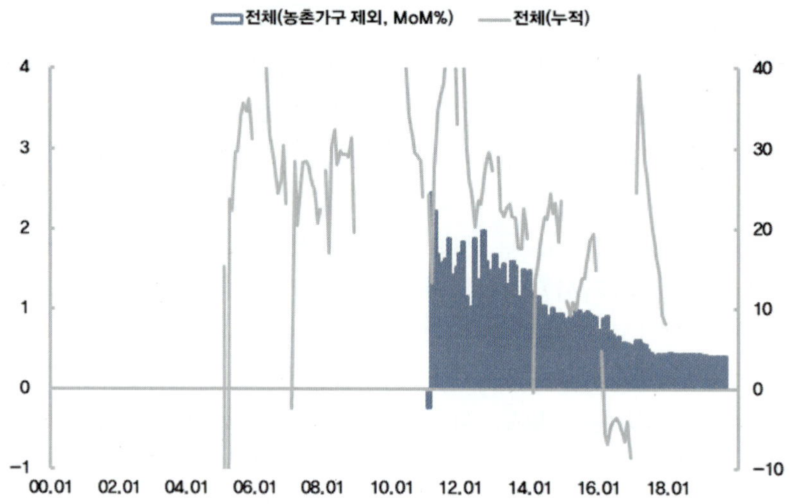

[그림] 중국 고정자산 투자

출처 : NBS

최근 중국이 강력한 구조조정을 단행하며 환경, 교육, 보건의료 등 질적 성장을 위한 부분의 투자가 확대되고 있는 추세입니다.

중국이 WTO에 가입하면서 글로벌 기업들이 중국의 값싼 노동력을 활용하기 위해 중국에 대한 대대적인 투자가 진행됐습니다. 국내외 풍부한 자금을 기반으로 고정자산 투자가 활발히 일어났고, 이는 수출 증가로 이어지며 선순환 구조를 형성했습니다. 최근 중국 경제 성장모델이 소비 중심으로 개혁이 진행되며 고정자산의 성장기여도가 감소하고 있지만, 여전히 50%에 육박하며 중국 경제 성장의 한 축을 담당하고 있습니다.

고정자산 투자
[한 걸음 더]

1. 미국 내구재 신규 주문

영문명 : manufacturers new orders for durable

분류 : 경제 사이클(GDP 중 투자)

내구재란 3년 이상 긴 수명을 가진 상품을 말합니다. 이 지표의 핵심은 기업의 내구재인 자본재에 대한 신규 주문이며, 변동성이 큰 항공 및 국방을 제외한 비국방 자본재 신규 주문을 살펴보는 것이 중요합니다.

출처 : US Census Bureau

발표시기 : 매월 셋째 주 혹은 넷째 주. 속보치(advanced report)가 발표되고, 1주 후에 상세 보고(full report)가 발표됩니다.

1차 금속, 조립 금속, 운송장비(자동차, 선박, 항공), 기계류, IT제품, 전기설비 등 내구재 항목들의 신규 주문, 출하, 재고, 수주 잔량을 볼 수 있습니다. 여기서 수주 잔량이란 주문이 밀려 처리하지 못한 주문을 뜻합니다. 이것이 계속 늘어나면 기업들은 공장가동률을 높이거나, 추가적인 설비투자에 나설 가능성이 높습니다.

미국은 많은 자본재를 수입합니다. 따라서 자본재 신규 주문이 늘어나면 제조업 강국들의 수출관련 지표들도 함께 좋아지는 경향이 있습니다. 후자를 대표하는 것으로는 독일과 일본의 해외 기계수주, 한국 및 대만의 수출 등이 있습니다.

내구재 신규 주문은 제조업 경기 방향을 파악하는데 필수적입니다. 내구재 신규 주문 증가는 ① 기업의 설비투자 증가와 직결되며, ② 시차를 두고 생산이 늘어날 것을 암시합니다.

전월대비 변화를 보면 변동성이 심할 수 있기 때문에, 전년대비 기준으로 방향성을 확인하는 것이 바람직합니다.

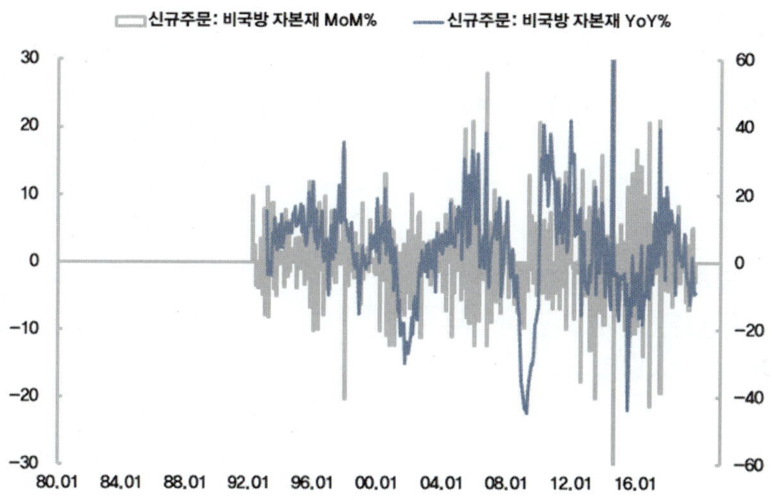

[그림] 비국방 자본재 신규 주문

출처 : US Census Bureau

2. 미국 기업의 자본조달 갭

영문명 : Corporate financing gap

분류 : 경제 사이클(GDP 중 투자)

자본시장이 존재하는 이유는, 기업이 이익만으로는 확장에 필요한 자금을 충분히 조달할 수 없을 때 그 부족분을 메워주는 것입니다. 이렇게 메우는 금액을 기업의 자본조달 갭이라고 부릅니다. 즉, 기업의 자본조달 갭 = 기업이익 - 비주거 고정투자지출 입니다. 이 지표로 몇 분기 동안 기업들의 자본지출이 증가할 것인지 예측할 수 있습니다.

출처 : US BEA(Bureau of Economic Analysis)

역사적으로 자본조달 갭은 GDP의 2%에 이릅니다. 다시 말해서 자본지출(비주거용 고정투자로 측정)은 대개 기업이익보다 많아서 GDP의 2%나 됩니다.

기업의 자본조달 갭 변동을 분석하면 자본지출을 예측할 수 있습니다. 예를 들어 자본조달 갭이 평균인 2%를 넘어서면, 이는 기업이 이익보다 훨씬 많은 돈을 지출한다는 뜻이며, 이런 지출이 계속 이어지기 어렵다는 징조입니다.

최근에는 기업이 장기간 이익을 내면서 대차대조표 건전화에 노력을 기울인 덕분에 자본조달 갭이 축소되었는데, 이런 사례는 드물었습니다. 따라서 이는 앞으로 상당기간 외부충격을 흡수할 수 있으며, 자본지출이 건전한 추세를 이어갈 수 있다는 신호가 됩니다.(회사에 이익으로 축적된 자본이 풍부하므로)

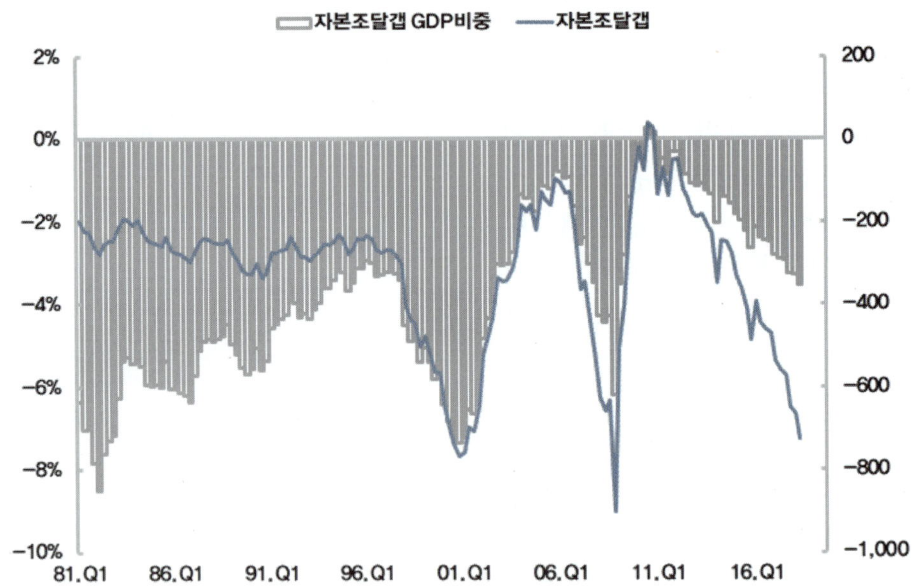

[그림] 미국 기업의 자본조달 갭

출처 : US BEA

중국 순수출

[경제 사이클 지표]

10. 중국 국제수지

분류 : 경제 사이클(GDP 중 순수출)

국제수지(Balance of Payments)는 일정기간 동안 한 나라의 거주자와 비거주자 사이에 발생한 모든 경제적 거래를 체계적으로 기록한 것입니다. 상품 무역, 서비스 무역, 금융거래, 자본이전 등 한 나라에서 일정기간 발생하는 모든 거래를 포함하며 복식부기원칙으로 작성되기 때문에 국제수지는 이론상 '0'이어야 합니다.

국제수지는 크게 상품, 서비스, 소득 등의 경상수지, 자본이전과 비금융자산 거래의 자본수지, 금융자산 및 금융부채의 변동을 기록하는 금융계정으로 구분되며 오차 및 누락항목이 있습니다.

출처 : SAFE(State Administration of Foreign Exchange, China)

발표시기 : 분기말 25일 전후

국제수지의 기준은 IMF에서 공표한 국제수지 통계 매뉴얼(BoP6)을 따르고 있으며 국가간 통일된 기준이 적용되기 때문에, 국가별 데이터 비교에 용이합니다.

특히 수출입으로 대외거래가 경제에서 차지하는 비중이 큰 중국에게 경상수지는 경제정책 수립과 정책효과 분석에 매우 유용한 통계지표입니다.

11. 중국 수출입

분류 : 경제 사이클(GDP 중 순수출)

국제무역이란 중국과 다른나라 사이에 일어나는 자본, 상품, 용역 등의 기본적인 교환을 의미합니다. 이러한 국가간 교역을 통해 집계된 수출입 데이터는 국내수요와 함께 기업소득, 구매력, 통화가치 등의 잠재적 변화를 판단하는데 유용합니다.

수출입지표는 상당히 세분화된 항목들을 통계화 하고 있습니다. 먼저 전체 수출입 규모와 물량규모를 제공하고 있습니다. 또한 중국과 교역하는 모든 국가와 지역별 데이터와 함께 HS표준분류에 따른 세부상품별로 통계데이터 역시 발표합니다. 그 밖에 일반무역, 가공무역 등 무역방식에 따른 분류와 기업성격에 따른 통계자료도 제공합니다.

출처 : 해관총서(China customs)

발표시기 : 매월 10일 전후

중국의 교역조건을 판단하는 지표는 ① 교역국의 경제성장률, ② 달러화대비 환율, ③ 국가별 물가상승률입니다. 그 중 교역국의 경제성장률은 대외수요를 확인하는데 가장 중요한 요소라 할 수 있습니다. 실제 중국 최대 교역국인 미국 GDP성장률과 중국 수출증가율의 상관계수는 0.65를 기록하고 있습니다.

산업생산

[경제 사이클 지표]

12. 미국 산업생산

영문명 : industrial production

분류 : 경제 사이클(GDP 중 생산)

산업생산은 총 300여개 산업부문으로부터 데이터를 수집해 전체산업의 생산 변화를 측정하는 것으로 매출액과 생산량을 바탕으로 집계됩니다.

출처 : Federal Reserve

발표시기 : 매월 15일경

조사대상은 2015년 기준 제조업(78%), 광업(11%), 유틸리티(11%)의 비중으로 각 산업별 부가가치를 가중치로 산출합니다. 내수와 수출을 위한 재화 생산량을 측정하며, 농업, 건설, 운송, 금융, 미디어, 서비스업과 정부 생산, 수입은 제외합니다.

먼저 소비재, 기업설비, 중간재, 원자재 등에 대한 수요를 반영한 주요시장 그룹을 발표하고 있으며, 공급 측면의 산업생산량을 측정한 산업그룹이 발표됩니다. 이중에서 제조업에서 절대적인 부분을 차지하고 있는 자동차는 자세히 살펴봐야 할 지표입니다.

미국의 산업생산은 1조7천억 달러로, GDP의 10% 이상입니다.

GDP가 국가경제 전체의 생산능력을 측정하는데 비해, 산업생산은 제조업 중심의 생산능력을 보다 집약적으로 보여주는 지표로서, 경제 사이클의 변화를 알려주는 매우 우수한 동행지표이며, 경기동행지수의 구성요소입니다.

제조업은 이자율과 수요변화에 민감하게 반응하기 때문에 서비스산업 대비 현재의 경기상황을 직접적으로 반영합니다. 이 점에서 경기등락에 매우 신속하게 반응하는 산업생산은 제조업 고용과 임금, 개인소득의 방향성을 읽는데 중요한 지표입니다.

산업생산과 설비 가동률은 반드시 함께 봐야 할 지표입니다.

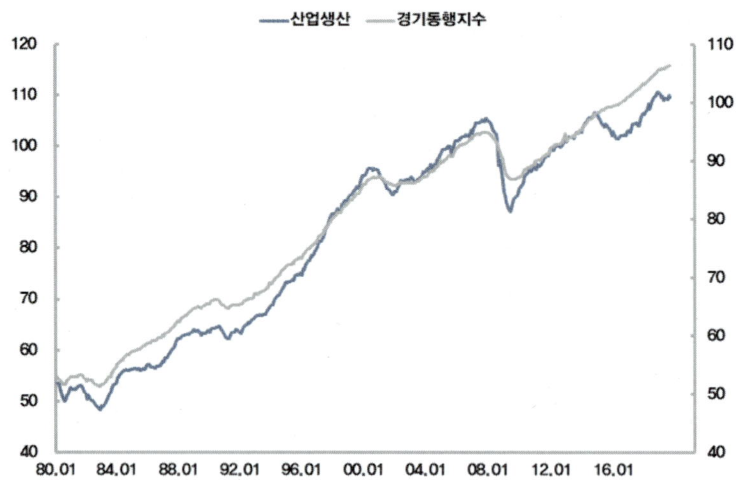

[그림] 미국 산업생산

출처 : Federal Reserve

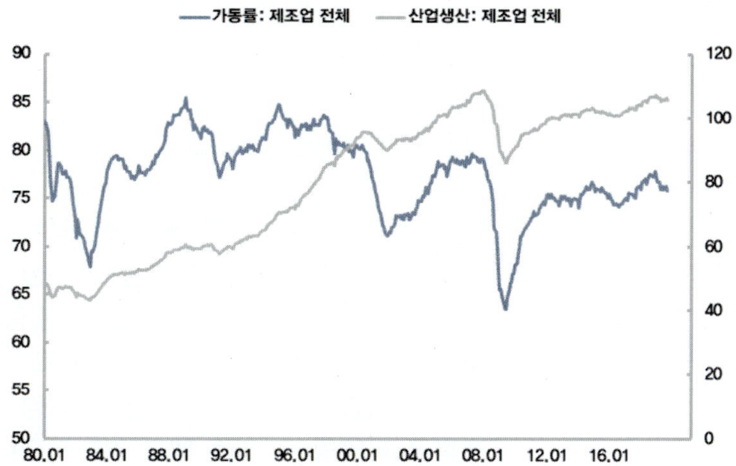

[그림] 가동률(제조업)

출처 : Federal Reserve

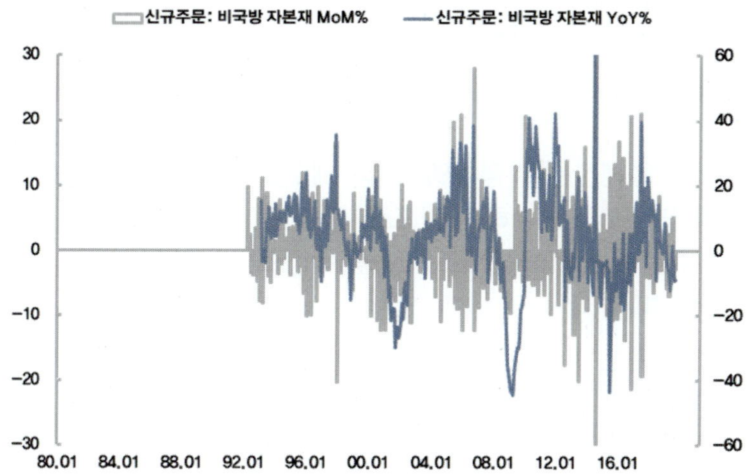

[그림] 신규 주문(제조업)

출처 : Federal Reserve

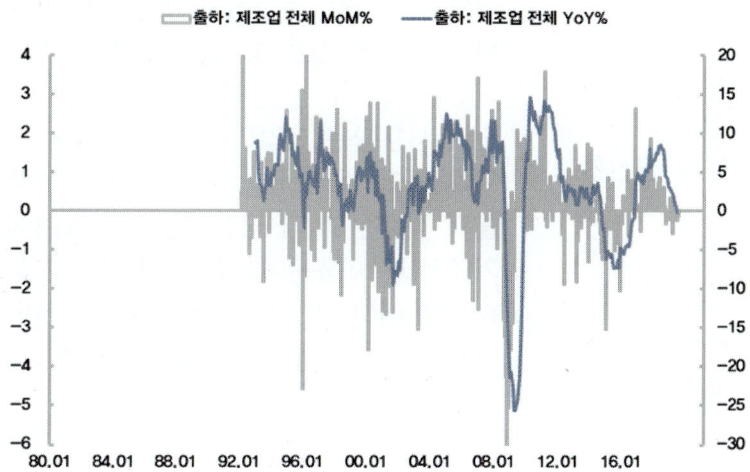

[그림] 출하(제조업)

출처 : Federal Reserve

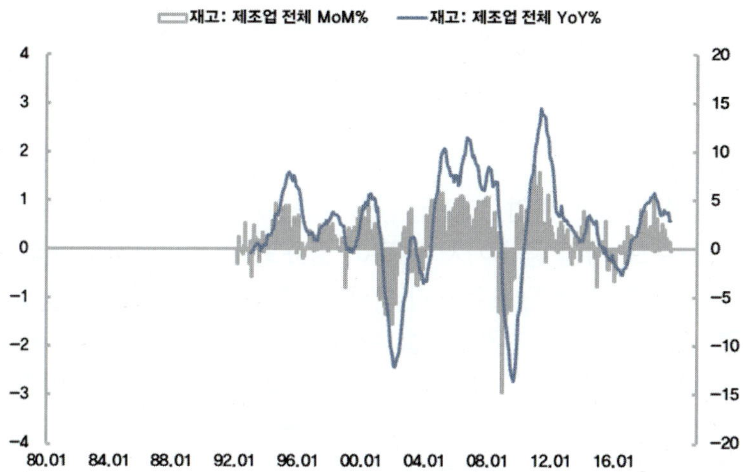

[그림] 재고(제조업)

출처 : Federal Reserve

13. 중국 산업생산

분류 : 경제 사이클(GDP 중 생산)

중국 산업생산은 일정 규모 이상 제조업체의 생산량을 평가하는 지표로, 연 매출 2,000만 위안 이상 제조업체를 대상으로 합니다.

출처 : NBS(National Bureau of Statistics of China)

발표시기 : 매월 13일 전후

가격요소가 제외된 기업의 실질 생산량을 기초로 작성되기 때문에, 실물 경제의 동향을 파악하는데 중요한 지표로 활용됩니다.

크게 산업별로 광업, 제조업, 전기/가스/증기/수도 사업 등 3가지 항목이 발표되며, 국유기업, 집단소유제기업, 주주제기업, 외자기업 등 기업형태별로 세부항목을 나눠 발표하고 있습니다. 그 밖에 41개 산업의 세부산업 생산과 함께, 588개 제품생산량을 월간단위로 확인 할 수 있습니다.

산업생산은 중국내 제조업 기업들의 실제 생산량을 반영하기 때문에, 경기 등락에 매우 민감하게 반응합니다. 중국은 2차산업의 GDP 비중이 2015년말 기준 40%에 달하는 경제구조를 가지고 있기 때문에, 산업생산은 발전량, 화물운송량과 함께 중국 실물경제를 대변하는 주요 지표라 할 수 있습니다.

14. 중국 주요 실물지표

정부에서 발표하는 통계의 신뢰성에서 자유롭지 못한 중국에서 실물경제를 대표하는 핵심지표는 ① 전력 사용량, ② 철도화물 운송량, ③ 항공여객 수송량이 있습니다.

① 전력 사용량 : 제조업 기업의 생산활동을 선행하는 주요지표
② 철도화물 운송량 : 내수 및 수출 경기를 가늠하는데 유용한 지표
③ 항공여객 수송량 : 여행객 수요를 반영해 민간소비 및 서비스업을 판단하는 지표

출처 : 전력기업연합회, 철로총공사, 민용항공총국.

발표시기 : 매월 13일 전후

리커창 전 총리는 중국 통계에 대한 불신을 직접 밝히며, 이를 대용하는 실물지표로 전력 사용량, 철도화물 운송량, 신규 대출을 꼽았습니다. 이들 지표로 구성된 리커창 지수는 중국의 전반적 경기 흐름을 파악할 수 있는 대표 경제지표로 주목받아왔습니다. 최근 중국의 경제 구조개혁이 일어나며 이들 지표를 보완하는 새로운 지표들이 필요하다는 지적이 나오고 있지만, 여전히 중국 경기를 가늠하는 중요한 실물지표임은 분명합니다.

전력 사용량은 기업의 설비 가동률에 선행하는 모습을 보입니다. 기업 설비 가동률의 상승은 미래 긍정적인 수요예측에 기인하며, 제품판매와 함께 기업이익 상승으로 이어집니다. 이러한 점에서 전력 사용량은 기업이익 증가율과 유사한 흐름을 보여줍니다.

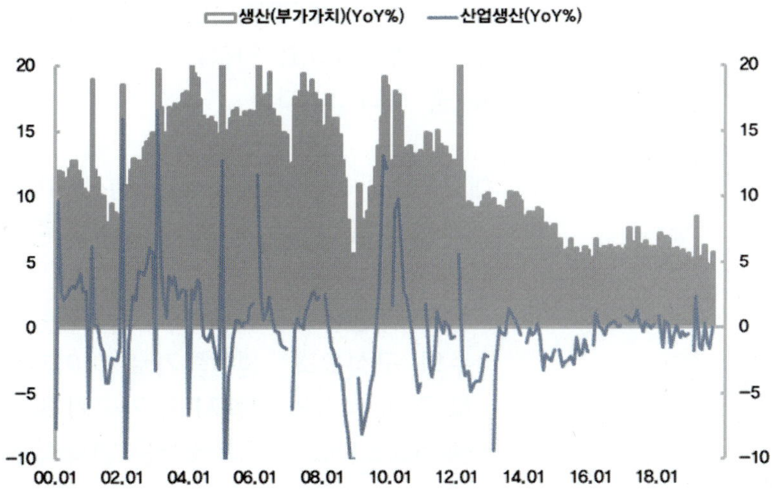

[그림] 중국 산업생산

출처 : NBS

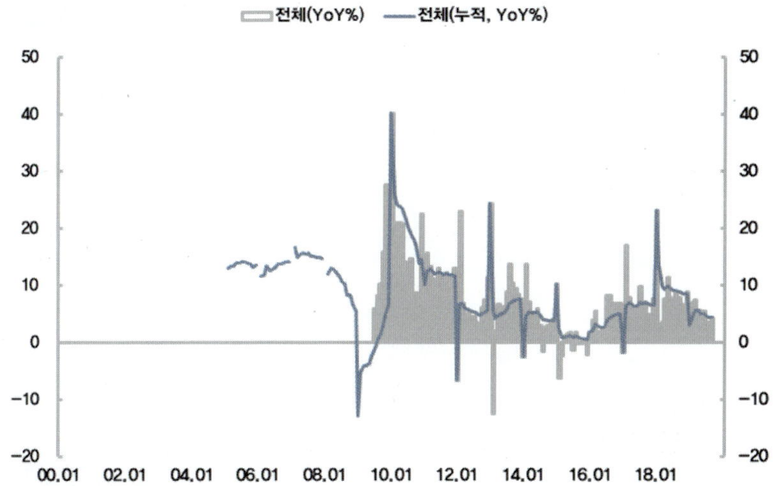

[그림] 중국 전력 사용량

출처 : 중국 전력기업연합회

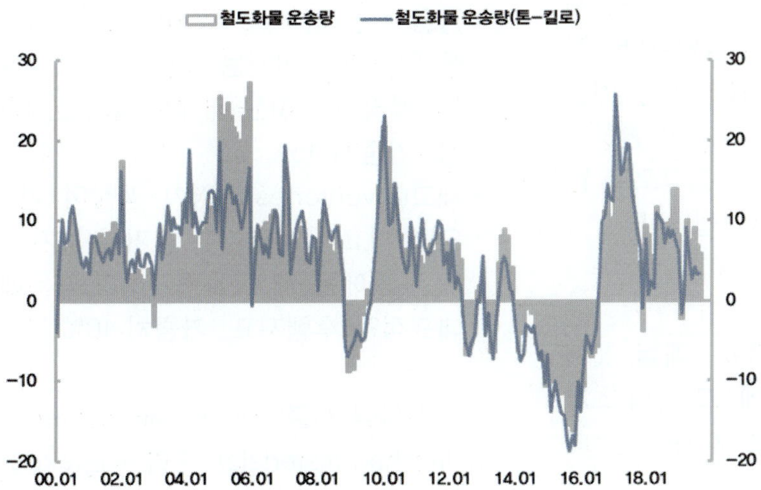

[그림] 중국 철도화물 운송량

출처 : 중국 철로총공사

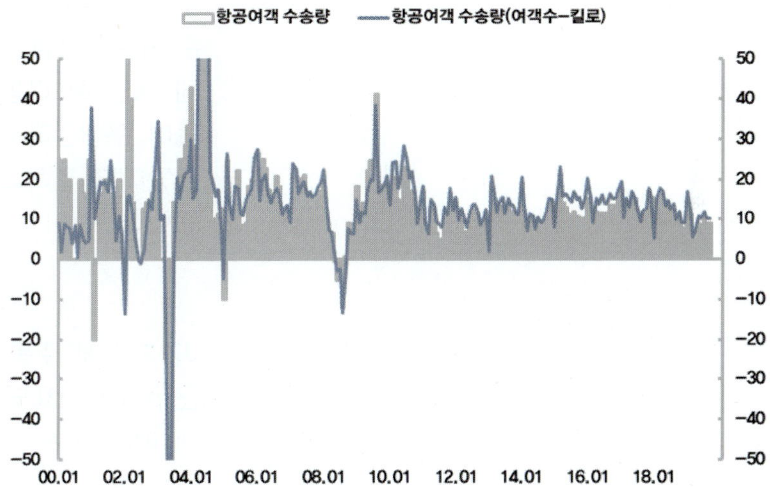

[그림] 중국 항공여객 수송량

출처 : 중국 민용항공총국

PMI지수

[경제 사이클 지표]

15. 미국 ISM 제조업지수

영문명 : ISM manufacturing

분류 : 경제 사이클(GDP 중 생산)

출처 : US ISM(Institute for Supply Management)

발표시기 : 매월 첫째 평일

ISM 제조업지수는 ISM에서 미국내 20개 산업 400개 제조업체들의 제조업 경기에 대한 서베이(긍정, 불변, 부정)를 월 중반경 실시해 결과를 21일 집계 후, 지수화[%, (긍정 응답+불변 응답X0.5)/전체 응답]해 다음달초 발표합니다. 예를 들어 구매관리자 60%가 상황이 변하지 않았다고 말하고 21%는 긍정적으로 반응했다면, 이 지수는 51이 됩니다.

이 지수에 주목하는 이유는 매월 첫째 근무일에 발표되기 때문에, 그 달의 초기에 매우 종합적인 자료를 제시한다는데 있습니다.

또한 이 지표는 FRB(연방 준비제도 이사회)가 중요하다고 인정한 몇 안되는 지표 중 하나입니다.

대표지수인 PMI는 신규주문, 생산, 고용, 공급자 납품, 재고 등 5개 지표를 가중평균한 것입니다.

- 신규 주문(new orders) : 경기선행지수의 구성요소. 생산증가로 이어지므로 경제 성장의 선행지표. 가중치 30%
- 생산(production) : 제조부문 현황의 동행지표. 가중치 25%
- 고용(employment) : 제조부문 현황의 동행지표. 가중치 20%
- 공급자 납품(supplier deliveries) : 상품 인도가 늦어지는 것은 사업의 호황을, 빨라지는 것은 경제적 약화를 의미함. 가중치 15%
- 재고(inventories) : 경기 팽창이 가속되면 재고가 사라지고 경기 침체가 시작된 후에는 재고가 증가하기 때문에, 대표적인 후행지표. 가중치 10%

그 외 가격 지불(prices paid for raw & unfinished materials), 수출 주문(export orders), 수주 잔고(backlog orders), 수입 주문(import orders) 등이 있습니다.

16. 미국 ISM 비제조업지수

영문명 : ISM non-manufacturing

분류 : 경제 사이클(GDP 중 생산)

미국 공급관리자협회에서 1997년부터 건설업을 포함한 비제조업체를 대상으로 한 ISM 비제조업지수를 발표하고 있습니다.

출처 : US ISM(Institute for Supply Management)

발표시기 : 매월 셋째 영업일

세부지수로는 경영 활동(business activity), 가격 지불(prices paid), 신규 주문(new orders), 수주 잔고(backlog of orders), 공급자 납품(supplier deliveries), 재고 변화(inventories), 재고 신뢰(inventory sentiment), 고용(employment), 수출 주문(new export orders), 수입 주문(imports orders)이 있습니다.

경영 활동(business activity) : ISM 제조업지수의 PMI처럼 대표지수로 취급합니다.

미국 전체 경제에서 80% 비중을 차지하는 서비스업의 경기 방향을 예측해볼 수 있습니다. 다만 서비스 부문은 제조업 부문처럼 변동성이 크지 않기 때문에 전체 경기흐름을 파악하는데는 그 중요성이 다소 떨어집니다.

신규 주문과 수출 주문 중 하나가 50 이상이면서, 경영 활동이 50 이상이면, 서비스 부문이 성장하리라는 것을 의미합니다.

이 지수는 노동시장에 영향을 미치는 중요한 지표인데도, 관심을 기울이는 투자자가 매우 드뭅니다. 미국에서 일자리 절대 다수가 창출되는 곳은 서비스 부문입니다. 2008.05기준으로 미국전체 일자리 1억3,775만개 가운데 83.7%에 해당하는 1억1,535만개가 서비스 부문입니다.

경제 성장으로 일자리가 늘어날 것인지 확인하는 다른 방법은, ISM 비제조업지수와 ISM 제조업지수의 차이를 보는 것입니다. 통상적으로 비제조업지수는 제조업지수보다 5pt 높게 나옵니다. 이는 서비스 부문이 제조 부문보다 빠르게 성장하기 때문입니다. 차이가 확대되면 일자리가 더 빠르게 증가하고, 축소되면 증가가 둔화됩니다.

이 지표는 ISM 제조업지수의 단순성/적시성을 공유하고 있습니다.

17. 중국 제조업 PMI

분류 : 경제 사이클(GDP 중 생산)

중국 제조업 PMI에는 NBS 제조업 PMI와 차이신 PMI가 있습니다. 향후 중국경기를 판단하는데 가장 정확한 선행지표입니다.

출처 : NBS(National Bureau of Statistics of China), 차이신(Caixin)

발표시기 : 매월초

NBS 제조업 PMI는 향후 중국 제조업 경기를 판단하는 대표적인 선행지표입니다. 대기업부터 중소기업에 이르는 3,000개 주요 제조업의 구매담당자를 대상으로 설문조사를 통해 5개의 확산지수를 만들고 이를 가중평균해 지수화 한 것입니다. 50을 기준선으로 상회하면 경기확장국면을, 하회하면 수축국면을 의미합니다.

NBS PMI를 산출하는 5개 핵심 지표는 신규 주문(가중치 30%), 생산(25%), 고용(20%), 공급자 배송(15%), 원자재 재고(10%)이며, 경기에 미치는 영향력을 기준으로 가중치를 산정하고 있습니다. 그 밖에 신규 수출주문, 생산품 재고, 주문 잔고, 구매량, 원자재 수입가격, 수입을 포함해 11개 세부지표로 구성됩니다.

반면, 중국민간기관인 차이신이 발표하는 차이신 PMI은 500여개의 중소기업을 대상으로 하기 때문에, NBS PMI와 통계의 차이가 존재합니다.

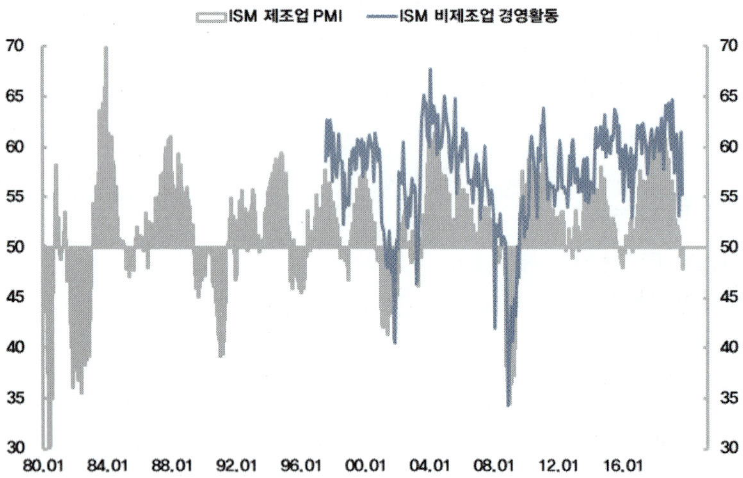

[그림] 미국 ISM지수

출처 : US ISM

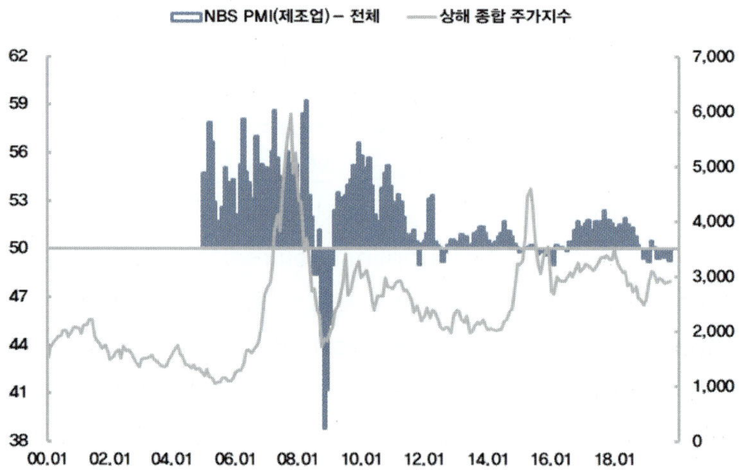

[그림] 중국 제조업 PMI

출처 : NBS

미국 연방 공개시장 위원회(FOMC)

[경제 사이클 지표]

18. FOMC : 정책금리 수준을 결정

영문명 : FOMC(Federal Open Market Committee)

분류 : 경기 조절자

통상적으로 6주 간격으로(긴급하게 소집되는 경우도 있습니다) 열리는 미국 FOMC 회의에서는 미국의 통화금융정책을 결정합니다. 금융시장의 기본적인 잣대가 될 수 있는 정책금리 수준을 결정해 경기 과열과 위축을 조절합니다.

a 글로벌 유동성흐름의 방향성을 결정

금리 인하를 하게 되면 자본조달비용을 낮춰주고, 정책 기준이 경기 부양 쪽으로 맞춰진다는 점에서 증시도 우호적으로 반응합니다.

회의 후 성명서를 발표하게 되는데, 금리 결정 결과 이외에도, 통화금융정책 당국의 현 경제 상황에 대한 인식과 향후 경제정책 추이를 가늠해 볼 수 있어 시장에서 매우 중요시하는 이벤트입니다.

특히 성명서에 포함된 점도표는 앞으로의 금리 방향성과 수준을 나타내고 있어 매우 유용한 자료로, 반드시 검토해야 할 자료입니다.

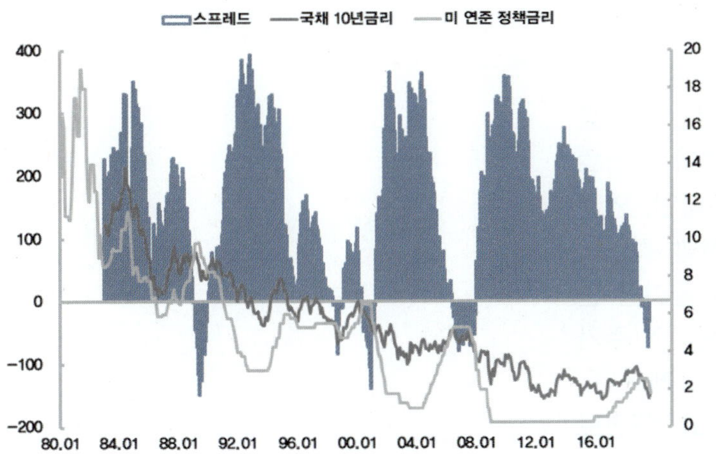

[그림] 미국 정책금리

출처 : Federal Reserve

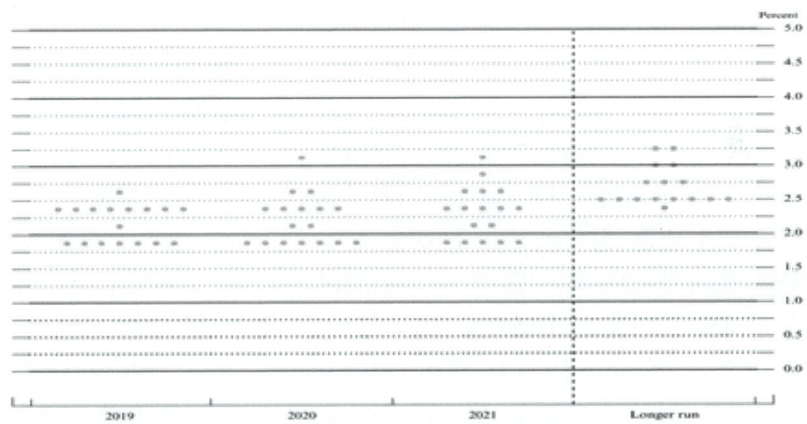

[그림] 점도표 : 연준위원들의 연방기금 금리 목표치 전망

출처 : Federal Reserve

b 통화금융정책의 파급효과

FRB(연방 준비제도 이사회)의 정책 변화가 금융시장과 금융상품에 미치는 영향을 반드시 추적해야 합니다.

FRB가 금리변경으로 원하는 성과를 얼마나 달성하느냐는 통화정책(Monetary policy)의 파급효과(Transmission ef-fect)에 크게 좌우됩니다. FRB가 단지 금리 변경만으로 성과를 거둔다고 생각하면 커다란 착각입니다. 우리는 각각의 파급효과를 고려해서 전반적인 금융 여건을 추적해야 합니다.

주가가 미치는 파급효과는 분석하기 매우 쉽습니다. 주로 자산효과를 고려하면 됩니다.

달러가 미치는 파급효과에 쓰는 어림셈법은 다음과 같습니다. 달러가치가 5% 하락하면 연준 정책금리가 37.5bp 하락하는 효과가 있으며, 2년 동안 산업생산이 0.4% 증가합니다(대체로 미국 산업생산은 연 1% 증가합니다). 또한, 달러가치가 5% 하락하면 미국 제조업 이익도 5% 증가합니다.

c 전반적인 금융 여건의 변화를 함께 살펴보아야 함

대출 기준을 분석하려면 은행여신과 연준의 대출책임자 분기조사를 추적해야 합니다.

이상은 계량분석 자료이고, FRB 금리 변경이 효과가 있는지 다른 방식으로도 감을 잡아야 합니다. 예를 들어 2007년과 2008년초에는 FRB 금리 인하에서 효과를 감지할 수 없었는데, 이는 금리가 대폭 더 인하되어야 하며 경제 회복에는 더 오랜 시간이 걸린다는 뜻이었습니다. 이런 분위기가 감지되면서 금융시장은 더욱 침체했습니다.

FRB 금리 변경만 주목하는 피상적인 분석을 피하고, 전반적인 금융 여건 변화를 살펴보아야 합니다. 통화정책의 파급효과가 순조롭게 효과를 나타낸다면, 연준은 정책 목표를 더 빨리 달성할 것입니다. 예를 들어 FRB가 잇달아 금리를 인하한 다음 금융 여건이 개선된다면(주가 상승, 달러가치 하락, 신용스프레드 축소), 경기가 회복될 것으로 보고, 채권보다 주식의 비중을 높여야 합니다. FRB가 잇달아 금리를 인하하는데도 금융 여건이 악화한다면, 경기 회복이 지연되어 FRB가 금리를 더 인하할 것이므로, 주식보다 채권의 비중을 높이고, 만기가 긴 채권에 투자해야 합니다.

미국 연방 공개시장 위원회(FOMC)

[한 걸음 더]

1. 미국 베이지북

영문명 : Beige Book

분류 : 경기 조절자

미국 지역 연방 준비은행들이 조사한 내용을 바탕으로 경제 현황과 전망을 분석한 보고서입니다.

FOMC 정례 회의에 앞서 제출됩니다.

12개 지역 연방 준비은행들은 관할 지역 기업들을 상대로 청취 조사를 한 뒤 이 내용을 총괄, 12개 은행 중 한 곳에서 보고서로 정리합니다.

출처 : Federal Reserve

발표시기 : FOMC 정례 회의 2주전 수요일
베이지북은 1년에 8번 발간되고, 원하는 사람은 온라인으로 누구나 볼 수 있다는 장점이 있습니다. 물론 FRB(연방 준비 제도 이사회) 이사들은 우리보다 한 발 앞서 FOMC 회의가 열리기 2주 전에 이 자료를 봅니다. FRB 이사에게 제공되는 것과 동일한 자료를 볼 수 있기에 그들이 경제를 어떻게 보는지 힌트를 얻을 수 있습니다. 특히 이 자료는 투자자로 하여금 FRB가 금리를 올릴지 동결할지 낮출지 판단하는데 도움이 됩니다.

베이지북은 기술이나 제조 등 경제 각 부분의 역량에 대한 통찰을 얻는데 쓸 수도 있습니다. 왜냐하면 특정 지역에 특정 산업이 집중되는 경향이 있기 때문입니다. 예를 들어 IT업종은 샌프란시스코 연방 준비은행이 제공하는 자료를 보면 됩니다.

2. 미국 PCE 물가

영문명 : PCE(Personal Consumption Expenditures) price index
분류 : 경기 조절자(물가)

개인이 구매한 모든 물품 및 서비스의 평균가격 인상수준을 나타냅니다. 소비자 물가 상승률을 측정하는 지수들 중에 가장 폭 넓은 범위의 물품 및 서비스 묶음을 사용합니다.

PCE 물가는 항목별로 가격지수가 제공되는데, 크게 내구재(자동차, 가구, 오락용품, 기타 내구재), 비내구재(식음료, 의류, 에너지, 기타 비내구재), 서비스(주거 및 유틸리티, 헬스케어, 교통, 오락서비스, 음식 및 숙박, 금융 및 보험, 기타 서비스)로 나누어 볼 수 있습니다.

특히 에너지와 식품을 제외한 Core PCE 물가는 FRB(연방 준비제도 이사회)가 인플레이션 타깃 2%를 달성하기 위해 모니터링하는 지표이기 때문에 시장의 관심이 집중됩니다.

출처 : US BEA(Bureau of Economic Analysis)

발표시기 : 다음달 말

a PCE 물가와 근원 소비자 물가지수의 차이점

공통항목들에 대한 가중치가 다릅니다. 예를 들어 PCE 물가는 헬스케어 가중치가 소비자 물가지수보다 높으며 반대로 주거비용은 소비자물가지수가 PCE 물가보다 가중치가 높습니다.

포괄 범위에 차이가 있습니다. PCE 물가는 가구를 보조하는 비영리단체 지출, imputed financial services 등을 포함합니다.

산출방식이 다릅니다. 소비자 물가지수는 상품 및 서비스 가격을 기준연도의 품목별 소비비중으로 가중평균한 방식을, PCE 물가는 비교연도를 가중치로 하는 방식을 사용합니다. 따라서 소비자 물가지수는 물가상승폭이 과대평가되는 경향이 있습니다.

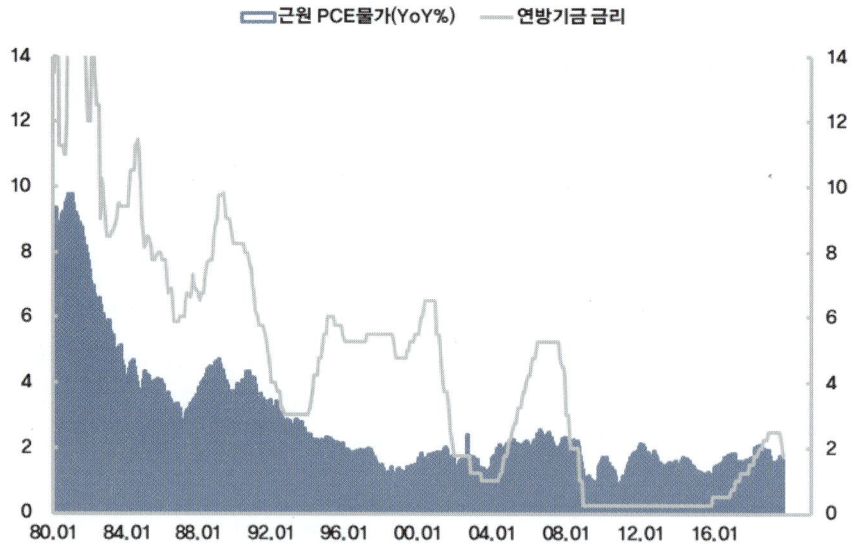

[그림] Core PCE 물가와 연방기금 금리

출처 : US BEA

b 소비자 물가지수(CPI)

영문명 : CPI(Consumer Price Index)

분류 : 경기 조절자(물가)

소비자가 구매하는 상품 및 서비스 조합의 가중평균을 통해 산정되는 인플레이션 측정치입니다.

출처 : US BLS

발표시기 : 매월 15일경

미국 도시지역 소비자들(전체인구 89%)이 일정기간 동안 구매한 재화와 서비스 묶음(2년마다 수정)의 평균가격 변화를 측정합니다. 조사 및 계산방법은 매월 6,000가구와 24,000개의 소매점과의 인터뷰를 바탕으로, 200개 이상의 재화 및 서비스 가격을 수집하고 품목별로 다른 가중치를 적용하여 합한 후 지수화합니다.

재화와 서비스 품목은 크게 4가지 그룹으로 나눌 수 있습니다 : ① 음식료(비중 약 14%), ② 에너지(약 7%), ③ 에너지와 음식료를 제외한 재화(약 20%), ④ 에너지를 제외한 서비스(약 60%)

에너지와 음식료를 제외한 재화는 의류, 신차, 중고차, 의약품, 담배 관련 제품 등을 포함하며, 에너지를 제외한 서비스는 주거(임대), 의료서비스, 공공교통, 여가/취미, 교육 그리고 기타 서비스로 구성되어 있습니다.

변동성이 큰 식료품 및 에너지를 제외한 물가지수를 Core CPI라고 하는데, 물가지수로 활용도가 매우 높습니다.

소비자 물가지수는 물가상승률을 측정하는 대표적인 지수입니다. 일반적으로 물가상승률을 통해 경기 확장여부를 확인해 볼 수 있는데 후행지표인 탓에 향후 경기 방향성을 예측하는데 유용하지는 않습니다.

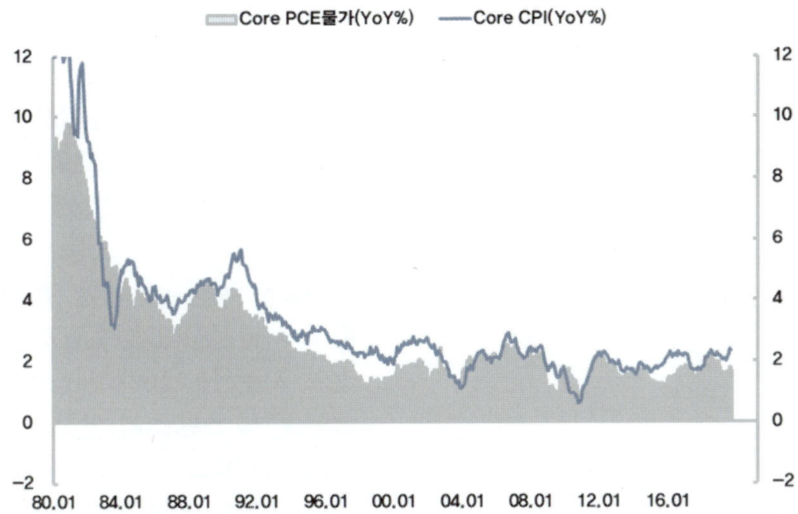

[그림] Core PCE 물가와 Core CPI

출처 : US BLS

중국 인민은행
[한 걸음 더]

1. 중국 공개시장 조작

분류 : 경기 조절자

공개시장 조작(open market operations)이란 중앙은행이 공개된 시장에서 통안채(통화안정증권)나 RP(환매조건부 채권, 혹은 역RP) 발행을 통해 시중 유동성을 조절하는 것을 뜻합니다.

출처 : 인민은행(PBOC; The People's Bank of China)

발표시기 : 주간

중국은 전통적으로 RP/역RP 발행을 통해 시중 단기 유동성을 조절했으며, 최근 단기 유동성 공급 제도(SLO), 대기성 여신(SLF), 중기 유동성 지원 창구(MLF), 담보 보완 대출(PSL) 등 비전통적 통화정책으로 시중유동성을 조절합니다.
중국 자본시장이 성숙해지면서 기존 금리와 지준율을 통해 시중통화량을 조절했던 정책 스텐스가 변화하고 있습니다. 특히 기업들의 자본조달 경로가 다양해지면서(기존 은행 대출에서 회사채 혹은 주식 발행) 전통적 통화정책 파급효과가 과거 대비 약해진 것이 사실입니다. 또한 공개시장 조작 및 MLF, PSL 등 비전통적 통화정책은 단기/중기 유동성 공급으로 시장 상황에 따라 좀더 유연한 대처가 가능하다는 점에서 최근 인민은행이 적극 활용하고 있는 통화정책입니다.

공개시장 조작은 단기 시중유동성 공급에 순응하는 정책입니다.

2. 중국 기준금리

분류 : 경기 조절자

기준금리란 다양한 금융상품 금리에 영향을 미치는 기준이 되는 금리로, 각국의 중앙은행 혹은 이에 준하는 국가 금융정책기구(예 FRB)에서 결정하는 대표금리입니다. 중국은 통상 1년 만기 대출금리를 기준금리로 채택해 시중금리와 통화량 조절에 나서고 있습니다.

출처 : 인민은행(PBOC; The People's Bank of China)

기준금리는 시중은행 예대 금리와 금융상품 금리에 영향을 미치는 만큼 중요한 통화정책 도구입니다. 특히 중국은 금리 인하로 시중에 풀린 유동성이 실물 경제 외적인 부분으로 흘러들 가능성이 높고, 아직까지 해외 자본 유출입에서 자유롭지 못하기 때문에 금리 조정에 신중을 가하는 편입니다. 이를 반영하듯 최근 통화정책의 방향성이 금리 조절보다는 시중에 직접 유동성을 공급하는 스텐스로 변하는 추세입니다.

3. 중국 지급준비율

분류 : 경기 조절자

지급준비율(reserve requirement ratio)은 은행이 고객으로 받은 예금 중에서 중앙은행에 의무적립해야 하는 준비금 비율을 의미합니다. 지급준비율 제도는 고객에게 지급할 자금 준비 차원에서 도입된 제도지만, 시중자금 수위 조절이 가능하다는 점에서 주요 통화정책으로 활용되고 있습니다. 현재 대다수 국가에서 지급준비율 제도는 크게 활용되지 않는 통화정책이지만, 중국은 여전히 높은 지급준비율(13.0%)를 기록하며, 시중유동성 조절 도구로 활용되고 있습니다.

출처 : 인민은행(PBOC; The People's Bank of China)

발표시기 : 조정시 수시 발표

금융기관 지급준비금은 지급준비율에 의해 예치한 법정 지급준비금과 지급준비율을 초과하는 부분에 대한 초과 준비금으로 구분됩니다. 중국은 대형 금융기관과 중소형 금융지관의 지급준비율을 상이하게 적용하고 있습니다. 2019년 10월 기준 대형 금융기관 지급준비율은 13.0%이며, 중소형 금융기관 지급준비율은 11.0%로, 중소형 금융기관 지급준비율은 낮게 가져가고 있습니다.

중국 인민은행은 크게 공개시장 조작과 기준금리, 지급준비율 세가지 통화 정책을 사용하고 있습니다. 그 중 지급준비율은 정책강도가 가장 높은 수단으로 알려져 있습니다. 특히 초과 준비금이 낮고 상업은행에 직접적 창구 지도가 가능한 중국에서 지급준비율은 시중통화량을 조절하는 가장 확실하고 명확한 방법입니다.

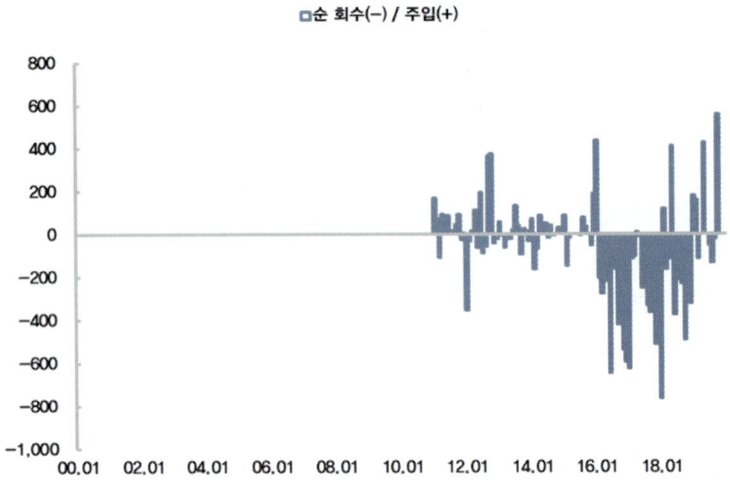

[그림] 중국 공개시장 조작

출처 : PBOC

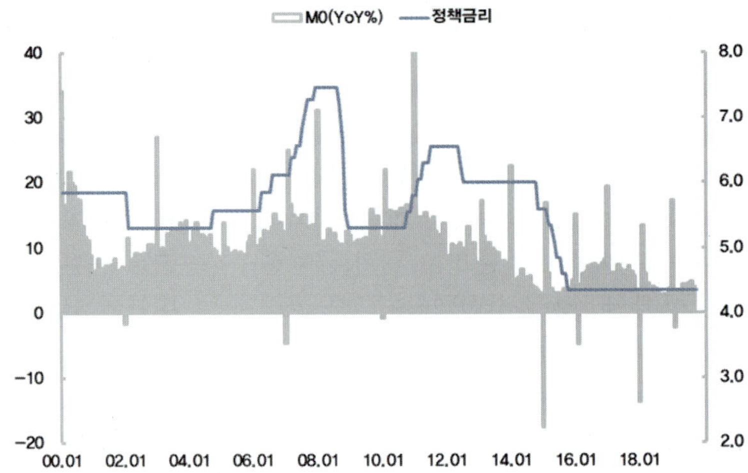

[그림] 중국 기준금리

출처 : PBOC

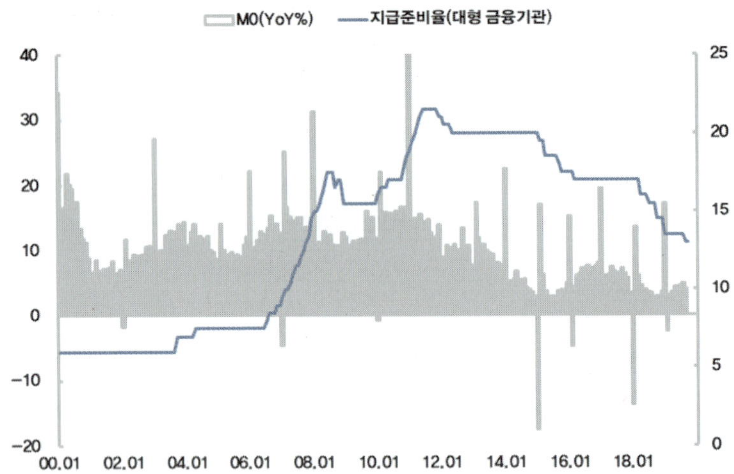

[그림] 중국 지급준비율

출처 : PBOC

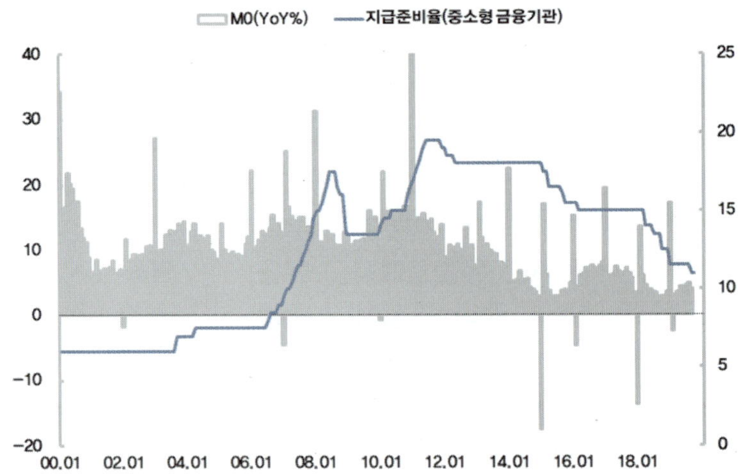

[그림] 중국 지급준비율

출처 : PBOC

재정수지
[한 걸음 더]

1. 미국 연방정부 재정수지

영문명 : federal budget (deficits and National debt)

분류 : 경기 조절자

GDP 대비 연간 재정적자가 잠재성장률 이하이면 정상적인 재정적자로 봅니다. (미국의 경우 보통 3%) GDP가 늘어나는 속도로 국가부채가 늘어난다면 큰 문제가 되지 않는다는 뜻입니다.

출처 : US Department of the Treasury

발표시기 : 매월 12일경

GDP 대비 3% 이상이면 인플레이션 위험. 국가부채는 인플레이션의 전조이기는 하지만 국가부채수준이 경기순환과 밀접하게 관련되어 있는 것은 아닙니다. 반면 연간 재정적자는 경기순환과 밀접하게 관련되어 있습니다. 따라서 재정적자가 커질수록 인플레이션도 커지고, 정부가 그런 곤경으로부터 탈출하지 못하는 경우 하이퍼 인플레이션이 옵니다.

정부가 지출을 틀어쥐고 재정적자를 3% 이하로 유지하는 나라는 해외자본을 끌어들이게 될 것이며, 이는 빠른 속도의 성장을 가져올 것입니다.

2. 중국 재정지출

분류 : 경기 조절자

재정이란 정부세입과 세출에 관련된 모든 경제활동을 지칭합니다. 정부공공기능을 수행하기 위한 재원을 마련하고 재정지출을 통해 경기를 조절합니다. 경기과열국면에는 세수 확대를 통해 재정흑자를 유도하고, 경기 위축국면에서 재정지출을 확대해 투자와 소비를 촉진하는 정책을 펼칩니다.

재정지출은 중앙정부지출과 지방정부지출로 구분됩니다. 먼저 중앙정부지출의 80%는 1994년 분세제 이후 약화된 지방정부의 재정보조금으로 사용됩니다.

출처 : NBS(National Bureau of Statistics of China)

발표시기 : 매월 15일 전후

최근 재정지출에 대한 필요성이 높아지고 있습니다. 제로금리를 넘어 마이너스 금리시대에 진입하면서 통화정책만으로 경기 부양은 제한적이라는 평가가 나오고 있기 때문입니다. 특히 금융위기 이후 성장 둔화 방어를 목적으로 재정적자 규모가 큰 폭으로 증가한 중국에서도 재정정책의 필요성과 재정지출에 대한 중요성이 증가하고 있습니다. 다만 지방정부 채무문제에서 자유롭지 못한 중국의 재정상황을 고려했을 때 무분별한 재정지출은 제한적일 수 밖에 없는 상황이기에, 더욱 주목해야 할 것으로 판단됩니다.

은행 여신

[신용 사이클 지표]

1. 은행 여신

영문명 : Bank credit

분류 : 신용 사이클

은행대출을 통해 은행들의 여신의지, 경제에 유입되는 자금규모, 금융위기 이후 은행들의 자본변경현황 등을 파악할 수 있습니다. 은행들 만이 통화공급을 확대할 수 있다는 것을 기억해야 합니다.

출처 : Federal Reserve 등

발표시기 : 미국의 경우 매주 금요일

은행 여신에 관한 연준 데이터를 이용해 미국 경제의 건전성을 평가할 수 있습니다. 이는 증권 매수, 대출, 리스 등의 형태로 은행이 여신을 증가시키면, 차입자들이 그 자금을 소비하면서 경제가 활성화되기 때문입니다.

은행 여신 증가율은 2008.03까지 15년 동안 약 8%였습니다.

대출과 리스(loans & leases in bank credit)가 은행 여신에서 차지하는 비중은 약 74%이고, 여기서 절반이 부동산 대출(real estate loans)이므로, 부동산 대출의 증감이 얼마나 중요한지 쉽게 알 수 있습니다.

기업 대출(commercial & industrial loans)도 중요합니다. 은행 여신에서 차지하는 비중은 15%에 불과하지만, 기업 신뢰도, 재고자산 투자, 자본 지출, 고용 등에 영향을 미치므로 대단히 중요합니다. 신용 위기 이후 이 데이터가 여신상황을 점검하는 척도로도 사용되고 있습니다.

은행 여신이 빠르게 증가하면 경제 확장의 선순환을 기대할 수 있습니다. 은행 여신이 증가하면 금융자산도 증가하면서 은행이익도 증가하므로, 대개 은행에도 호재가 됩니다.

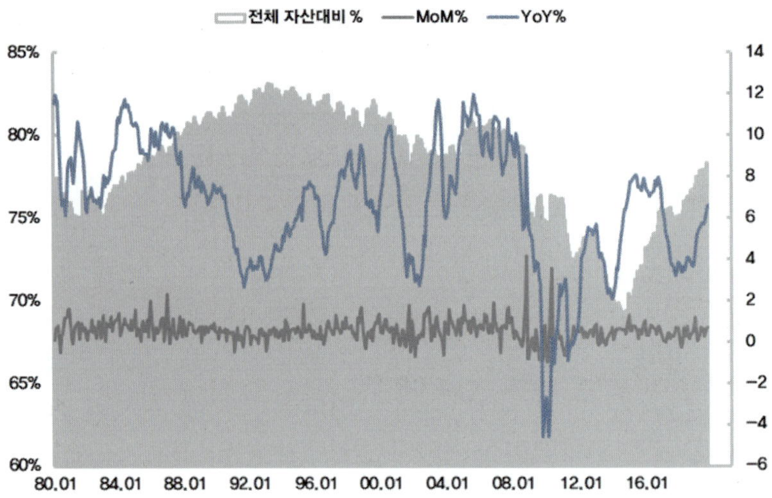

[그림] 미국 은행 여신

출처 : Federal Reserve

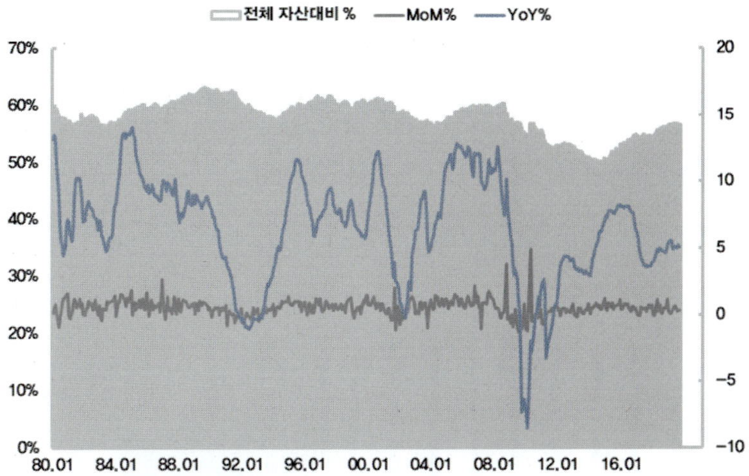

[그림] 미국 은행 여신(대출과 리스)

출처 : Federal Reserve

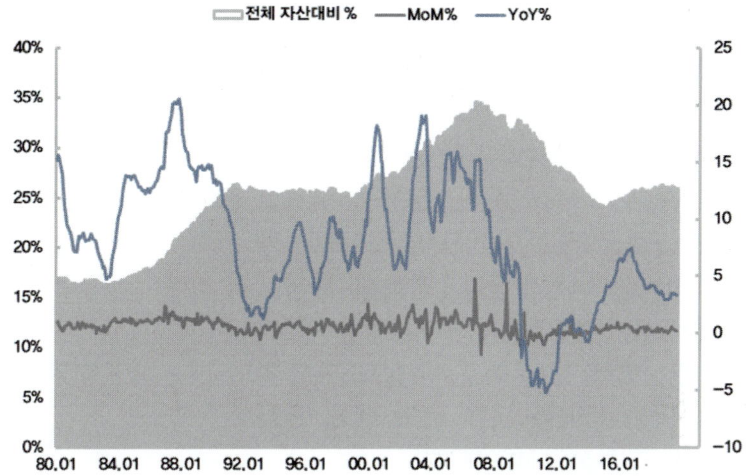

[그림] 미국 은행 여신(부동산 대출)

출처 : Federal Reserve

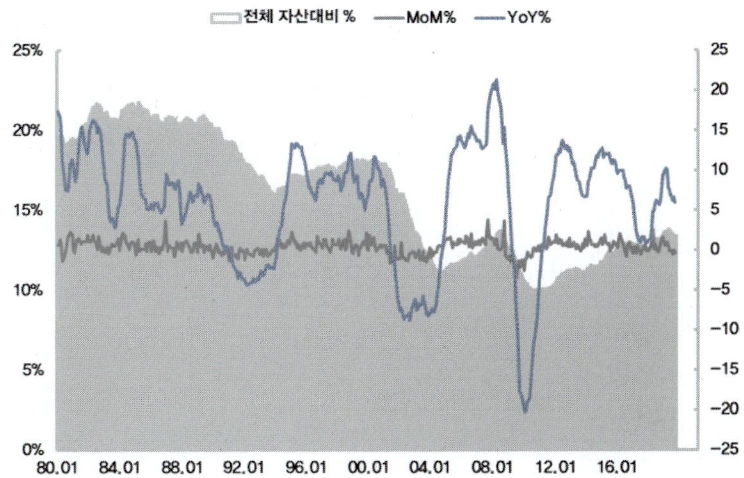

[그림] 미국 은행 여신(기업 대출)

출처 : Federal Reserve

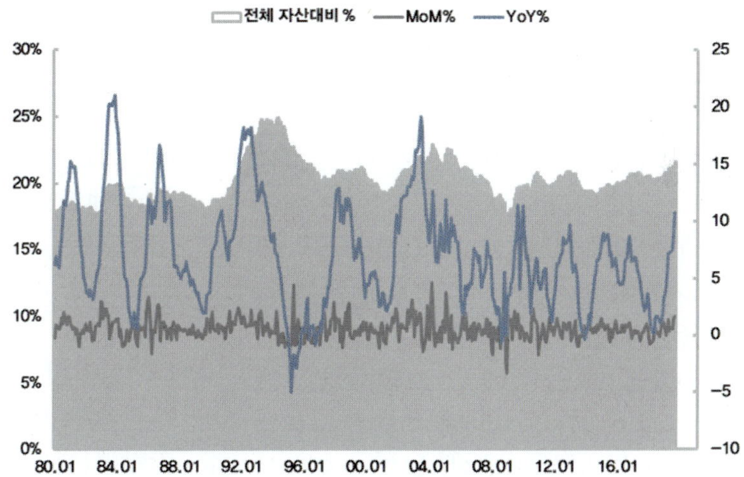

[그림] 미국 은행 여신(유가증권)

출처 : Federal Reserve

2. 중국 사회융자총액

분류 : 신용 사이클

2002년 1월 처음 발표된 중국 사회융자총액(social financing)은 금융 서비스를 통해 실물 경제로 이어진 전체 유동성을 파악하는데 유용합니다. 전통적 자금조달 창구인 은행 대출을 비롯해 신탁, 위탁, 주식발행, 인수어음, 기업채권 발행 등 다양한 루트를 통한 중국 전체 융자 규모를 종합한 지표입니다.

출처 : 인민은행(PBOC; The People's Bank of China)

발표시기 : 매월 둘째 주

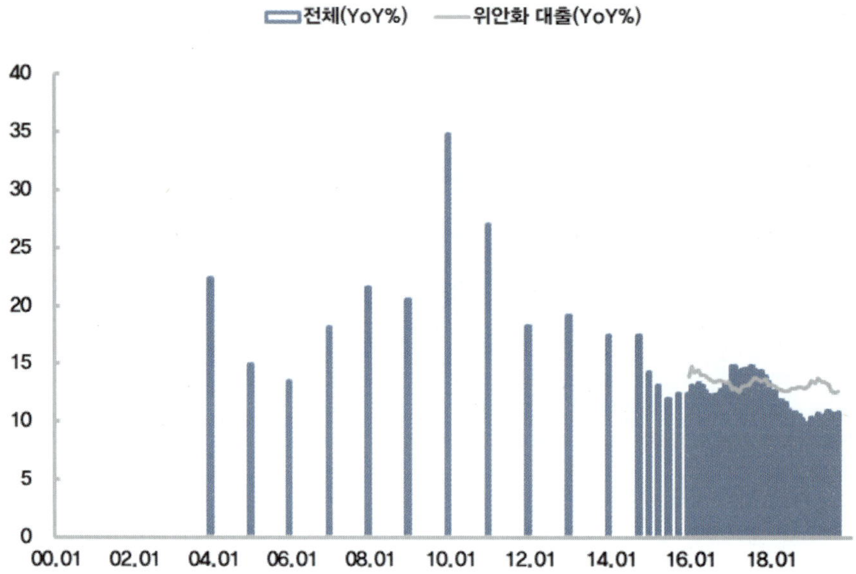

[그림] 중국 사회융자총액

출처 : PBOC

사회융자총액은 10개의 세부지표로 구성되어 있습니다. 먼저 신규 대출은 위안화 대출, 외화 대출, 신탁 대출, 위탁 대출 4가지로 분류되어 발표되며, 은행 인수어음, 기업채권 순 발행, 비금융기업 주식 발행, 보험사 배상, 보험사 부동산 투자, 기타 대출 등 세부항목으로 구성됩니다. 그 중 보험사 배상, 보험사 부동산 투자, 기타 대출은 2011년 이후 발표가 중단된 상태입니다.

2002년 전체 사회융자총액에서 은행의 신규 대출이 차지하는 비중은 96%로, 은행이 자금 조달의 핵심적인 부분을 담당했습니다. 그러나 2015년 은행을 통한 신규 대출 비중이 69%까지 하락했습니다. 이러한 점에서 신규 대출을 포함해 채권 및 주식 발행, 위탁, 신탁 대출을 포함한 사회융자총액은 중국 전체 유동성을 파악할 수 있는 중요한 지표입니다.

은행 여신
[한 걸음 더]

1. M2(통화량)

영문명 : Money Aggregates

분류 : 신용 사이클

통화량은 한 경제 내에 유통되는 통화를 통틀어서 이르는 말입니다. 일반적으로 통화량 지표는 좁은 의미의 통화량 지표부터 넓은 의미의 통화량 지표로 분류되며, 알파벳 M에 숫자를 결합한 식으로 표현합니다. M0(Monetary Base, 본원통화)가 가장 좁은 의미의 통화이며, M1이 그 다음, M2가 그 다음, M3가 가장 넓은 의미의 통화량 지표인데, 미국에서 M3는 2006년 이후 집계하지 않습니다.

출처 : MarketWatch 등

발표시기 : 미국의 경우 매주 목요일

M1 〈 M2 〈 M3인 관계는 성립하지만, M0와 M1 사이 관계는 애매하다는 점에 유의해야 합니다.(항상 M0 〈 M1인 관계가 성립하지는 않습니다.)

M2가 증가하면 경제 성장을, M2가 감소하면 경제 위축을 의미하는 경기선행지표로 간주됩니다. 역사를 돌아보면, 경제 성장과 인플레이션은 그 나라의 통화 공급과 관련이 있었습니다. 투자자들은 본원통화, M1, M2뿐만 아니라 은행 여신과 채권 발행에도 주목해야 합니다.

통화량 증가는 저금리와 투자 증가를 의미하고, 통화량 감소는 그와 정반대입니다. 시중에 유통되는 통화 즉, 유동성의 규모는 물가 수준에 영향을 미칩니다. 때문에 통화 공급 정도를 조절하는 통화정책은 중앙은행의 대표적인 물가통제수단이기도 합니다. 그러나 2008년 말부터는 반대로 글로벌 위기로 디플레이션 우려가 높아진 상황에서 미국을 비롯한 세계 각국이 적극적인 유동성 공급(확장 통화 정책)을 통한 경기 부양에 나섰습니다.

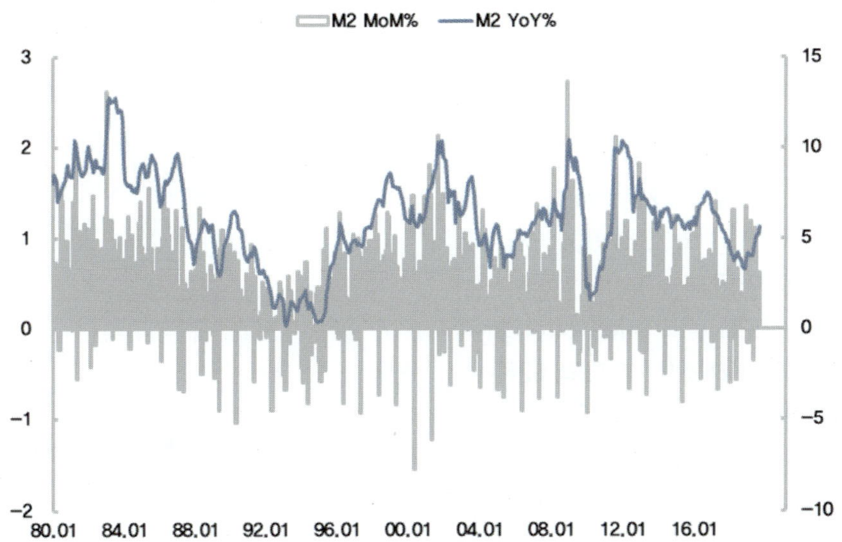

[그림] 미국 M2

출처 : MarketWatch

공포와 탐욕 지수

[리스크에 대한 태도 지표]

1. 공포와 탐욕 지수

공포와 탐욕 지수(Fear & Greed Index)는 미국의 뉴스전문채널 CNN이 제공하는 것으로, 이 지수가 높으면, 현재 사람들이 엄청 욕심을 내고 있다고 보는 것입니다.

이 지수는 다음의 7가지를 고려합니다.

① 주식시장 모멘텀(market momentum) : S&P500 지수와 S&P500 지수의 125일 이동평균

② 주식가격 강도(stock price strength) : 뉴욕 증권거래소(NYSE)의 52주 신고가 종목수와 신저가 종목수의 차이

③ 주식가격 너비(stock price breadth) : 가격이 올라간 주식의 거래량 대 가격이 떨어진 주식의 거래량 비율

④ 풋/콜 비율(put/call ratio) : CBOE 5일 평균 풋/콜 옵션 비율

⑤ 정크채권 수요(Junk bond demand) : 정크 채권과 투자등급 채권의 수익률 스프레드(yield spread)

⑥ 시장 변동성(market volatility) : VIX 지수와 VIX 지수의 50일 이동평균

⑦ 안전피난처 수요(safe haven demand) : 최근 20일 간의 미국 주식과 미국 국채의 수익률 차이

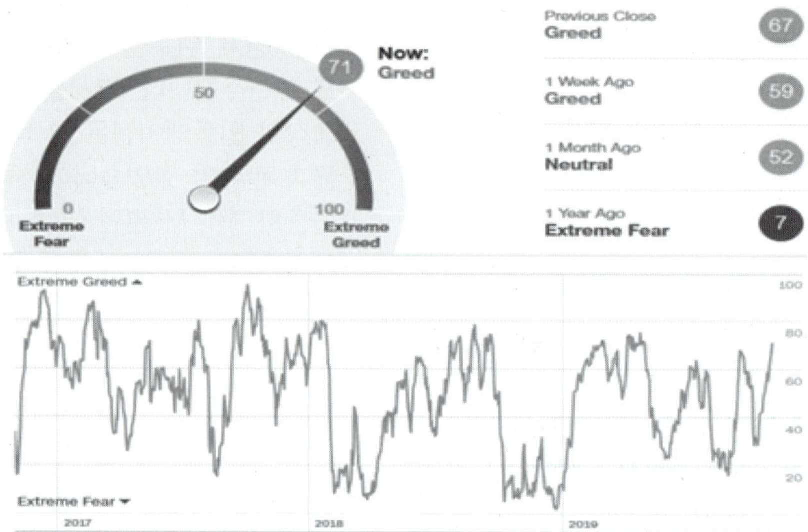

[그림] 공포와 탐욕 지수

출처 : CNN

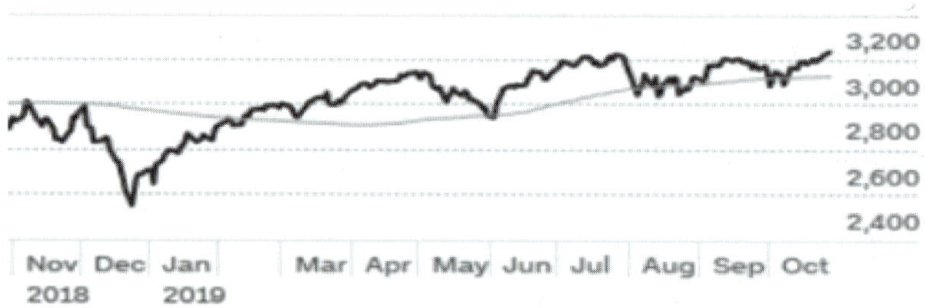

[그림] 주식시장 모멘텀

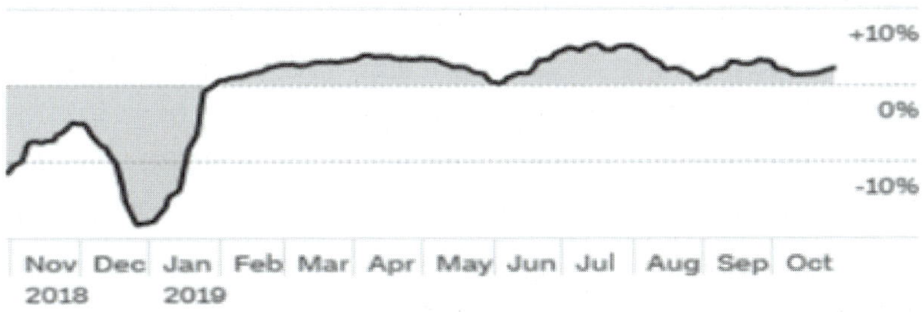

[그림] 주식가격 강도

[그림] 주식가격 너비

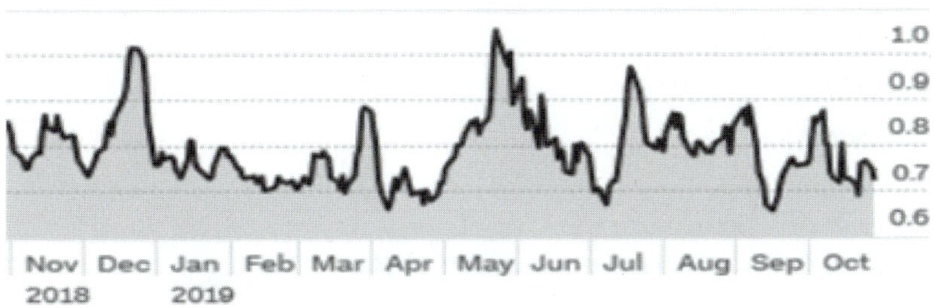

[그림] 풋/콜 비율

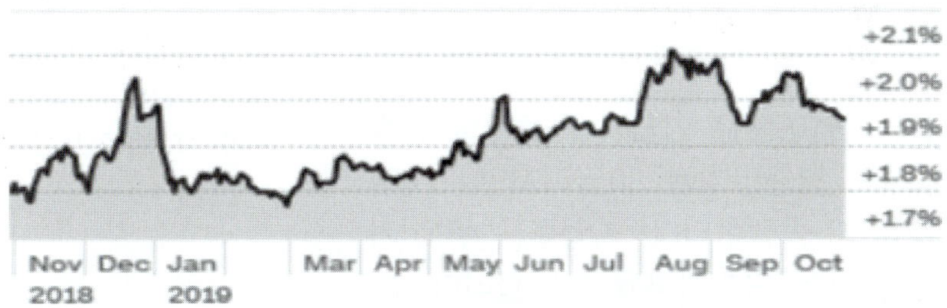

[그림] 정크채권 수요

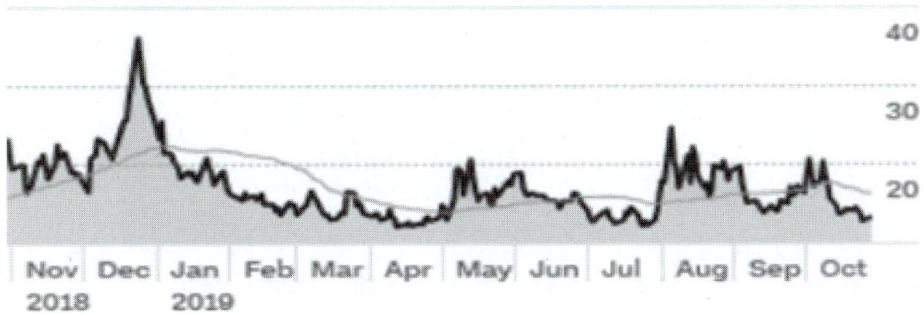

[그림] 시장 변동성

[그림] 안전피난처 수요

기업어음시장

[리스크에 대한 태도 지표]

2. 미국 기업어음

영문명 : commercial Paper

분류 : 리스크에 대한 태도

미국 기업어음은 기업과 금융사들이 발행하며, 평균만기는 30일이지만 270일 만기까지 발행합니다. 기업들은 주로 기업어음으로 단기자금을 조달합니다. 예를 들어 기업어음을 발행해 조달한 자금으로 재고자산을 생산한 다음, 그 판매대금으로 기업어음을 상환합니다. 따라서 산업생산과 기업신뢰도를 측정하는 탁월한 척도가 됩니다.

출처 : Federal Reserve

발표시기 : 매주 목요일

미국 기업어음시장은 2007년 신용위기가 발생한 진원지였습니다. 따라서 경제의 안정성을 측정하는 탁월한 척도가 됩니다. SEC(Securities and Exchange Commission, 미국 증권 거래 위원회)는 진성 기업어음의 발행만을 허용한다는 사실을 기억해야 합니다. 즉 기업이 기업어음으로 조달하는 자금은 모두 경제활동에 투입됩니다. 이는 기업어음 발행액이 증가하면 경제가 확장된다는 뜻입니다.

기업어음 수익률에 주목하면 자금시장상 태도 파악할 수 있습니다. 기업어음 수익률은 위험이 증가하는 상황이 아니면 FRB 정책금리와 비슷한 수준이기 때문입니다.

미국 기업어음시장이 갑작스럽게 축소되었다는 사실은 위험에 대한 시장의 전반적인 태도를 보여주는데, 이는 투자자들이 예리하게 관심을 기울여야 하는 요소입니다. 미국 기업어음시장에서 지급이 정지된 횟수는 1970년 이후 7회에 불과해 다른 채권시장보다 훨씬 건수가 적은데도, 투자자들은 위기 때마다 무조건 포기하고 달아났습니다.

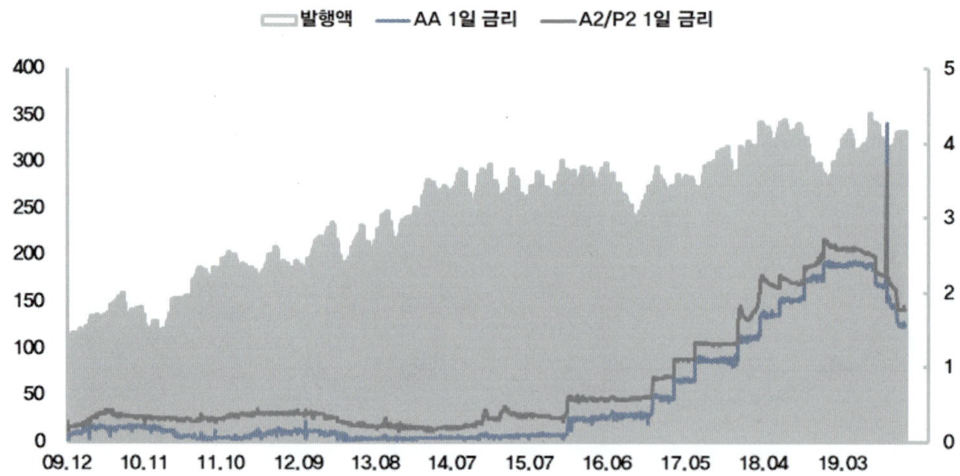

[그림] 미국 기업어음(CP : Non-financial)

출처 : Federal Reserve

이익 관련 지표

[이익 사이클 지표]

1. 이익수정비율

영문명 : earnings revision ratio

분류 : 이익 사이클

이익수정비율은 한 달 전과 비교했을 때 올해 실적(EPS) 전망치가 높아진 증권사 보고서 수에서 낮아진 보고서 수를 뺀 후 전체 보고서 수를 나눈 값이다. 이익수정비율이 −3.7%라는 것의 의미는 100개의 보고서 중 전망치를 높인 보고서 수가 전망치를 낮춘 보고서 수보다 3.7개 적다는 뜻이다.

보통 이익수정비율이 상향되면 주식시장에 호재로 작용합니다.

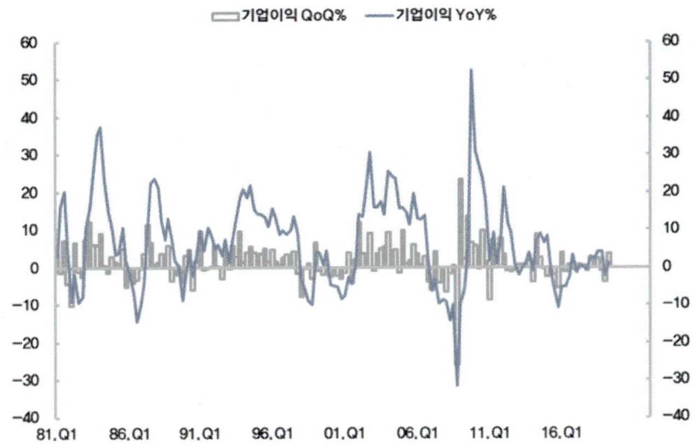

[그림] 미국 기업의 이익

출처 : US BEA

2. 어닝 서프라이즈

영문명 : earning surprise

분류 : 이익 사이클

주식시장에서는 분기마다 기업들이 영업실적(earning)을 발표하는 시기를 어닝시즌(earning season)이라고 부릅니다.

어닝 서프라이즈란 어닝 시즌에 기업이 발표한 영업 실적이 시장의 예상치를 크게 웃돌아 주가를 상승시키는 것을 말합니다. 반대로 영업 실적이 시장의 예상치보다 낮아 주가를 하락시키는 것을 어닝쇼크(earning shock)라고 합니다.

3. 주가-이익비율

영문명 : PER(price earning ratio)

분류 : 이익 사이클

주가-이익비율은 주가를 최근 12개월간의 주당이익으로 나눈 비율로, 주식시장에서 현재 주당이익에 대해 주가가 얼마나 높게 형성되어 있는가를 측정하는 지표이다. 이 비율은 최근 연도의 주당이익을 사용하거나 애널리스트들의 예상 주당이익을 쓰기도 한다.

이 비율이 크면 수익성에 비해 그 주식이 높게 평가되어 있으므로 위험도 높고 가격변동성도 높음을 의미한다.

주택 관련 지표

[부동산 사이클 지표]

1. 주택 판매 보고서

영문명 : home sales

분류 : 부동산 사이클

주택 판매 보고서는 주택 판매에 관련된 종합 보고서입니다.

주거용 부동산 수요 부문은 크게 기존 주택 판매(비중 90% 이상)와 신규 주택 판매(비중 10% 이하)로 나눌 수 있습니다.

주택 판매 보고서는 중간가격, 재고, 월별 주택공급수, 그리고 가격과 건축 단계별 판매를 포함하고 있습니다.

2005년 여름 주택 시장이 정점에 도달한 이후부터는 가장 중요한 지표가 미분양 주택 재고였습니다. 당시에는 주택 판매량이 여전히 많았으므로, 후행 지표인 재고/판매비율은 크게 바뀌지 않았습니다. 따라서 주택 재고 현황을 파악하려면 반드시 주택 판매 수량에 집중해야 하며, 신규 주택과 기존 주택을 모두 보아야 합니다.

a 미결 주택 판매

영문명 : pending home sales

주택 매매 계약은 했지만, 대출 승인 문제 등으로 거래가 끝나지 않은 가계약 상태의 거래를 측정하는 것입니다.

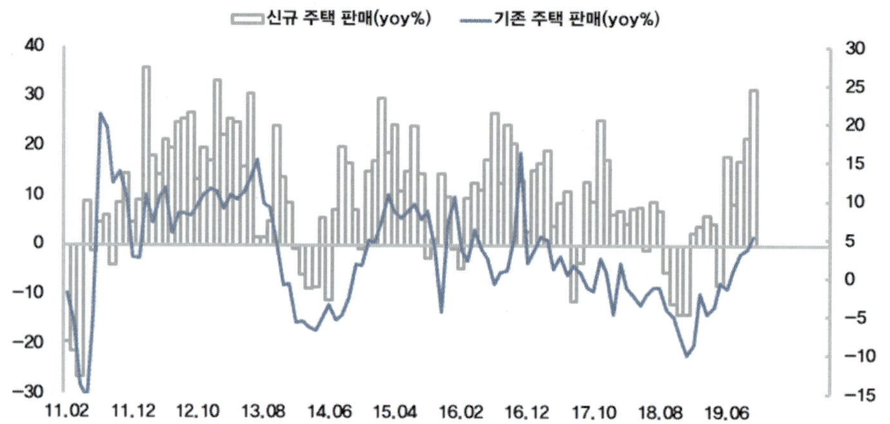

[그림] 미국 주택 판매

출처 : US Census Bureau

주택 판매의 선행 지표이며, 이를 통해 앞으로의 주택 판매 향방을 예측해볼 수 있습니다.

출처 : US NAR(National Association of Realtors) 등

발표시기 : 미국의 경우 매월 27일경

b 신규 주택 판매

영문명 : new home sales

신규 주택 판매는 새로 지어진 혹은 지어질 주택의 판매량을 나타냅니다. 계약이 체결되는 시점에서 통계에 집계되므로, 매매가 완료될 때까지 기다려야 하는 기존 주택 판매보다 선행성을 지닙니다.

신규 주택 판매의 핵심은 월별 변화율입니다. 신규 주택 판매는 경기 침체 국면에서 벗어날 때 급증하는 경향이 있습니다. 이는 경기가 좋지 않을 때 신중한 소비자들이 고가품의 구매를 미루며 발생한 억압 수요 때문입니다. 또한 전환기에는 선행 지표인 미분양 주택수를 주목해야 합니다.

출처 : US Census Bureau 등

발표시기 : 미국의 경우 매월 26일경

신규 주택 판매가 지속적으로 좋아지면 미국 경기가 호황기일 가능성이 높습니다. 기존 주택 매매는 소유권 이전(transfer of ownership)이라는 점에서 경제적 영향이 제한적인 반면, 신규 주택 판매는 ① 건설업자의 투자 및 생산 활동을 촉진시키고, ② 기타 주거용 내구재 시장을 활성화시킨다는 점에서 파급 효과가 매우 큽니다. 즉, 주택 경기가 좋아지면 내수가 좋아지는 흐름을 보입니다.

c 기존 주택 판매

영문명 : existing home sales

주택 시장의 수요 측면을 보여주는 지표로 신규 주택을 제외한 주택 판매량을 측정합니다. 판매가 완료되는 시점에서 집계되기 때문에, 보다 정확한 상황 파악을 위해서는 미결 주택 판매와 함께 볼 필요가 있습니다.

출처 : US NAR(National Association of Realtors) 등

발표시기 : 미국의 경우 매월 19일경

기존 주택 판매는 전체 주택 판매에서 90% 이상 비중을 차지함에도 불구하고, 신규 주택 판매보다 경제적 효과가 제한적입니다. 기존 주택이 판매되는 것은 결국 소유권 이전을 뜻하며, 따라서 투자 및 고용을 창출하기보다는 가구의 추가 지출을 유발하는데 그칩니다.

그러나 개인 재산 중 주택이 차지하는 비중이 크기 때문에 주택 시장의 변화는 전체 소비에 영향을 미치기 때문에 관심 있게 봐야 합니다.

또한 기존 주택 판매가 이루어져야 집주인은 매매 차익을 이용하여 값비싼 신규 주택을 구매할 수 있습니다. 따라서 주택 시장을 활성화시키는데 윤활유 역할을 한다고 볼 수 있습니다.

주택 관련 지표

[부동산 사이클 지표]

2. 건축 허가/ 주택 착공 건수

영문명 : building permits/housing starts

분류 : 부동산 사이클

주택 착공 건수는 전월에 건설을 시작한 주거용 부동산의 수를 측정한 것이며, 건축 허가 건수는 기초 공사에 대한 허가를 받은 수로, 신규 주택의 공급 과정을 보여줍니다.

주택건설보고서는 크게 5가지 세부항목(건축허가를 받은 주택, 허가를 받았지만 아직 착공되지 않은 주택, 착공된 주택, 건설중인 주택, 완공된 주택)으로 구성되어 있습니다. 미국 전체의 경우 단독 주택, 2~4가구용 주택, 5가구 이상용 주택으로 구분되어 있습니다. 이중 유심히 봐야 하는 데이터는 주택 공급의 70% 이상을 차지하는 단독 주택입니다.

출처 : US Census Bureau 등

발표시기 : 미국의 경우 매월 19일경
주택 산업은 경제의 나머지 부문들에 대한 선행 지표입니다. 주택 매매가 둔화되면 사람들은 그만큼 가구와 가전제품, 실내장식품 등을 구매하지 않습니다. 그 결과 소매활동이 감소하고 그 부문의 고용이 둔화됩니다.

건축 허가 건수는 건축 경기의 선행 지표입니다. 건축 허가는 주택 착공으로 귀결됩니다. 모기지 금리 변동에 따라 민감하게 반응하며 시장에서 가장 주시하는 주택 관련지표 중 하나로, 경기 선행 지수의 구성요소입니다. 경제를 자극하기 위해 FRB가 금리를 인상 또는 인하하면 가장 민감하게 반응하는 부문입니다.

주택 착공 건수는 경기 변동과 금리 변화에 가장 민감하게 반응하는 지표입니다. 단독 주택 그리고 다세대 주택을 포함하며, 이동 주택이나, 기숙사, 세놓은 집 등은 포함하지 않습니다. 핵심은 단독 주택의 월별 변화에 있습니다. 인플레이션이 경기 확장 국면의 중기나 말기에 걱정거리라면, 주식 시장은 높은 주택 착공률을 악재로 간주합니다. 반면 경기 확장 국면의 전기나 경기 수축 국면 말기에서는 주택 착공의 증가는 호재가 됩니다.

건축 허가 건수가 주택 착공 건수에 비해 월별 자료에 있어서 변동성도 적으며, 예측하기 힘든 날씨 패턴에 영향을 덜 받기 때문에, 건축 허가 건수를 경기 선행 지수로 활용합니다.

3. 미국 NAHB 월간 주택 시장지수

영문명 : NAHB monthly housing market index

분류 : 부동산 사이클

건설업체가 체감하는 주택시장 경기를 나타내는 지표입니다.

출처 : NAHB(National Association of Home Builders)

발표시기 : 매월 US Census Bureau 주택착공건수 발표 하루 전

이 지표는 900여 개 건설업체를 대상으로 신규 단독주택에 관한(다가구주택 제외) 설문조사를 바탕으로 산출되는 지표로서, 미래 주택 판매의 선행지표입니다.

50을 기준으로 그 이상이면 주택 경기를 긍정적으로, 그 이하면 부정적으로 보는 시각이 많다는 뜻입니다.

이 지표는 현재 판매 현황(가중치 59%), 향후 6개월간 기대 판매(14%), 그리고 신규 주택부지를 방문하는 잠재 주택구매자 방문수(27%)를 평균해 계절조정한 값이며, 핵심 지표는 전체 지표에서의 변화입니다. 또한 잠재 주택구매자 방문수가 늘어나면, 향후 신규 단독주택 판매 또한 늘어날 가능성이 높다고 볼 수 있습니다.

1985년 이후 이 데이터는 미국 인구조사국(US Census Bureau)의 월간 주택 착공건수 및 신규 주택 판매량과 밀접한 상관관계를 보였으며, 미국 부동산중개사협회(NAR)의 기존 주택 판매량과도 높은 상관관계를 유지했습니다. 게다가 약 400개 주택업체를 조사해 신속하게 발표하므로, 최근 현황을 잘 반영하는 적시성있는 지표입니다. 이 지수의 움직임이 모기지 신청지수와 일치한다면, 주택 부문 상황 변화를 알려주는 강력한 증거로 보아야 합니다.

Wall Street는 대개 이 보고서보다 다른 주택 데이터에 더 많은 관심을 가집니다. 그러나, 이 지표가 가장 유용하게 현재 추세를 반영하는 지표입니다.

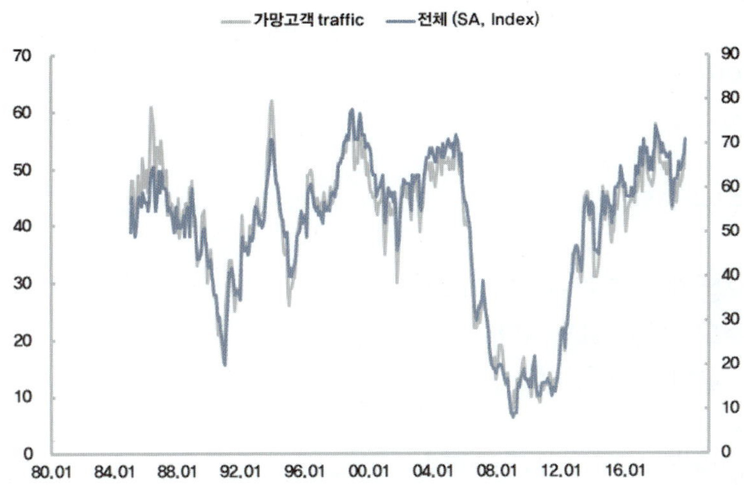

[그림] 미국 NAHB 월간 주택시장지수

출처 : NAHB

4. 미국 MBA 주간 모기지 신청지수

영문명 : MBA weekly mortgage application index

분류 : 부동산 사이클

MBA 주간 모기지 신청지수는 모기지협회에서 상업은행, 저축금융기관, 모기지 전문은행을 대상으로, 모기지 대출신청서를 기준으로 주간 모기지 신청을 조사한 내용을 지수화한 것으로, 주택 모기지 신청의 약 75%를 포괄합니다.

출처 : MBA(Mortgage Banker Association)

발표시기 : 매주 수요일

가계 주택 수요동향을 주간단위로 파악해볼 수 있는 주요 선행지표입니다. 모기지금리 동향도 같이 발표됩니다.

구매지수와 리파이낸스지수가 대표적이며, 이를 통합한 시장 활동(market)지수가 있습니다. 구매(purchase)지수는 주택 수요에 대해 적절한 지표이며, 리파이낸스(refinance)지수는 일반적인 현금흐름에 대한 지표로서, 리파이낸스 신청수 증가는 가계 소비 증가와 경기 확장으로 연결되는 경우가 많습니다. 이중 시장의 관심이 집중되는 부문은 구매지수입니다.

구매지수를 통해 기존 주택 및 신규 주택 판매추이를 가늠해볼 수 있습니다. 대다수 주택구매자들이 집 마련을 위해 모기지를 신청하기 때문입니다. 또한 소비지출 방향도 예측해볼 수 있는데, 이는 주택 구매자들이 가구 및 전자제품 등 가정용 내구재를 추가로 구매하기 때문입니다.

모기지 신청지수는 주택을 구입할 목적으로 주택담보대출을 받으려는 수준을 나타내므로, 1990년대 초 이후 주택 판매활동의 변화를 나타내는 신호로 신뢰성을 인정받았습니다. 매주 제공되는 데이터이므로, 중요한 추세 변화를 조기에 알려주는 단서가 됩니다. 핵심 척도는 1년 평균지수 대비 현재 수준입니다.

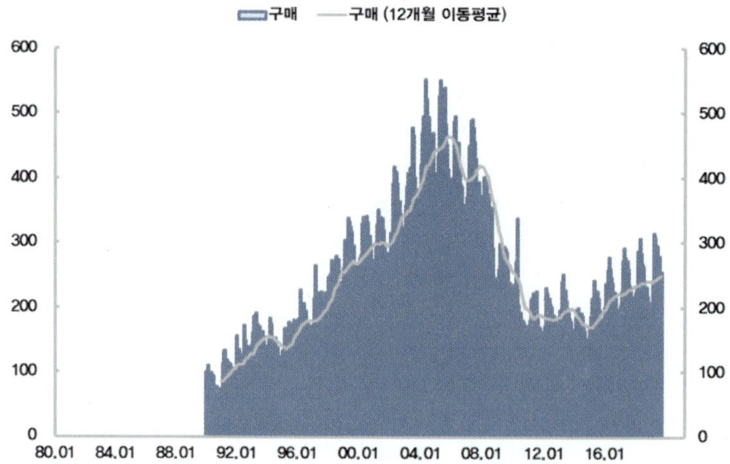

[그림] 미국 MBA 주간 모기지 신청지수

출처 : MBA

중국 부동산 투자

[부동산 사이클 지표]

1. 중국 부동산 투자

분류 : 부동산 사이클

중국내 부동산 개발사업을 담당하는 모든 기업을 대상으로 조사를 진행하며, 토지 구매부터 개발, 완공, 판매까지 지역별 데이터를 제공해, 중국 전체 부동산시장의 경기 상황을 파악할 수 있는 중요한 지표입니다.

출처 : NBS(National Bureau of Statistics of China)

발표시기 : 통상 매월 13일 전후

중국 부동산시장의 핵심 요소는 정부정책입니다. 정부가 발표하는 구매 제한 혹은 완화정책에 따라 투자와 거래, 가격 등 주요 지표들이 크게 변동합니다. 따라서 중국정부의 부동산관련 정책 플로우를 관찰하는 것이 가장 중요할 것입니다. 이러한 점에서 정부(중앙은행)의 경제발전 목표 혹은 경기에 대한 평가가 반영되는 통화정책과 유사한 흐름을 보여줍니다.

부동산 부문이 총고정자본 투자(26% 비중)와 GDP(10% 내외 비중)의 높은 비율을 점유하고 있을 뿐만 아니라, 부동산 유발 서비스가 소비자들의 소비에서 높은 비중을 차지하고 있습니다. 이런 점에서 부동산 투자는 관련 정부정책과 함께 중국 경제를 읽는 핵심지표라 할 수 있습니다.

2. 중국 주택가격지수

분류 : 부동산 사이클

중국내 4대 직할시(북경, 상해, 천진, 충칭)와 31개 성의 대표도시, 그 밖에 대표성을 가지는 35개 도시를 선정해 발표합니다. 2011년 처음 발표되기 시작해 월간 단위로 발표되고 있습니다.

출처 : NBS(National Bureau of Statistics of China)

발표시기 : 통상 매월 18일 전후

부동산시장은 자금흐름에 매우 민감하게 반응합니다. 특히 중국 부동산은 위탁 대출, 신탁 대출, 인수어음, 기업채권 발행 등 사회 융자총액에서 그림자금융으로 구분되는 자금이 부동산시장으로 많이 유입되는 특징을 가지고 있습니다.

주택가격은 전체 부동산시장을 판단하는 종합지표입니다. 주택가격 상승은 토지 구매부터 주택착공, 주택판매 증가와 함께, 이와 관련된 금융, 건설, 가구, 소매업 등 전반적인 경기호황이 이어집니다. 특히 중국은 지방정부의 주요 재정수입원이 토지양도세이기 때문에 지방정부 재정건전성과도 높은 상관관계를 보이고 있습니다. 또한 CPI 바스켓 중 주거비 비중이 20%에 달하므로, 주택가격 상승은 임대료 상승과 인플레이션으로 이어져 경기 선순환을 이끕니다.

VIX

[마켓 사이클 지표(주식)]

1. 미국 VIX

영문명 : VIX(CBOE Volatility Index)

분류 : 마켓 사이클

VIX는 미국 S&P500 지수를 기초자산으로 하는 옵션의 내재변동성을 % 단위로 측정하는 지표입니다.

출처 : CBOE(Chicago Board Options Exchange)

발표시기 : 매일

일정한 행사가의 S&P500지수 옵션가격을 이용해 계산되는 VIX 값은 향후 30일 동안 S&P500 지수 변동에 대한 시장 기대를 측정하게 되어 있습니다.

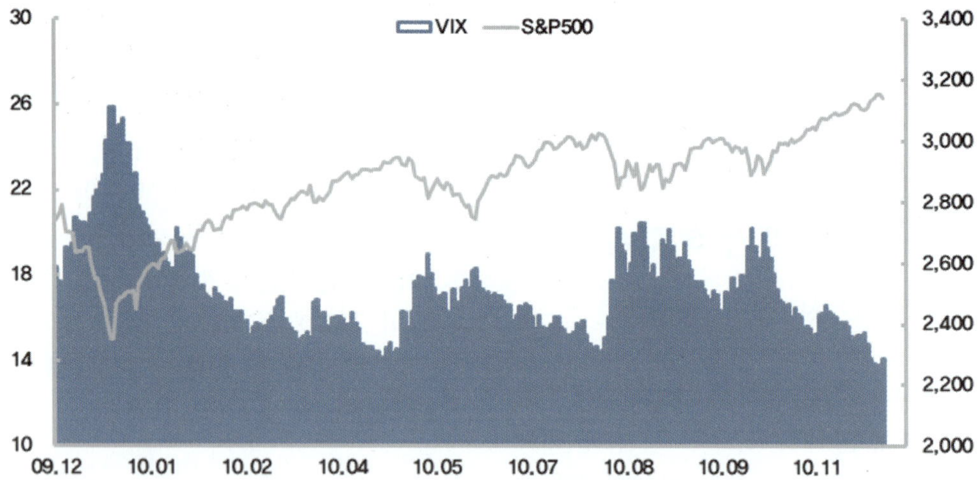

[그림] 미국 VIX

출처 : CBOE

예를 들어 VIX값이 30이라면 시장에서는 앞으로 한 달 동안 S&P 500지수의 변동폭이 위 아래로 8.66% 움직일 수 있다고 예상하고 있다는 뜻입니다. (VIX 수치는 연환산한 값이기 때문에, 향후 한 달 동안의 값으로 변환하려면 (1)^(1/12)개월로 원래의 수치를 나누어 줘야 합니다)

흔히 VIX는 공포지수(fear index)라고도 불립니다. 과거 지수가 급락했을 때 VIX 값이 급등한 경우가 많았기 때문입니다. 실제로 S&P지수와 VIX의 장기 시계열은 대체로 역의 상관관계를 나타냅니다. 그러나 원칙적으로 VIX값이 높다는 것을 꼭 지수 하락과 연결지을 수는 없습니다. 왜냐하면 변동성이 높다는 것은 하락과 상승 쪽에 모두 적용되는 것이기 때문입니다.

보다 정확히 말하면, VIX값이 높다는 것은 상승이던, 하락이던 시장참가자들이 지수가 큰 폭으로 움직일 위험(시장 변동이 확대될 위험)이 클 것으로 예상하고 있다는 의미입니다.

채권 스프레드

[마켓 사이클 지표(채권)]

1. 미국 2년 만기 수익률 스프레드

분류 : 마켓 사이클

2년 만기 수익률 스프레드는 2년 만기 재무부채권금리와 FRB 정책금리의 차이로 추정 됩니다.

출처 : Federal Reserve

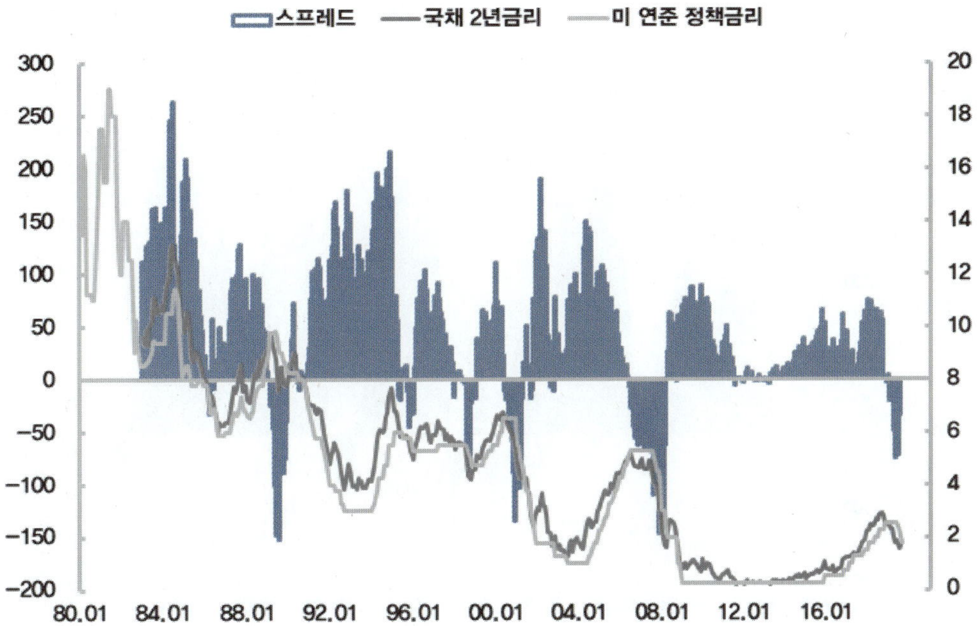

[그림] 미국 2년 만기 수익률 스프레드

출처 : Federal Reserve

2년 만기 재무부채권은 다른 어떤 만기의 재무부채권보다도 시장 심리를 잘 포착하므로, 금융시장의 전환점을 파악하는 탁월한 수단이 됩니다.

지난 20년 동안 2년 만기 재무부채권 수익률이 FRB 정책금리 밑으로 떨어진 때는 겨우 5번 있었으며, 그 직후 항상 FRB 정책금리가 인하되었습니다. 따라서 시장참여자들은 FRB 정책에 대한 기대를 바탕으로 2년 만기 재무부채권을 평가합니다.

2년 만기 재무부채권이 극단으로 치우친다면, 이는 시장 심리가 극도로 낙관적이거나 비관적이라는 뜻입니다.

2. 미국 10년 만기 수익률 스프레드

분류 : 마켓 사이클

10년 만기 수익률 스프레드는 10년 만기 재무부채권금리와 FRB 정책금리의 차이로 추정됩니다.

출처 : MarketWatch

발표시기 : 매일

10년 만기 수익률 스프레드는 단기금리와 장기금리의 차이를 의미하는데, 일반적으로 우상향하는 수익률곡선은 단기금리 또는 장기금리의 변화에 따라 평평해지거나(장단기 이자율 스프레드 축소), 가팔라지는(장단기 이자율 스프레드 확대) 형태를 나타냅니다.

수익률곡선이 우상향 형태(정상곡선)라면, FRB 금리 인하 때문에 장기금리가 단기금리보다 높다는 뜻입니다. 시차가 18개월 이상 벌어질 수는 있지만, 대체로 경제와 금융시장에 호재입니다.

수익률곡선이 우하향 형태(역전곡선)라면, 경제가 침체하고 위험자산이 더 취약해진다는 예고입니다. 1970년 이후 수익률곡선이 역전된 다음 항상 S&P500 이익 증가율이 마이너스로 전환되었습니다.

많은 분석에 의하면 수익률곡선은 경제에 12개월 이상 선행하고, 주식은 6~9개월 선행합니다.

10년 만기 재무부채권 수익률이 3개월 만기 재무부채권 수익률보다 80bp 낮아지면, 경기침체확률이 50%를 넘는다는 사실을 기억해야 합니다.
10년 만기 수익률 스프레드는 보통 주가와 정(+)의 상관관계를 가집니다. 동시에, 거시 경제지표에 대한 선행성이 높아, 경기선행지수 구성항목에 속하며 이런 선행성은 주가지표보다 더 뚜렷합니다.

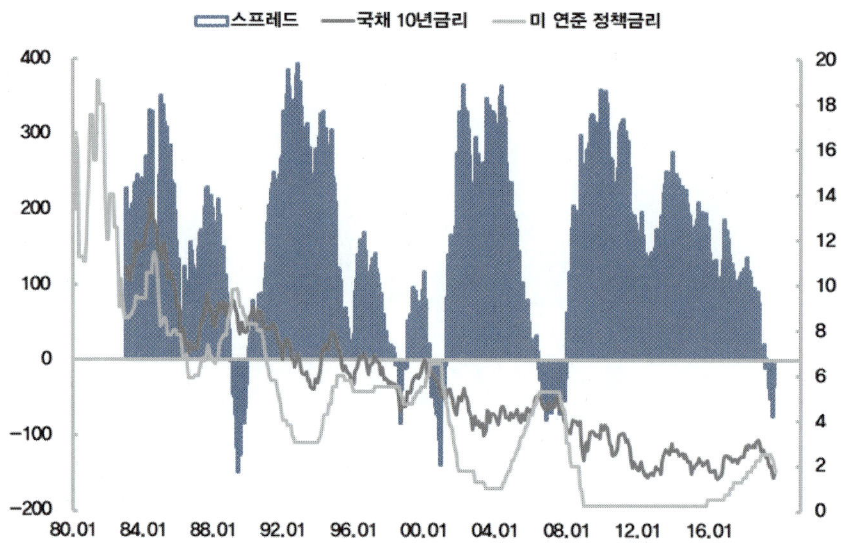

[그림] 미국 10년 만기 수익률 스프레드

출처 : MarketWatch

3. 미국 신용 스프레드

영문명 : credit spread

분류 : 마켓 사이클

신용 스프레드는 투자자들이 기업의 신용위험에 대해 얼마나 위험프리미엄을 기대하는지를 측정하여야 하므로, 일반적으로 국채와 회사채 금리차이로 추정됩니다.

따라서 신용 스프레드는 다음의 세 가지 방법으로 측정됩니다.

- credit spread = Moody's Aaa 10년 만기 회사채수익률 – Moody's Baa 10년 만기 회사채수익률
- credit spread = Moody's Aaa 10년 만기 회사채수익률 – 10년 만기 재무부채권수익률
- credit spread = Moody's Baa 10년 만기 회사채수익률 – 10년 만기 재무부채권수익률

출처 : Federal Reserve

발표시기 : 매일

경제 사이클의 선행지표로 간주됩니다. 신용 스프레드가 좁아지면(넓어지면), 해당 분기나 그 다음 분기의 경제가 성장한다는(둔화된다는) 의미입니다.

기업의 재무변수와 거시경제변수의 변동에 따라 큰 영향을 받기 때문에, 기업의 자금사정을 살펴보는데 유익한 지표입니다.

신용 스프레드는 주가와 상관관계 높습니다. (보통 신용 스프레드는 주가와 역의 관계로 나타냅니다)

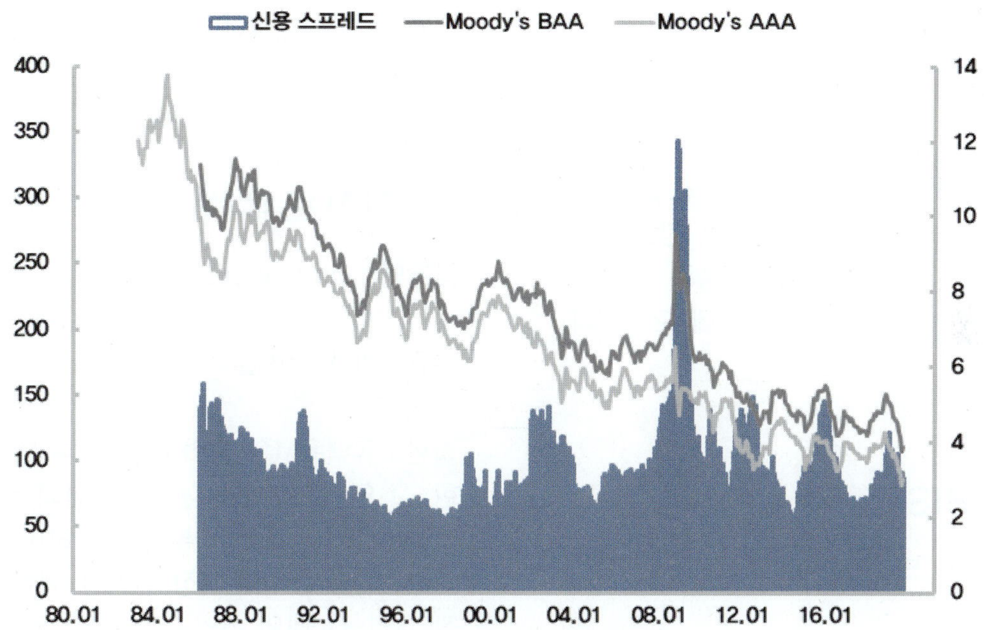

[그림] 미국 신용 스프레드

출처 : Federal Reserve

외환시장

[마켓 사이클 지표(외환)]

1. 외환시장

하루 거래액 2조 달러(2005년), 1년 거래액 770조 달러에 달합니다. 외환 거래는 GDP보다 거의 20배 더 많습니다.

가장 흔한 거래 형태는 스왑(swap) 거래입니다.

한 국가의 통화는 한 국가의 경제 사이클에서 후행지표입니다. 즉, 경제 사이클 후반에 오르기 시작하고, 종종 또한 경제 활동이 정점을 지난 시기에 오릅니다.

2. BIS 분기 보고서

영문명 : BIS quarterly review

분류 : 마켓 사이클

국경을 넘어 이동하는 자금을 파악하기에는 BIS 자료가 최고입니다. 자금 규모와 이동 방향은 물론, 세계 파생상품시장 규모와 범위도 알려주기 때문입니다. 게다가 carry trade, 외환, 통화정책, 금융 시스템 등에 대해서도 비길 데 없는 조사자료를 제공합니다.

출처 : BIS(Bank for International Settlements)

발표시기 : 분기말에서 2개월 경과 후

3. 외환보유액

영문명 : international reserves

분류 : 마켓 사이클

외환보유액은 ① 통화당국이 통제가능한, ② 언제든 사용가능한, ③ 대외 자산이라는 3가지 조건에 부합해야 하며, ① 대외 지급, ② 외환시장 안정을 위한 시장 개입, ③ 대외 신인도 제고 및 위기예방을 목적으로 각국의 중앙은행이 보유 및 운용하고 있습니다. 즉 일국이 비상사태를 대비해 비축하고 있는 외화 자금으로 국제수지 불균형의 직접적인 보전과 환율 급변동시 외환시장 안정에 즉시 사용되는 대외 지급준비자산을 일컫습니다.

출처 : IMF

외환보유액은 대개 역외예금과 관련이 있습니다. 예를 들어 유가상승기에 산유국에 현금이 넘쳤는데, 이 자금은 대체로 역외예금으로 빠져나갔습니다. 외환보유액이 더 많아질수록, 그 나라는 경제력과 정치력을 더 많이 행사할 수 있습니다.

외환보유액은 은행예금과 같아서, 많을수록 좋습니다. 외환보유액을 늘리는 방법은 두 가지로서, 하나는 수출가격을 인상하는 것이고 (예 : 석유), 하나는 수출 물량을 늘리는 것입니다(예 : 중국).

달러

[마켓 사이클 지표(외환)]

4. 달러 인덱스

영문명 : US dollar Index

분류 : 마켓 사이클

달러 인덱스는 세계 주요 6개국 통화 대비 미국 달러의 평균적 가치를 나타내는 지표입니다. [1973.03이 기준점(100)]

출처 : Federal Reserve

발표시기 : 매일

달러 인덱스(DXY)는 유로(EUR) 58%, 일본엔(JPY) 14%, 영국 파운드(GBP) 12%, 캐나다 달러(CAD) 9%, 스웨덴 크로네(SEK) 4%, 스위스 프랑(CHF) 4%의 가중치로 구성됩니다. (각 통화의 비중은 그 국가의 경제 규모에 따라 결정됩니다) 구성 비중으로 볼 때 유로(EUR)가 달러 인덱스에 가장 큰 영향을 미칩니다. 글로벌 위기 때 처럼 안전자산 선호도가 높아질 경우, 기축통화이자 안전자산인 달러 수요가 늘기 때문에 달러 인덱스가 높아지는 경향이 있습니다.

달러 인덱스를 통해 위험자산에 대한 시장의 심리를 파악할 수 있다는 점에서 신흥국가의 자산과 선진국의 자산과 같이 위험선호도가 다른 자산들간의 상대적인 강세를 짐작할 수 있으며, 달러화로 표시된 원자재 가격의 방향성도 가늠할 수 있습니다.

a 달러 스마일(dollar smile)

글로벌 위기 당시 Morgan Stanley가 제시했던 것으로, 달러와 미국 경제의 관계를 나타내는 그림입니다.

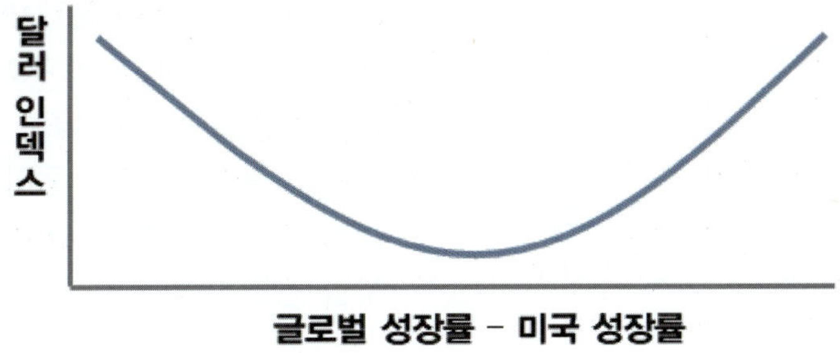

이에 따르면, 미국 경제가 상대적으로 강하게 회복되는 경우 달러는 강세가 됩니다. 왜냐하면, 환율은 그 나라의 경제력을 반영하기 때문입니다.

반면, 미국과 달러가 갖고 있는 독특한 특징은 미국 경제가 나빠질 때도 달러가 강세가 된다는 점입니다. 미국 경제가 둔화될 경우 대체로 글로벌 경제가 동반 악화되므로, 이 기간에 경제주체들의 현금, 특히 달러화 자산에 대한 수요가 늘어나면서 달러가 강세가 됩니다.

달러 스마일의 함의는 다음과 같습니다.

- 미국 경제가 강력하게 회복되거나, 침체될 경우 모두 달러가 강세가 되므로, 달러자산을 일정 부분 자산 포트폴리오에 담아두는 것이 나쁘지 않습니다.
- 미국과 글로벌 경제 상황을 토대로 달러의 방향성을 전망할 수 있습니다.

달러

[한 걸음 더]

1. 달러의 트라우마

대공황에 대한 기억으로 디플레이션이 가장 큰 두려움입니다.

위협받는 기축통화 자리 : 중국의 거센 공격, 신용등급 하락

내부위기 : 反월스트리트 시위, 과도한 부채

2. 달러의 전략

인플레이션 정책 : 무조건 인플레이션, 경기부양책, 낮은 금리 유지. 과도한 부채를 탕감하기 위해서라도 미국 정부는 인플레이션 정책을 유지할 것입니다. 만약 긴축정책을 펼친다면 미국 재정이 거의 파탄 난 상태라고 보면 됩니다.

기축통화 위상 유지 : 절대로 쉽게 세계 1인자로서의 위상을 넘겨주지 않을 것입니다. 달러는 다른 나라를 희생하며 기축통화로서의 위상을 유지해 왔습니다.
(예 플라자 합의, 아시아 금융위기)

중국 견제 : 중국에 직접적 공격은 매우 어렵기 때문에, 중국과 표면적으로 밀접한 관계를 쌓으려는 나라들을 견제할 것입니다. 국제무역에서 위안화 결제를 필사적으로 막을 것입니다.

3. 달러의 미래 시나리오

시세의 장기 하락, 기축통화로 달러가 아닌 다른 화폐가 일부 대체 사용될 가능성이 있습니다.

단기간에는 3극 통화체제 유지 : 미국을 중심으로 한 아메리카 경제권, 독일과 프랑스를 중심으로 한 유럽 경제권, 일본과 중국을 중심으로 한 동아시아 경제권간 경제와 균형을 통해 세계 경제질서가 유지될 전망입니다.

달러중심의 세계 단일통화 도입 가능성 : 3극 통화체제에서 달러가 밀린다고 판단되면, 달러는 위상이 조금이라도 남아 있을 때 달러중심의 단일통화 도입을 주장할 수도 있습니다. 국제기구를 주체로 세계 공동화폐가 탄생할 수도 있습니다.

달러의 멸망 가능성 : 미국식 자본주의에 대한 반감이 극단으로 치달았습니다. 그에 따른 부작용도 극심합니다. 자본주의 패러다임이 무너질 때 달러도 함께 무너질 전망입니다.

미국의 부활가능성 : 경제위기 때마다 증기기관, IT 등 혁신적인 발명품이 세계 경제를 부흥시켰습니다. 미국에서 인터넷을 기반으로 한 보다 혁신적인 패러다임을 만든다면 선제권을 잡을 수 있습니다. IT, 과학, 문화 강국인 미국을 결코 무시해서는 안됩니다. 달러가 기축통화의 자리에서 물러나더라도 영국, 프랑스처럼 강대국의 지위를 유지할 것입니다.

위안화

[마켓 사이클 지표(외환)]

1. 중국 CFETS 위안화지수

분류 : 마켓 사이클

2015년 12월 처음 도입된 통화 바스켓 연동지수입니다. 동 지수는 위안화 직거래가 가능한 15개 통화를 기초로 하고 있으며, 국가별 교역비중을 가중평균해 산출됩니다.

출처 : 중국 외환거래센터(CFETS)

CFETS 위안화지수는 달러화(26.4%), 유로화(21.4%), 엔화(14.7%)를 포함해 총 13개 통화로 구성되어 발표됐습니다. 그러나 2016년 6월 20일과 27일 각각 남아공 랜드화와 한국 원화가 위안화 직거래 통화로 추가되면서, 15개 통화로 확대 구성된 것으로 추정되고 있습니다. 따라서 신흥국 통화로 분류되는 원화와 랜드화가 추가되면서 CFETS 위안화지수 변동폭은 기존 대비 소폭 확대될 것으로 전망됩니다.

2005년 중국은 복수통화 바스켓 제도를 도입하며 달러화에 페그된 고정 환율제도에서 벗어났음을 밝혔습니다. 그러나 통화 바스켓 구성 통화 및 비중이 비공개되었고, 사실상 위안화환율이 달러에 연동되는 모습이 이어지며, 환율 조작에 대한 의혹이 꾸준히 제기되었습니다. 따라서 CFETS 위안화지수 도입은 중장기적으로 국제적인 환율 분쟁에 정책적 대응방안을 마련하고, 성공적인 환율 개혁을 위한 포석으로 해석됩니다.

단일화폐가 자주 바뀌었고 이에 대한 기억으로 화폐 혼란이 가장 큰 두려움입니다.

달러 거품 : 과거 일본처럼 환율정책이 실패해 과도한 달러 유입으로 거품이 형성된 후 한순간에 붕괴될 수도 있습니다.

내부위기 : 소수민족의 반란, 경제정책 실패에 대한 책임으로 정치적 신임을 잃고 물러나는 것. 따라서 더더욱 화폐를 통제합니다.

a. 중국 외환보유액

분류: 마켓 사이클

외환보유액은 일국의 준비자산(reserve asset)에 구성항목 중 하나이며, 통상 준비자산은 ① 외환보유액, ② SDR, ③ IMF 포지션, ④ 금, ⑤ 기타자산으로 구성되어 있습니다. 중국의 준비자산은 2016년 5월 기준으로 외환보유액 95.6%, 금 2.1%, 기타 자산 1.7% 등으로 구성되어 있습니다.

출처 : 인민은행(PBOC; The People's Bank of China)

발표시기 : 매월 6일 전후

대내외 충격으로 인한 외환시장 변동을 방어하기 위해, 통화가치가 불안정한 신흥국은 적정규모의 외환보유액이 준비되어 있어야 합니다. 특히 대외 자금흐름과 외환시장에 민감하게 반응하는 신흥국에게 외환보유액은 일국의 안정성을 평가하는 중요한 잣대입니다.

중국에서 금융위기가 경기 침체로 이어질 수 있는 경우는 바로 외화부채 문제가 심각해질 때입니다. 많은 논란이 있지만, 2013년 IMF가 권고하는 방식으로 추정한 중국의 적정 외환보유액은 1조 7,000억 달러 규모입니다. 따라서 현재 3조 달러가 넘는 중국 외환보유액은 대내외 리스크에 대응하기 충분한 규모이고, 외채 수준도 아직은 낮은 편인 것으로 판단됩니다.

위안화
[한 걸음 더]

1. 위안화의 트라우마

단일화폐가 자주 바뀌었고 이에 대한 기억으로 화폐 혼란이 가장 큰 두려움입니다.

달러 거품 : 과거 일본처럼 환율정책이 실패해 과도한 달러 유입으로 거품이 형성된 후 한순간에 붕괴될 수도 있습니다.

내부위기 : 소수민족의 반란, 경제정책 실패에 대한 책임으로 정치적 신임을 잃고 물러나는 것. 따라서 더더욱 화폐를 통제합니다.

2. 위안화의 전략

위험을 무릅쓰지 않는 중국 : 무조건 위안화 환율 저평가 유지, 금융 통제, 반대세력 통제, 투기꾼들 견제로 국내 경제를 방어합니다. 다른 한편으론, 낮은 위안화 환율로 수출업자들의 경제력을 유지합니다.

지연전술을 통한 공격 : 위안화 절하에 대한 견제가 심해질 때 조금씩 상향조정함으로써, 서서히 다른 나라를 파괴합니다.

달러 통제 : 달러와 미국을 좌지우지할 수 있을 때까지 미국 국채를 구입할 전망입니다.

금융 실험 : 상하이를 금융중심지로 키우고, 또한 홍콩을 실험대로 삼아 위안화 개방 단계를 결정합니다.

3. 위안화의 미래 시나리오

현재까지 위안의 전망은 과대 평가 : 타국가가 위안화를 외환보유액으로 보유하고 있는 비율이나, 금융 발전 정도는 아주 미미한 상황입니다. 하지만 2040년이 되면 지구상의 모든 나라 위에 군림하는 경제대국이 될 것입니다. 위안화 또한 달러, 유로와 더불어 핵심적인 준비통화가 될 것입니다.

중국도 일본처럼 : 위안화를 철저하게 통제하는 현 상황에서도 중국으로 자본이 몰려드는 상황입니다. 위안화가 조금이라도 급하게 절상되기만 한다면, 일본처럼 무시무시한 거품 경제가 생성될 것입니다. 추후 한꺼번에 꺼진다면 중국경제는 파탄 날 것이고, 이는 세계 경제 파탄으로 이어질 것입니다.

중국의 한계 : 위안화가 아직 세계적으로 사용되지 않습니다. 기축통화를 보유한 국가는 필연적으로 소비를 많이 해야 하며, 적자 국가가 되어야 합니다. 세계 1인자가 된 나라들은 민주주의, 자본주의가 가장 발달한 나라들이었습니다. 중국의 시스템은 세계적 확산가능성이 낮으며, 후진적입니다. 또한 전통과 타성으로, 많은 나라들이 쉽게 달러를 버리고 위안화를 선택하기는 어렵습니다.

유로
[한 걸음 더]

1. 유로의 트라우마

두 번이나 세계대전을 일으킨 독일을 견제하는 것이 유럽의 제1목표입니다.

독일의 트라우마 : 세계대전으로 인해 발생한 과도한 인플레이션. 안정적인 금융 시스템을 유지하는 것을 중시해서, 위기에서 늘 긴축정책을 선택합니다.

2. 유로의 전략

위기와 갈등 : 그리스에서 촉발된 위기가 스페인, 포르투갈, 이탈리아로 번지고, 급기야 유로존의 리더 격인 독일과 프랑스까지 곤란한 상황으로 내몰렸습니다. 노령화와 높은 실업률이 중대한 사회적 문제입니다.

긴축과 부양의 딜레마 : 독일은 강력한 긴축재정으로 유로존 전체의 금융 건전화를 꾀하고 있습니다. 프랑스는 무조건 독일을 견제합니다. 현재 위기상황에서도 독일이 위기로 인한 보상금을 많이 지불하므로 현상태를 관망하고 있습니다. 독일 이외 많은 국가들이 긴축 재정을 원하지 않습니다.

3. 유로의 미래 시나리오

유로존은 중국과 미국 경제에 종속되어 있어 양국의 경제가 좋아져야 유로존 역시 경제 상승세를 탑니다. 유로는 방어적인 화폐로, 달러나 위안화를 공격할 수 없습니다. 다만 양국의 화폐 기싸움 사이에 균형을 맞추는 평화 지대입니다.

강력한 유럽 경제정부 탄생 : 유로권역 내부 불균형을 해소할 구상안의 하나로 유럽 경제정부가 탄생할 가능성이 있습니다. 현재 금융위기가 해결되지 않는다면 결국 유로존은 해체될 것입니다.

그리스 등 불량국가들의 유로존 탈퇴 : 독일과 화폐가 연계될수록 PIIGS 국가들은 더 큰 불황에 빠질 수 있기에 유로존을 탈퇴할 수 있습니다. 하지만 EU가 신용도를 보장해주지 않는다면 경제는 더 큰 침체로 빠질 수도 있습니다. 결국 파산할 가능성도 큽니다.

독일의 유로존 탈퇴 : 독일이 탈퇴하면 다른 유로존 국가들은 자국화폐 절하로 수출에서 이익을 볼 수 있고, 이로써 현재보다 수월하게 경제가 회복될 수 있습니다. 하지만 탈퇴한 독일을 중심으로 강한 화폐와 안정적인 금융을 겸비한 국가들이 연합해 마르크 블록을 형성할 수 있으므로, 유럽이 강하게 견제할 것입니다.

마르크 블록, 프랑 블록 분리 : 유로존 위기가 극단으로 치닫는다면 결국 마르크와 프랑으로 분리된 통화블록이 형성될 수도 있습니다. 이럴 경우 경제는 회복될 수 있겠지만, 갈등은 최고조가 될 것입니다.

외환

[마켓 사이클 지표(외환)]

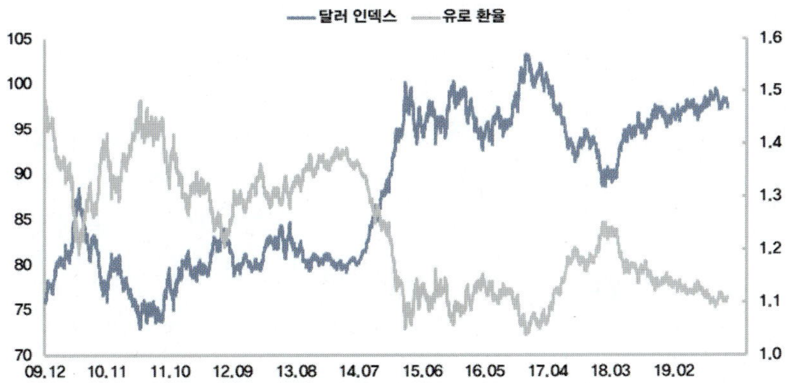

[그림] 달러 인덱스와 유로

출처 : MarketWatch

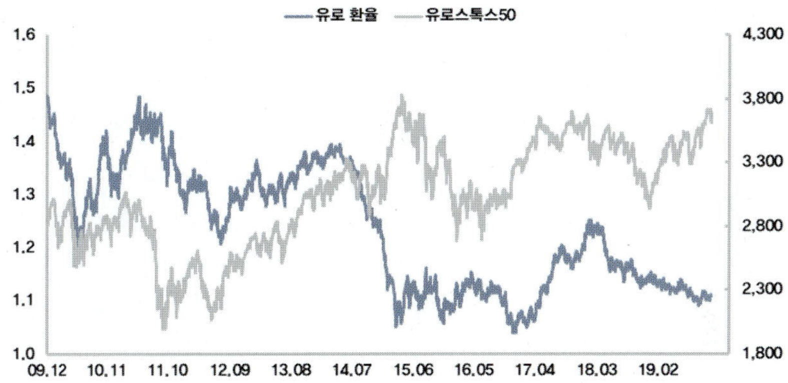

[그림] 유로

출처 : MarketWatch

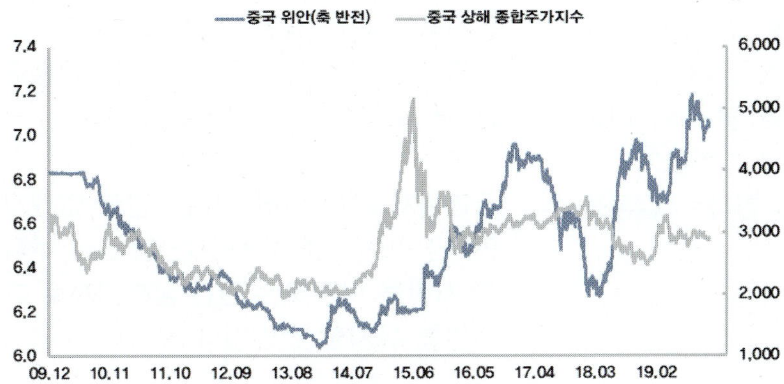

[그림] 위안화

출처 : MarketWatch

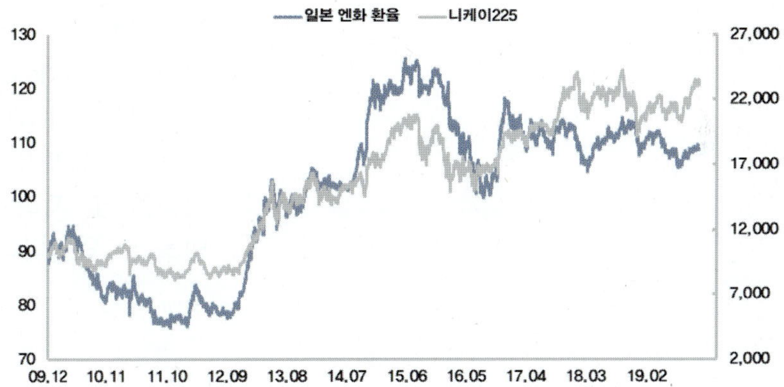

[그림] 일본 엔

출처 : MarketWatch

상품가격
[마켓 사이클 지표(상품)]

1. 금 가격

분류 : 마켓 사이클

수요 : 보석용 80%, 소매 투자용 8%, 전자제품 및 기타산업용 12%로 구성됩니다. 전체 약 23%를 각국 중앙은행이 소유하고 있고, 중동국가들과 신흥시장이 세계 금수요의 약 80%를 차지하고 있습니다. 특이하게 인도 한 국가의 금수요가 미국, 유럽, 일본을 합친 것보다 더 많습니다.

지상재고 : 약 1.3~1.4억 kg입니다.
매년 약 260만 kg씩 증가합니다.

자산가치 : 약 1.6~2.0조 달러입니다.
금가치를 세계 GDP(41조 달러)나 세계 투자자산가치(170~220조 달러)와 비교해 보면, 세계가 금본위로 되돌아가려면 금값을 몇 자리 올려야 한다는 결론을 얻을 수 있습니다.

a 금의 트라우마

경기침체 주도자 오명 : 미국이 금본위제를 채택한 후 찾아온 경기침체로 금은 디플레이션을 유발한 금속이라는 오명을 씁니다.

비주류 : 디플레이션이 오면 부채가 많은 정부는 부채를 탕감할 수 없고, 이자 부담이 더 커집니다. 그래서 결코 공개적으로 금본위제를 지지하지 않습니다.

b 금의 미래 시나리오

달러가 기축통화로서 지위가 흔들리는 지금, 금은 유일한 가치보존수단입니다. 선진국은 이미 많은 금을 외환보유고로 보관하고 있으며, 중국, 인도 등 신흥국은 금 보유량을 늘리고 있습니다.

금본위제로 회귀하는 일은 결코 없겠지만, 금 펀드, 금ETF 등 개인이 금에 투자해 자산을 보전하는 민간 금본위제로 그 지위를 유지할 전망입니다.

금은 개인 뿐 아니라 국가에게도 세계 금융위기를 막아주는 막강한 방어벽이 될 것입니다.

2. CRB BLS 현물(spot) 지수

분류 : 마켓 사이클

CRB BLS 현물지수는 원자재 가격을 대표하는 벤치마크 지표입니다. 23개 원자재의 현물가격을 지수조정시 결정된 비중에 따라 산술평균해 계산합니다. 이 지수는 농산물에 대한 비중이 대단히 높습니다.

물가 방향성을 나타내는 지표로서 CPI 등과 같은 통계치와는 달리 조사기간과 발표일간 시차가 없어 물가의 움직임을 판단하는데 좋은 자료가 됩니다.

3. 구리가격

분류 : 마켓 사이클

구리가격은 경제 사이클의 선행지표입니다. 구리는 주택, 인프라, 제조업에서 중추적인 역할을 하는 금속이며, 구리 공급은 상대적으로 안정적이고 가격 변동에 그리 민감하지 않기에, 수요가 늘어날수록 가격이 오르는 경향이 있습니다. 따라서 구리가격 향방을 아는 것이 중요합니다.

구리가격 급등이 지진이나 파업 등 공급에 차질을 가져오는 요인에서 발생한 것이 아닌지에 주의해야 합니다.

4. 유가

분류 : 마켓 사이클

원유 재고는 경제 사이클의 선행지표입니다. 원유 재고가 증가하면(감소하면), 경제 전체 약세(강세)로 수요가 줄어듭니다(늘어납니다). 단, 대출이자가 비정상적으로 낮으면, 투기꾼은 인플레이션에 대한 헤지수단으로 원유를 사두는 것이 유리하다고 판단하게 되고, 이 때문에 이례적으로 재고가 늘어나는 현상이 나타나서 유가가 오르는 시장 왜곡 현상이 발생할 수 있습니다.

수요일마다 나오는 원유 재고 수치를 볼 때 눈여겨봐야 할 부분은 원유 재고분에서 전략 석유 비축분을 제외한 수치입니다. 전략 석유 비축분은 정부가 방출하기 전까지 사용할 수 없기 때문에, 실질적인 공급량으로 볼 수 없습니다.

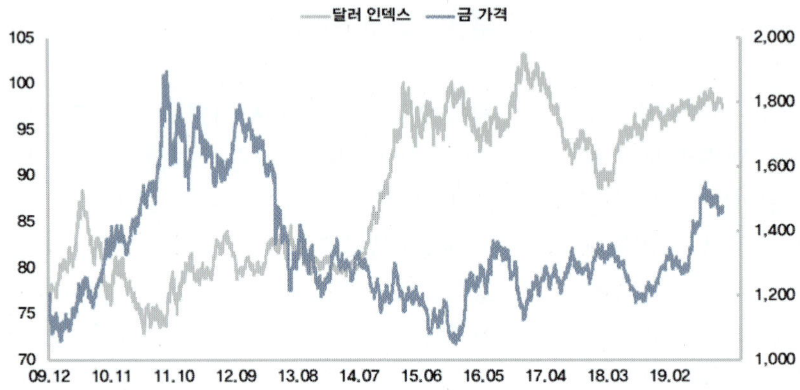

[그림] 금 가격

출처 : MarketWatch

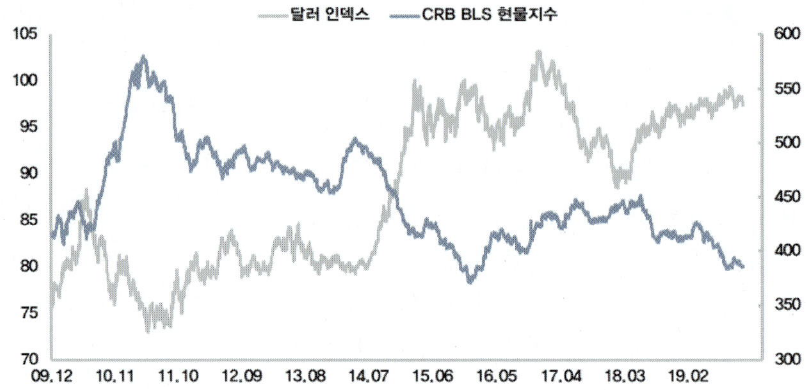

[그림] CRB BLS현물(spot)지수

출처 : MarketWatch

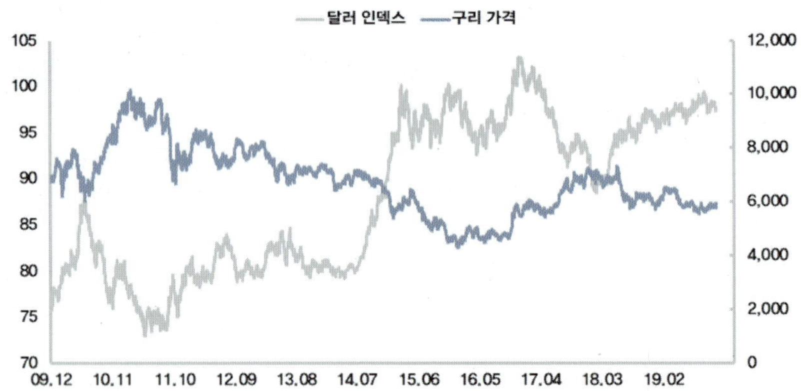

[그림] 구리가격

출처 : MarketWatch

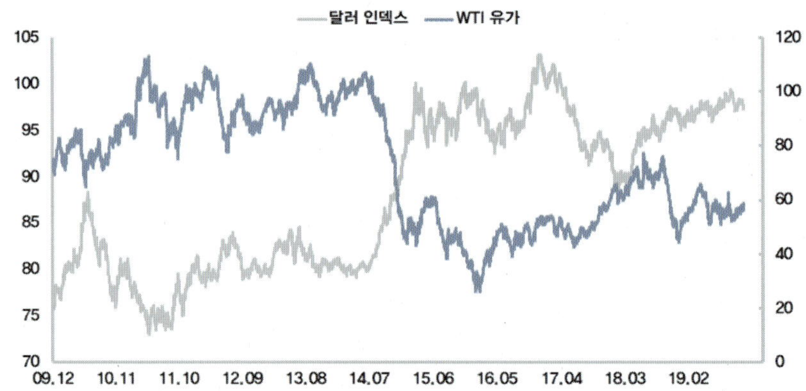

[그림] 유가

출처 : MarketWatch

Where?
상품 선택 04

이 장에서 우리는 각종 금융투자상품과 세계를 지역별로 투자하는 방법을 공부하게 됩니다.

이 장을 공부하고 나면 우리는 모델 자산 배분에 제시하는 금융투자상품이 어떠한 의미를 갖는지와 어디에(Where) 투자해야 할지를 이해하게 됩니다.

알게 될 내용들

- 증권투자신탁의 개요
- 초단기금융상품
- 증권투자신탁(주식형)
- 증권투자신탁(채권형)
- 증권투자신탁(혼합형)
- 비전통자산
- 파생결합증권
- 지역(세계)
- 지역(선진시장)
- 지역(신흥시장)

증권투자신탁의 기본 분류

[개요]

1. 증권투자신탁의 대분류

일반적으로 펀드, 수익증권 등으로도 불리는 증권투자신탁은 크게 다음과 같이 분류할 수 있습니다.

- 초단기금융상품[MMF]
  ① 국공채
  ② 신종
- 증권투자신탁[주식형]
  ① 국내
  ② 해외
- 증권투자신탁[채권형]
  ① 국내
  ② 해외
- 증권투자신탁[혼합형]
  ① 국내
  ② 해외
- 특별자산투자신탁
  ① 통화(currency)
  ② 상품(commodity)
- 부동산투자신탁
- 비전통자산

2. 해외 – 지역(region)에 따른 분류

글로벌

선진시장

- 선진 북미 : 주로 미국
- 선진 유럽
- 선진 아시아태평양 : 주로 일본

신흥시장

- 신흥 CIS와 신흥 유럽 : 주로 러시아
- 신흥 아시아 : ① 중국, ② 인도,
  ③ 아세안(ASEAN)
- 라틴 아메리카 : 주로 브라질
- MENA와 아프리카

증권투자신탁의 기본 용어

[개요]

3. 증권투자신탁의 명칭

증권투자신탁의 이름은 보통 다음과 같이 구성됩니다.

- 삼성 : 운용사 이름입니다.
- 글로벌다이나믹자산배분 : 증권투자신탁의 이름으로 운용전략 등을 반영해서 운용사에서 선정합니다.ⓐ
- 증권자투자신탁 : 모자 증권투자신탁인지를 여기서 확인합니다.ⓑ
- H : 환율 변동을 헤지(hedge)했으면 H(헤지형), 헤지하지 않았으면 U(언헤지형)으로 구분합니다.ⓒ
- 주혼-재간접형 : 증권투자신탁의 대분류-재간접형 여부를 여기서 확인합니다.ⓓ
- S : 종류형 증권투자신탁의 클래스를 여기서 확인합니다.ⓔ

[그림] 증권투자신탁의 간이투자설명서

a 운용전략

투자설명서에 증권투자신탁의 운용전략이 자세히 기재되어 있고, 간이투자설명서에는 짧게 몇 줄로 요약되어 있습니다.

예를 들어 이 증권투자신탁의 운용전략은 "이 투자신탁은 글로벌 주식관련 자산을 주된 투자대상으로 하는 모투자신탁에 30~60%, (중략) 시장 상황에 따라 적극적으로 조절하여 투자할 수 있는 비율 조정형 자산배분 전략을 실행합니다." 입니다.

b 모자 증권투자신탁

모자 증권투자신탁(family fund)이란 동일한 자산운용사의 여러 개별 증권자투자신탁의 신탁재산을 증권모투자신탁에서 통합해 운용하고, 증권자투자신탁은 증권모투자신탁의 수익증권을 편입해 운용하는 집중관리 형태의 증권투자신탁을 의미합니다.

펀드 판매업자는 증권모투자신탁의 수익증권을 판매할 수 없으며, 오직 증권자투자신탁의 수익증권만 판매할 수 있습니다.

자산운용사는 소수의 증권모투자신탁을 설정하고, 증권모투자신탁의 조합에 따라 다양한 증권자투자신탁을 운용하는 방식으로 모자 증권투자신탁을 운용합니다. 이 경우 소수의 증권모투자신탁 운용만으로 다수의 증권자투자신탁 운용이 가능해진다는 점에서 인력 및 운용비용이 크게 절감되는 효과를 누릴 수 있습니다.

c 환 헤지 여부

외국 주식이나 채권에 투자하는 해외 증권투자신탁은 투자 국가의 화폐로 투자하기 때문에, 국내 증권투자신탁과 달리 환율 변동에 따른 투자 위험이 있습니다.

같은 해외 투자 증권투자신탁이라 해도 국내 자산운용사와 외국 자산운용사의 증권투자신탁 운용에 있어 투자기준이 되는 돈, 즉 화폐 기준이 다를 수 있습니다.

외국에서 설정되어 외국 자산운용사가 운용하는 역외 증권투자신탁의 경우, 환 헤지가 되지 않는 증권투자신탁이 일반적입니다.

반면 국내에서 설정되어 국내법에 입각한 해외 증권투자신탁은 자체적으로 환 헤지 한 증권투자신탁들이 대부분입니다.

국내 설정 해외 증권투자신탁의 경우 대부분 환 헤지를 하고 있으나, 투자자 니즈와 수요 등에 대응하기 위해 환 헤지 한 증권투자신탁H(헤지형)과 환 헤지를 하지 않은 증권투자신탁U(언헤지형)을 각각 설정하기도 합니다. 즉 동일한 포트폴리오를 가지지만 환 헤지 여부를 선택해 증권투자신탁을 가입할 수 있습니다.

단기적인 환율 변동이 증권투자신탁 수익률에 영향을 미칠 순 있지만, 투자기간이 길어질수록 환율 변동이 수익률에 미치는 영향은 어느 정도 상쇄됩니다.

일반적으로 자본이득을 목표로 할 경우 환 헤지를 하는 것이 일반적이며, 신흥국처럼 투자 국가의 성장이 뒷받침이 될 경우 환 헤지를 하지 않는 경우도 있습니다.

환 헤지 여부는 결국 투자자의 선택으로 환율 변동으로 손실을 피하고 싶다면 환 헤지를, 투자 국가의 성장에 따른 해당국 통화의 가치상승을 본다면 환 헤지를 하지 않는 투자를 선택해야 할 것입니다.

d 재간접 증권투자신탁

재간접 증권투자신탁(Fund of Funds)이란 다른 집합투자기구가 발행한 집합투자증권(수익증권, 투자회사 주식 등)에 증권투자신탁 재산의 40% 이상을 투자하는 증권투자신탁입니다.

모자 증권투자신탁과 재간접 증권투자신탁 모두 다른 증권투자신탁을 투자 대상으로 삼는다는 점은 동일하지만, 모자 증권투자신탁에서의 증권자투자신탁은 동일 운용사의 증권모투자신탁에만 투자가 가능한 반면, 재간접 증권투자신탁은 시장에서 유통되는 다양한 집합투자증권이 모두 투자대상이 될 수 있다는 점에서 구분됩니다.

i 재간접 증권투자신탁의 장점

해외의 특정 지역이나 특정 섹터, 헤지펀드 등 일반투자자들이 접근하기 어려운 집합투자기구에도 증권자투자신탁을 통해 투자할 수 있습니다.

시장에서 검증된 집합투자기구만 골라 가입할 수 있으므로, 투자위험을 최소화하면서 안정적인 운용성과를 기대할 수 있습니다.

자산운용사의 운용능력이 저조하거나 전문성이 부족하다고 생각되면, 투자경험과 노하우가 풍부한 전문적인 자산운용사 집합투자기구에 투자함으로써 자산운용을 아웃소싱할 수 있습니다.

ii 재간접 증권투자신탁의 단점

재간접 증권투자신탁은 증권투자신탁에서 또 다른 집합투자기구에 투자하는 이중 구조이므로, 증권투자신탁 관련보수와 제반비용 등을 이중으로 부담해야 하는 단점이 있습니다.

재간접 증권투자신탁은 특정 투자대상에 직접 투자하는 증권투자신탁이 아니기 때문에, 투자자의 입장에서는 투자설명서 등을 통해 투자대상이 되는 집합투자기구의 명확한 투자전략이나 운용내역을 정확하게 파악하는 것이 쉽지 않습니다.

iii 투자자 보호를 위해 운용의 일부를 제한

동일한 자산운용사가 운용하는 집합투자기구 투자는 증권투자신탁 총액의 50%를 초과하지 못하도록 되어 있습니다. 다만 외국자산운용사가 운용하는 역외 집합투자기구 및 일정 요건을 충족하는 ETF는 50%가 넘어도 가능합니다. 이는 해외 투자의 경우 쉽게 투자할 수 없기 때문에 이를 허용하였으며, ETF는 ETF 자체에서 이미 분산투자를 하여 투자위험을 축소했다고 보기 때문에 50%를 초과해 투자할 수 있도록 하였습니다.

또한, 동일한 집합투자기구에 대해서는 증권투자신탁 총액의 20%를 초과할 수 없습니다. 다만 일정 요건을 충족하는 ETF에는 100%, 그 외 ETF에는 30%까지 가능합니다.

e 종류형 증권투자신탁

종류형 증권투자신탁(multi-class fund)란 동일한 증권투자신탁 의 투자자에 대해서는 수익자 동등원칙에 따라 상환 및 이익분배에 있어 균등해야 함에도 불구하고, 증권투자신탁에 부과되는 판매보수/수수료의 차이가 인정되어, 기준가격이 다른 여러 클래스(class; 종류)의 증권투자신탁 지분을 발행할 수 있는 구조의 증권투자신탁입니다.

클래스 별 특징은 다음과 같습니다.

- A클래스 : 매입자격 제한이 없으며, 선취 판매수수료 부과
- A-e클래스 : 선취 판매수수료 부과, 판매사의 온라인으로만 가입 가능
- C클래스 : 매입자격 제한이 없으며, 판매수수료 부과 안됨
- C-e클래스 : 판매수수료 부과 안됨, 판매사의 온라인으로만 가입 가능
- C-W클래스 : 판매사의 일임형 랩어카운트(wrap account) 계좌로만 가입 가능
- C-P클래스 : 판매수수료 부과 안됨, 연금저축계좌로만 가입 가능
- 기타 : I클래스, S클래스 등도 있습니다.

A클래스는 증권투자신탁 가입시 선취 판매수수료가 차감되므로, 단기적인 투자에는 적합하지 않지만, 기간별 비용이 나가지 않으므로 투자기간이 길어질수록 투자자에게 유리합니다.

반면, C클래스는 판매수수료가 부과되지 않지만, 운용기간에 보수 등이 차감되어 투자기간이 길어질수록 총수수료가 증가 되는 구조입니다.

따라서 단기 투자자는 C클래스를 선호하고 2~3년 이상 중장기 투자를 목적으로 가입할 때에는 A클래스를 선택하는 것이 수수료 체계에서 유리합니다.

또한 최근에는 온라인 전용인 A-e클래스와 C-e클래스가 인기인데, 다른 클래스에 비해서 상대적으로 수수료가 저렴한 이유로 투자자들이 많이 선호하고 있습니다.

투자비용

클래스 종류	투자자가 부담하는 수수료 및 총보수				1,000만원투자시				
	판매 수수료	총보수	판매 보수	동종 유형 총보수	1년	2년	3년	5년	10년
수수료선취-오프라인(a)	납입금액의 100분의 0.7이내	1.090%	0.600%	0.91%	181	294	413	670	1,433
수수료미징구-오프라인(c)	없음	1.490%	1.00%	1.06%	151	307	470	821	1,865
수수료선취-온라인(Ae)	납입금액의 100분의 0.35이내	0.790%	0.300%	0.65%	116	199	287	475	1,034
수수료미징구-온라인(Ce)	없음	0.990%	0.500%	0.8	101	205	351	550	1,249
수수료미징구-오프라인-개인연금(C-P)	없음	1.390%	0.900%		141	287	439	767	1,742
수수료후취-온라인슈퍼(S)	3년 미만 환매시 환매금액의 100분의 0.15이내	0.740%	0.250%		91	169	251	428	952

[표] 증권투자신탁의 클래스와 투자비용

<간이투자설명서> (작성기준일 : 2019.10.31)

삼성글로벌다이나믹자산배분증권자투자신탁H[주식혼합-재간접형](펀드 코드: B5800)

투자 위험 등급 4등급(보통 위험)

[요약정보]

투자목적 및 투자전략

[그림] 증권투자신탁의 간이투자설명서

4. 증권투자신탁의 투자위험등급

증권투자신탁의 투자위험등급 산정기준은 변동성 기준과 투자대상자산 기준으로 나뉘며, 3년 이상 운용된 증권투자신탁은 변동성 기준으로, 3년 미만인 증권투자신탁은 투자대상자산 기준으로 위험등급이 산출되는 것이 기본원칙입니다.

1등급(매우 높은 위험)

- 레버리지 등 수익구조가 특수해, 투자 시 주의가 필요한 집합투자기구
- 최대 손실률이 20%를 초과하는 파생결합증권에 주로 투자하는 집합투자기구
- 기타 이와 유사한 위험수준을 갖는 집합 투자기구

2등급(높은 위험)

- 고위험자산에 80% 이상 투자하는 집합투자기구
- 기타 이와 유사한 위험수준을 갖는 집합투자기구

3등급(다소 높은 위험)

- 고위험자산에 80% 미만으로 투자하는 집합투자기구
- 최대 손실률이 20% 이하인 파생결합증권에 주로 투자하는 집합투자기구
- 기타 이와 유사한 위험수준을 갖는 집합투자기구

4등급(보통 위험)

- 고위험자산에 50% 미만으로 투자하는 집합투자기구
- 중위험자산에 최소 60% 이상 투자하는 집합투자기구
- 기타 이와 유사한 위험수준을 갖는 집합투자기구

5등급(낮은 위험)

- 저위험자산에 최소 60% 이상 투자하는 집합투자기구
- 수익구조상 원금보존추구형 파생결합증권에 주로 투자하는 집합투자기구
- 기타 이와 유사한 위험수준을 갖는 집합투자기구

6등급(매우 낮은 위험)

- 단기금융집합투자기구(MMF)
- 단기 국공채 등에 주로 투자하는 집합투자기구
- 기타 이와 유사한 위험수준을 갖는 집합투자기구

투자 실적 추이 (연평균 수익률)

종류	최종 설정일	최근 1년	최근 2년	최근 3년	최근 5년	설정일 이후
		18/11/01~ 19/10/31	17/11/01~ 19/10/31	16/11/01~ 19/10/31		
수수료선취-오프라인(a)	2015.08.04	8.99	2.78	5.12		3.86
⑤ 비교지수(%)	2015.08.04	0.00	0.00	0.00		0.00
⑥ 수익률 변동성(!)	2015.08.04	5.93	6.20	5.40		5.46

- 비교지수 : 이 투자신탁은 비교지수를 사요하지 않습니다.
- 연평균 수익률은 해당 기간 동안의 누적수익률을 기하평균방식으로 계산한 것으로 집합투자기구 총비용 지급 후 해당기단동안의 세전평균 수익률을 나타내는 수치입니다.
- 수익률 변동성(표준편차)은 해당기간 펀드의 연환산 주간수익률이 평균수익률에서 통상적으로 얼마만큼 등락했는지를 보여주는 수치로서, 변동성이 높을수록 수익률 등락이 빈번해 펀드의 손실위험이 높다는 것을 의미합니다.

[표] 증권투자신탁의 간이투자설명서

5. 증권투자신탁의 비교지수

비교지수(benchmark)란 증권투자신탁 수익률이 좋은지 나쁜지를 적절히 평가하기 위한 기준입니다.

증권투자신탁 수익률은 비교지수의 수익률과 비교해서 더 좋은지 나쁜지 여부로 평가하는데, 일반적으로 비교지수로는 주식에 대해서는 주가지수(예 KOSPI200), 채권에 대해서는 채권지수가 사용됩니다.

만약에 주식에만 투자하는 증권투자신탁의 성과가 10%를 달성했는데, 같은 기간에 종합주가지수는 20%상승했다면, 증권투자신탁 수익률이 좋다고 할 수 없을 것입니다.

반대로 증권투자신탁 수익률이 −5%를 기록했지만 시장이 −10%를 기록했다면, 증권투자신탁 수익률이 마이너스를 기록했지만 시장대비 성과가 우수하다고 할 수 있습니다.

6. 증권투자신탁의 위험 지표

개인투자자들의 상당수는 이익이 발생하면 좋은 증권투자신탁이고, 손해가 발생하면 나쁜 증권투자신탁이라고 생각합니다. 그러나 펀드는 자체 수익률만으로 좋고 나쁨을 평가할 수 없습니다.

증권투자신탁의 수익률을 상대적인 기준에서 비교하기 위해서는 단순히 증권투자신탁의 수익률 뿐 아니라, 이 수익률을 달성하기 위해 얼마나 큰 위험을 감수했는가를 평가하기 위한 위험지표가 필요합니다.

표준편차(standard deviation)

- 투자기간 동안 증권투자신탁 수익률이 평균수익률과 대비해 변동한 범위를 측정하기 위한 통계량입니다.
- 즉, 표준편차가 클수록 변동성이 심하므로 위험이 크고, 값이 작을수록 위험이 작다고 할 수 있습니다.

베타(beta)

- 시장(예 : KOSPI200지수) 변화에 대한 증권투자신탁 수익률의 민감도로, KOSPI

가 1% 변할 때 증권투자신탁 수익률이 몇 % 변하는지를 나타냅니다.

- 즉, 베타=1인 펀드는 종합주가지수와 평균적으로 동일한 방향으로 동일한 비율만큼 움직인다는 것을 의미합니다.
- 또한 베타=1.5인 증권투자신탁은 시장 수익률이 1%증가(감소)할 때 같은 방향으로 평균적으로 약 1.5% 증가(감소)한다고 할 수 있습니다.

결정계수(R2; R-square)

- 종속변수의 분산 중 독립변수(또는 설명변수)에 의해 설명되는 분산의 비율로, 0에서 1까지의 값을 갖습니다.
- 결정계수는 단일요인모형인 시장모형(market model)을 이용해 증권투자신탁 수익률을 비교지수 수익률에 대해 회귀분석하는 경우 기울기를 나타내는 베타 값의 정확성을 표시하는 보조지표로 이용될 수 있습니다.
- 즉, 회귀식의 기울기(베타)가 1이고 결정계수가 0.3이라면 비교지수가 증권투자신탁 수익률을 30% 정도 설명하는 것으로 볼 수 있습니다. 즉, 베타계수에 대한 신뢰도가 약 30% 정도 되는 것으로 이해할 수 있습니다.

트래킹 에러(TE; Tracking Error)

- 일정기간 투자한 증권투자신탁 수익률이 비교지수 수익률에 비해 어느 정도의 차이를 보이는가를 측정하는 지표로, (지수)추적오차라고도 합니다.
- 즉, 증권투자신탁의 기간 수익률과 이에 대응하는 비교지수 수익률과의 차이에 대한 변동성을 의미합니다.

샤프지수(Sharpe ratio)

- 증권투자신탁의 위험 1단위에 대한 초과수익의 정도를 나타내는 지표입니다. 즉, 1이라는 위험을 부담하는 대신 얻은 대가, 즉 초과수익이 얼마인가를 측정하는 지표입니다.
- 따라서 샤프지수가 높을수록 투자 성과가 성공적이라고 할 수 있습니다.

트레이너지수(Treynor ratio)

- 증권투자신탁의 체계적 위험 1단위당 무위험 초과 수익률을 나타내는 지표입니다.
- 샤프 지수는 무위험 초과수익에 기여하는 증권투자신탁의 위험으로 총위험인 표준편차를 사용한 반면, 트레이너 지수는 분산 투자가 가능한 경우, 비체계적 위험은 투자수익에 기여할 수 없으며 체계적 위험만이 초과수익에 기여한다는 관점에서 증권투자신탁의 위험으로 체계적 위험인 베타를 사용합니다.

젠센의 알파(Jensen's Alpha)

- 증권투자신탁 수익률이 균형상태에서의 수익률보다 얼마나 높은지를 나타내는 지표입니다.
- 즉, 증권투자신탁 수익률에서 적정(or 기대)수익률을 뺀 값을 의미합니다. 따라서, 젠센의 알파는 클수록 성공적인 투자 성과를 나타내는 것입니다.

정보비율(IR : Information Ratio)

- 적극적인 투자활동의 결과 나타나는 초과수익률과 적극적인 활동에 따른 수익률의 표준편차의 비율을 말하는데, RVR(Reward-to-Variability Ratio)이라고 부르기도 합니다.
- 정보비율이 높을수록 더 좋은 투자활동으로 판단합니다.

<table>
<tr><td>⑦ 매입방법</td><td colspan="2">• 오후 6시 이전에 자금을 납입한 경우 : 자금을 납입한 영업일로부터 3영업일(D+2)에 공고되는 기준가격을 적용하여 매입
• 오후 5시 경과 후 자금을 납입한 경우 : 자금을 납입한 영업일로부터 4영업일(D+3)에 공고되는 기준가격을 적용하여 매입</td><td rowspan="2">환매방법</td><td rowspan="2">• 오후 6시 이전에 환매를 청구한 경우 : 환매청구일로 4영업일(D+3)에 공고되는 기준가격을 적용. 8영업일(D+7)에 관련세금 등을 공제한 후 환매대금을 지급
• 오후 5시 경과 후에 환매를 납입한 경우 : 환매청구일로부터 5영업일(D+4)에 공고되는 기준가격을 적용. 9영업일(D+ 8)에 관련세금 등을 공제한 후 환매대금을 지급</td></tr>
<tr><td>⑦ 환매수수료</td><td colspan="2">없음</td></tr>
<tr><td rowspan="2">⑧ 기준가</td><td>산정방법</td><td colspan="3">당일에 공고되는 기준가격은 그 직전일의 대차대조표상에 계산된 투자신탁의 자산총액에서 부채총액을 차감한 금액(이하 “순자산총액”이라 한다)을 직전일의 수익증권 총 좌수로 나누어 1,000좌 단위로 4사5입하여 원미만 둘째 자리가지 계산합니다. 이 두자신탁을 최초로 설정하는 날, 신규 수익증권의 종류를 발행하는 날 또는 특정 종류의 수익증원이 전부 환매된 후 다시 발생하는 날의 기준가격은 1좌를 1원으로 하여 1,000원으로 공고합니다.</td></tr>
<tr><td>공시장소</td><td colspan="3">판매회사 영업점, 집한투자업자(http://www.samsungfund.com) · 판매회사 · 한국금융투자협회(www.kofia.or.kr) 인터넷 홈페이지</td></tr>
<tr><td rowspan="3">과세</td><td>구분</td><td colspan="3">과세의 주요내용</td></tr>
<tr><td>집합투자기구</td><td colspan="3">집한 투자기구 단계에서는 <u>별도의 소득과세 부담이 없는 것이 원칙</u>입니다.</td></tr>
<tr><td>수익자</td><td colspan="3">거주자와 일반법인이 받는 집합투자기구로부터의 과세 이익에 대해서는 15.4%(지방소득세 포함) 세율로 원천징수됩니다. 단, 연간 금융소득합계액이 기준금액을 초과하는 경우에는 기준금액을 초과하는 금액을 다른 종합소득과 합산하여 개인소득세율로 종합과세 됩니다.</td></tr>
</table>

[표] 증권투자신탁의 간이투자설명서

7. 매입방법과 환매방법

정해진 시간(위의 증권투자신탁의 경우 오후 5시) 이전에 자금을 납입/환매청구한 경우와 정해진 시간 이후(이를 late trading이라고 합니다)에 납입/환매청구한 경우의 기준가 적용일이 다르기 때문에, 투자설명서에서 그 시간을 반드시 확인해야 합니다.

8. 증권투자신탁의 기준가와 평가금액

기준가(격) : 증권투자신탁의 가격을 나타내는 것으로 매입, 환매 등과 같이 분배시 적용되는 가격입니다. 증권투자신탁의 순자산 총액을 전일 가치의 총 발생 투자신탁증권의 수익증권 수량으로 나누어 보통 1,000좌 단위로 표시하며 1,000좌당 1,000원으로 계산됩니다.

좌수 : 증권투자신탁의 매매 단위입니다. 증권투자신탁은 최초 설정시 1좌당 1원이지만, 신탁재산의 운용에 따라 자산가치가 변동되므로 1좌에 해당하는 금액도 변동하게 됩니다.

순자산액 : 증권투자신탁에 들어 있는 모든 자산의 시장가치에서 부채를 차감하고 난 후의 금액입니다.

설정액 : 증권투자신탁이 투자자로부터 모은 투자 원금을 말합니다. 일정한 기간이 지나면 증권투자신탁에서 발생한 이익도 설정액으로 전환하는 재투자가 발생하므로, 정확하게는 투자 원금과 투자이익금 중에서 원금으로 전환된 자금의 규모를 말합니다. 설정액은 간혹 원본이라는 말로도 표현됩니다.

운용규모 : 증권투자신탁에 들어온 돈의 총 규모입니다. 수익의 변동에 상관없이 순수하게 투자자들이 매수/환매한 금액의 변동만 반영됩니다.

9. 증권투자신탁의 결산

증권투자신탁은 매년 1회 이상 결산을 하는데 결산을 하는 가장 큰 이유는 과세 때문입니다.

증권투자신탁 내 보유자산을 결산하면, 기준가는 다시 1,000원으로 떨어지고(과세이연되는 증권투자신탁은 1,000원 이상), 이익분배금 및 상환금, 신탁보수 등을 확정한 다음, 이익분배금이나 상환금은 수익자에게 지급하거나 재투자하고, 신탁보수는 증권투자신탁에서 인출되어 위탁자와 수탁자에게 지급됩니다.

과표 기준가(격)란 증권투자신탁의 투자자에게 이자소득세/배당소득세를 부과하기 위해 따로 산출하는 기준가격입니다. 과표 기준가격은 기준가격과 함께 매일 공지되고 있습니다. 투자자가 환매할 때 부과되는 세금은 과표 기준가를 기준으로 계산합니다.

10. 증권투자신탁의 과세

주식형 증권투자신탁의 경우 배당소득에 대해서만 과세합니다.

주식형이 아닌 증권투자신탁은 증권투자신탁으로부터의 과세 이익에 대해서 15.4%(지방소득세 포함) 세율로 원천징수됩니다. 단, 연간 금융소득 합계액이 기준금액을 초과하는 경우에는 기준금액을 초과하는 금액을 다른 종합소득과 합산해 개인소득세율로 종합과세 됩니다.

<table>
<tr><td>매입
방법</td><td colspan="2">• 오후 6시 이전에 자금을 납입한 경우 : 자금을 납입한 영업일로부터 3영업일(D+2)에 공고되는 기준가격을 적용하여 매입
• 오후 5시 경과 후 자금을 납입한 경우 : 자금을 납입한 영업일로부터 4영업일(D+3)에 공고되는 기준가격을 적용하여 매입</td><td rowspan="2">환매
방법</td><td rowspan="2">• 오후 6시 이전에 환매를 청구한 경우 : 환매청구일로 4영업일(D+3)에 공고되는 기준가격을 적용. 8영업일(D+7)에 관련세금 등을 공제한 후 환매대금을 지금
• 오후 5시 경과 후에 환매를 납입한 경우 : 환매청구일로부터 5영업일(D+4)에 공고되는 기준가격을 적용. 9영업일(D+ 8)에 관련세금 등을 공제한 후 환매대금을 지급</td></tr>
<tr><td>환매
수수료</td><td colspan="2">없음</td></tr>
<tr><td rowspan="2">기준가</td><td>산정방법</td><td colspan="3">당일에 공고되는 기준가격은 그 직전일의 대차대조표상에 계산된 투자신탁의 자산총액에서 부채총액을 차감한 금액(이하 "순자산총액"이라 한다)을 직전일의 수익증권 총 좌수로 나누어 1,000좌 단위로 4사5입하여 원미만 둘째 자리가지 계산합니다. 이 두자신탁을 최초로 설정하는 날, 신규 수익증권의 종류를 발행하는 날 또는 특정 종류의 수익증원이 전부 환매된 후 다시 발생하는 날의 기준가격은 1좌를 1원으로 하여 1,000원으로 공고합니다.</td></tr>
<tr><td>공시장소</td><td colspan="3">판매회사 영업점, 집한투자업자(http://www.samsungfund.com) · 판매회사 · 한국금융투자협회(www.kofia.or.kr) 인터넷 홈페이지</td></tr>
<tr><td rowspan="3">⑩ 과세</td><td>구분</td><td colspan="3">과세의 주요내용</td></tr>
<tr><td>집합투자기구</td><td colspan="3">집한 투자기구 단계에서는 별도의 소득과세 부담이 없는 것이 원칙입니다.</td></tr>
<tr><td>수익자</td><td colspan="3">거주자와 일반법인이 받는 집합투자기구로부터의 과세 이익에 대해서는 15.4%(지방소득세 포함) 세율로 원천징수됩니다. 단, 연간 금융소득합계액이 기준금액을 초과하는 경우에는 기준금액을 초과하는 금액을 다른 종합소득과 합산하여 개인소득세율로 종합과세 됩니다.</td></tr>
</table>

[표] 증권투자신탁의 간이투자설명서

11. 증권투자신탁 투자자의 투자 성향

증권투자신탁을 가입할 때, 투자자정보 확인서를 통해 자신의 투자성향을 확인합니다. 투자성향에는 다음의 5가지가 있습니다.

- 공격투자형 : 시장평균 수익률보다 높은 수준의 투자수익을 추구하는 성향으로, 자산가치의 변동에 따른 손실 위험을 적극 수용하는 성향.
- 적극투자형 : 투자원금의 보전보다는 위험을 감수하면서 높은 수준의 투자수익을 추구하는 성향.
- 위험중립형 : 투자위험을 충분히 인식한 상태에서 예 · 적금보다 높은 수익을 기대할 수 있다면 일정수준의 투자손실을 감수할 수 있는 성향.
- 안정추구형 : 예 · 적금보다는 높은 수익을 원하나 위험에 의한 손실을 최소화하기를 원하는 성향.
- 안정형 : 투자원금의 손실 발생을 원하지 않는 성향.

기타 참고사항

[한 걸음 더]

1. 적립식 투자

적립식 투자란 한번에 목돈을 가입하는 방식이 아니라 소액을 정기적으로 투자하는 방법입니다. 은행고객이 매달 일정 금액을 불입하는 정기적금처럼 증권투자신탁에 투자하는 것입니다. 다만 은행적금의 경우 매월 불입액과 기간, 이자 등을 고려하면 가입시 향후 돌려받을 금액에 대해 정확하게 예측을 할 수 있습니다. 반면 주식형 증권투자신탁에 적립식 투자를 할 경우 운용실적에 따라 원금손실 등을 감수해야 하나, 주식시장이 상승세를 보인다면 은행적금보다 훨씬 많은 돈을 벌 수 있는 기회를 제공합니다.

이와 반대로 한 번에 투자금액을 일시에 투자하는 방법을 거치식 투자라고 합니다.

증권투자신탁에 적립식 투자를 할 때는 투자하고자 하는 상품 선정, 투자비율과 투자기간을 선택하기 위해서 투자하는 목적과 자신의 위험회피 성향을 알고 선택하는 것이 필요합니다.

적립식 투자는 장기투자시 평균 매입단가를 낮춰, 주가변동위험을 최소화시킬 수 있습니다(이를 cost averaging effect라고 합니다). 경기사이클 등을 고려해 펀드 가입기간은 5년 이상으로 길게 잡는 게 유리하다는 게 일반적인 견해입니다. 주식형 증권투자신탁 자체가 갖고 있는 위험을 피할 수는 없지만, 투자기간을 길게 잡으면 위험을 줄일 수 있는 가능성이 높다고 볼 수 있습니다.

2. 목표전환형 증권투자신탁

목표전환형 증권투자신탁이란 공격적인 투자자산에 가입하고 일정 수익률을 달성하면 채권 등 안전자산으로 자동으로 전환되는 증권투자신탁입니다. 즉, 전환 수익률을 5%로 정하고 목표를 달성할 경우 주식형에서 채권형으로 바꿔 안정적인 수익률을 유지하는 것입니다.

목표전환형 증권투자신탁은 다음의 투자자들에게 적합합니다.

- 적절한 수익률과 안정성을 동시에 추구하고자 하는 투자자
- 단기 급등으로 높아진 지수가 부담스러워 주식형 증권투자신탁 가입을 망설이는 투자자
- 은행 예금금리보다 높은 수익률과 안정성 모두를 고려한 재테크 상품을 희망하는 투자자

목표수익률 달성 전에는 다른 증권투자신탁과 마찬가지로 손실을 볼 수 있는 구조이기 때문에, 안정성이 높다고 해서 손실이 그만큼 적어지는 것은 아니며, 지수 상승세가 지속될 때 추가상승에 따른 수익을 포기해야 하는 부분도 분명히 존재합니다.

초단기 금융상품의 비교

[초단기 금융상품(MMF)]

1. MMF - 자산운용사 상품

MMF(Money Market Fund)란 자산운용사가 고객 자금을 모아 펀드를 구성한 다음 금리가 높은 만기 1년 이내의 CP, CD, Call 등 단기금융상품에 집중 투자해 얻은 수익을 고객에게 돌려주는 금융상품으로, 이율은 확정금리가 아닌 실적배당이며 따라서 예금자 보호대상이 아닙니다.

하루만 예치해도 환매수수료가 없어 수시 입출금이 가능하므로, 초단기 여유자금 운용에 적절합니다. 실적배당인 만큼 수익률이 MMDA에 비해 0.3~ 0.5% 정도 높게 배당되고 있습니다. 특히 금융상품 중 유일하게 장부가 평가를 함으로써 거의 확정이자에 가까운 수익을 준다는 점도 인기를 끄는 원인으로 꼽습니다.

다만 운용자산이 부실해질 경우 출금제한이나 급격한 수익률 하락이 발생할 수 있다는 점을 고려해야 합니다. 이런 점은 금융시장에 커다란 충격이 오는 사건이 발생하면 MMF에서 자금이 급격히 인출되어 출금제한 조치가 취해지는 경우가 실제 발생하기도 합니다.

또한 다른 은행에서 직접 송금이 되는 계좌로 사용할 수 없고 공과금 결제가 되지 않으며 매일 결산을 위해 입출금 시간이 은행 영업시간보다 일찍 마감되는 것이 일반적입니다. 일상적인 가사자금 관리를 위한 입출금계좌로 사용하기에는 다소 불편한 점이 있습니다.

2. MMDA - 은행 상품

MMDA(Money Market Deposit Account)란 예치금액에 따라 금리가 달라지고, 수시입출금이 가능하며, 확정금리로 이자를 지급하는 금융상품입니다. 또한 예금자 보호대상이므로 안전성도 뛰어납니다. 아울러 각종 공과금이나 신용카드대금 결제도 가능해 편리성에 있어 일반 입출금예금과 다름이 없습니다. 따라서 일시적인 목돈을 안전하게 운용하는데 최적입니다.

다만, 은행에 따라 5백만원 미만의 소액이거나 법인의 경우 예치기간이 7일 미만이 경우에는, 이자가 일반 저축예금보다 낮거나 발생하지 않을 수 있어 주의를 요합니다.

3. CMA - 증권사/종금사 상품

CMA(Cash Management Account)란 MMDA와 MMF의 중간쯤 되는 금융 상품입니다. 자유롭게 입출금 할 수 있으면서 실세금리 수준으로 실적 배당합니다. 단, CMA는 은행통장과 달리 마이너스 대출이 불가능하고, 은행에 급여통장을 만들었을 때 받게 되는 각종 수수료와 대출금리 할인 등의 혜택을 포기해야 하는 단점이 있습니다.

대신 공모주 청약 때 청약자격을 부여해주고, 적립식 증권투자신탁으로 이체할 때 이체수수료를 면제해주는 혜택이 있습니다. 또한 실적배당이나 수익률이 안정적입니다.

기본사항
[증권투자신탁(주식형)]

1. 증권투자신탁[주식형] 스타일(style)별 분류

size/valuation
• 대형 성장주
• 대형 혼합주
• 대형 가치주
• 중소형주

주식의 성격
• 배당주
• 테마주
• 공모주

손익의 구조
• 롱숏(long short)
• 커버드콜(covered call)
• 칼라 오버레이(collar overlay) 등

인덱스
• K200인덱스(레버리지 포함)
• 기타 인덱스(레버리지 포함)
• 베어 마켓(인버스 등)

a size/valuation

주식형 증권투자신탁의 성격을 분류하는 기준은 다양하게 존재하지만, 일반적으로 시가총액에 따른 대/중/소와 상대가치 값으로 구분하며, 증권투자신탁의 성격(투자스타일)을 시각적으로 편리하게 보여주기 위해 스타일 박스라는 도구를 사용합니다. 스타일 박스는 투자 스타일을 명확하게 보여주기 위해 가로세로 3 X 3(혹은 5 X 5)으로 구성된 9(15)개 상자를 말합니다.

펀드가 보유한 주식의 스타일 구분
• 시가총액 기준
  ① 대형주(상위 5% 이내)
  ② 중형주(5~15%)
  ③ 소형주(15% 이하)
• 가치/성장 기준
  ① 가치주, ② 혼합주, ③ 성장주
• 증권투자신탁이 이렇듯 투자스타일을 드러내고 운용하는 것은 투자자에게 중요한 투자 정보를 제공해줌으로써 투자자의 투자성향과 투자기간을 투자스타일에 맞출 수가 있으며, 또한 증권투자신탁의 성과에 대한 예측과 설명이 가능하기 때문입니다.

	가치주	혼합주	성장주
대형주	11	10	45
중형주	5	2	21
소형주	3	1	2

[표] 대형 성장주
증권투자신탁[주식형]의 스타일 박스

b size/valuation – 중소형주 증권투자신탁[주식형]

중소형주 증권투자신탁[주식형]이란 주식자산의 50% 이상을 시가총액이 작은 중소형주에 주로 투자하는 증권투자신탁입니다. 펀드평가회사 제로인의 기준에 따르면 시가총액 상위 5~15%를 중형주로, 그보다 작은 시가총액 규모의 주식을 소형주로 정의합니다.

일반적으로 중소형주 증권투자신탁은 성장가능성이 존재하지만 주식가치가 저평가된 기업을 분석하고 선택적으로 투자해 고수익을 추구하는 것을 목표로 합니다. 하지만 해당 증권투자신탁의 자산운용사가 투자기업의 가치에 대한 장기적 투자가 아닌 단기적/투기적 운용전략을 취하는 경우 중소형주 특유의 높은 변동성으로 인한 증권투자신탁의 손실가능성이 잠재되어 있습니다.

중소형주 증권투자신탁의 경우 증권투자신탁 별로 뚜렷한 특성을 가지는 경우가 많습니다.

- 자산운용사는 특정 산업군에 속한 기업들의 성장가능성을 분석하고, 나름의 판단을 통해 특정 산업군에 대한 집중 투자함으로써 일반 주식형 증권투자신탁 및 시장 전체 수익률을 상회하는 높은 성과를 내고자 합니다.
- 따라서 자연히 개별 자산운용사 또는 펀드매니저의 분석 능력 및 선호도에 따라 증권투자신탁의 산업별 투자비중에 큰 차별화가 이루어지며, 이에 따라 중소형주 증권투자신탁 간 수익률 편차는 대형주 증권투자신탁과 비교해 상당히 큰 편입니다.

c 주식의 성격 – 배당주 증권투자신탁[주식형]

배당주 증권투자신탁[주식형]은 배당수익률이 높을 것으로 기대되는 주식에 주로 투자하는 증권투자신탁입니다. 기업들은 이익이 발생하면, 발생한 이익 중 일정 부분을 투자자들에게 배당을 통해서 나누어 줍니다. 기업들은 이익이 많이 발생할수록 배당도 많이 하므로, 배당을 많이 하는 기업에 투자하는 배당주 증권투자신탁이 혜택을 볼 가능성이 높습니다.

배당주 증권투자신탁은 안정성과 수익성 두 마리 토끼를 다 잡을 수 있다는 장점이 있습니다.

- 운용 시작 후 예상한 배당수익률 이상으로 주가가 상승하면 주식을 팔아 시세 차익을 얻고, 반대로 주가가 오르지 않으면 배당 시점까지 주식을 가지고 있다가 예상배당금을 획득함으로써 주가 하락에 따른 자본 손실을 만회하는 증권투자신탁입니다.
- 따라서 다른 증권투자신탁보다 다소 안정적인 투자라 할 수 있으므로, 중립적인 투자성향을 가진 사람이나 적극적 투자성향을 가진 사람이 적정한 수익률을 목표로 투자하는 데 활용됩니다.

하지만, 아무리 높은 배당금을 받았다고 하더라도 투자 원금의 손실이 크면 전체적인 수익률이 마이너스가 될 수도 있기 때문에, 투자 원금을 잃지 않을 만한 종목을 골라야 하는 어려움이 있습니다.
그리고 배당주 효과가 크다는 생각보다 증권투자신탁이 어떤 기업에 주로 투자하는지와 과거에 꾸준히 좋은 성과를 올렸는지 여부를 확인하고 투자하는 것이 안전합니다.

d 주식의 성격 - 테마주 증권투자신탁 [주식형]

테마주 증권투자신탁이란 주식시장에 상장된 전체 종목을 투자대상으로 하는 일반 주식형 증권투자신탁과 달리, 특정 산업이나 테마에 집중 투자하는 증권투자신탁입니다.

대표적인 테마주 증권투자신탁으로는 특정 그룹에 집중 투자하는 그룹주 증권투자신탁, 4차 산업혁명 증권투자신탁, 로보틱스 증권투자신탁, 소비관련 증권투자신탁, 인프라 증권투자신탁, 물(water) 증권투자신탁 등이 있습니다.

e 주식의 성격 - 공모주 증권투자신탁

공모주(IPO) 증권투자신탁이란 기관투자가가 공모주 청약을 통해 물량을 배정받고, 상장 후 매도하는 방식으로 수익을 내는 증권투자신탁입니다. 공모주 투자 기회가 항상 있는 것은 아닌 만큼 자산의 70~90% 정도를 안정적인 채권에 투자하며, 주식비중은 10~30% 수준인 혼합형 증권투자신탁의 형태가 일반적입니다.

공모주 증권투자신탁의 장점은, 직접 비상장기업을 분석하는 부담이 없고, 개인이 확보하기 쉽지 않은 공모 물량을 기관을 통해 확보할 수 있다는 점입니다. 공모주 배정은 기관투자가(외국인 포함)의 비중이 60~80%, 개인비중이 20%, 우리사주 비중이 20%이내로 배정되는 것이 일반적이므로, 개인 투자자로 참여하는 것보다 수량 확보 측면에서 유리합니다.

하지만 공모주 투자가 반드시 높은 수익률을 의미하지 않음을 유의하시기 바랍니다.

또한 기관이라도 청약해서 배정받을 수 있는 물량은 한정적이어서 증권투자신탁의 공모주 투자비중은 기대 만큼 높지 않습니다.

- 공모주 증권투자신탁의 경우 자산의 10%(사모펀드 90%) 이내에서 공모주 청약이 가능하며, 청약경쟁률을 감안하면 대체로 1~4%정도를 편입 할 수 있고, 인기 종목의 경우에는 1%를 편입하기 어려울 수도 있습니다.
- 대부분의 공모주 증권투자신탁이 공모주에 대한 투자비율이 5%이내로 낮은 만큼 기대수익률 또한 낮추는 것이 바람직합니다.

f 손익의 구조 – 롱숏 전략

롱숏(Long–short) 전략이란 매수를 의미하는 롱 전략과 매도를 의미하는 숏 전략을 동시에 구사하는 전략입니다. 즉, 상승을 예상하고 투자하는 매수와 하락을 대비하는 매도를 동시에 구사해 안정적인 수익을 얻는 차익거래 수단입니다.

- 롱숏 전략은 일반적으로 주가의 움직임이 비슷한 두 종목을 이용하며, 시장 변화에 상관없이 안정적 수익을 추구하므로 기대수익은 낮습니다.
- 매도는 특정 종목군이 아닌 KOSPI200 선물을 매도해서 시장 전체의 위험을 헤지하기도 합니다.

롱숏 증권투자신탁은 주된 전략인 롱숏 전략 이외에도 공모주, CB 및 CW 등 주식 관련 채권을 이용한 대차거래 전략 등으로 추가 수익을 추구합니다.

롱숏 증권투자신탁은 적은 비용으로 헤지 펀드 효과를 누리기를 원하는 투자자나, 주식 직접투자 대신 안정적인 수익을 원하는 투자자에게 적합한 중위험–중수익 상품으로, 국내 주식의 롱숏 증권투자신탁 투자시 주식 매매차익은 비과세 적용되기 때문에, 유사한 운용 목표나 기대수익을 지닌 주가연계증권(ELS)나 해외 채권형 증권투자신탁, 재간접 헤지 펀드 등에 비해 과표가 낮아 절세 효과도 높다는 특징이 있습니다.

g 손익의 구조 – 칼라 오버레이 전략

칼라 오버레이(collar overlay) 증권투자신탁이란 주식을 매수하는 것과 동시에 콜옵션을 매도하고 풋옵션을 매수해 횡보장에서 일정 수익률을 추구하고, 시장 급락을 방어하는 칼라 오버레이 전략을 추구하는 증권투자신탁입니다. 단 이 전략은 시장이 상승하거나 하락할 때 각각 수익률의 상승과 하락이 제한됩니다.

세부 운용전략

- 주식 매수 : 목표지수(예 KOSPI 200)를 고려해 주식을 매수
- 콜옵션 매도(covered call) : 옵션 매도로 수취하는 프리미엄은 시장이 횡보하거나 강보합세를 보일 때 시장 초과수익의 요인으로 작용합니다.
- 풋옵션 매수(protective put) : 시장 하락할 때 손실 부분을 제한하는 보호장치로 작용합니다.

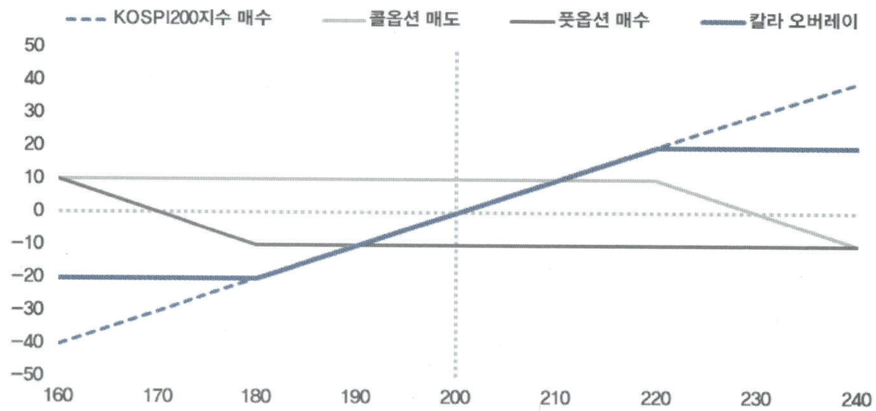

[그림] 칼라 오버레이의 수익 구조

h 손익의 구조 – 커버드 콜 전략

커버드 콜(covered call) 전략이란 보유한 기초자산(일반적으로 KOSPI200 지수 포트폴리오나 ETF)의 가격 하락 위험을 회피하고자, 해당 기초자산에 대한 콜옵션을 매도해서 만들어진 새로운 수익구조를 만드는 전략을 말합니다.

기초자산을 보유할 때, 투자자는 가격 하락의 위험에 노출되는데, 콜옵션을 매도하면서 받는 옵션 프리미엄으로 기초자산의 가격하락에 따른 손실을 만회하는 전략입니다.

커버드 콜 전략은 옵션 프리미엄 수취로 일반적인 기초자산 성과에 플러스 알파의 수익을 기대할 수 있는 장점이 있으나, 시장이 크게 상승하더라도 수익률이 일정 수준으로 제한된다는 단점이 있습니다.

커버드 콜 전략을 사용하는 국내 증권투자신탁(주식형)은 크게 두 가지로 나뉘는데, ① 옵션 프리미엄 수취에 따른 수익 확보 전략에 집중하는 것(예 : 신한BNPP 커버드 콜)과 ② 기초자산 수익률에 배당수익과 옵션 프리미엄 수익을 추가하는 것(예 : 미래에셋 배당 프리미엄)으로 나눌 수 있습니다.

콜옵션 매도 프리미엄을 수취하기 때문에, 하락하는 시장에서 일반적인 증권투자신탁[주식형]에 비해 수익률을 잘 방어할 수 있습니다.

시장이 계속 상승하게 되면, 기초자산에서 발생한 수익과 콜옵션 매도 포지션에서 상승에 따른 손실이 서로 상쇄되어 최대 수익이 제한됩니다.

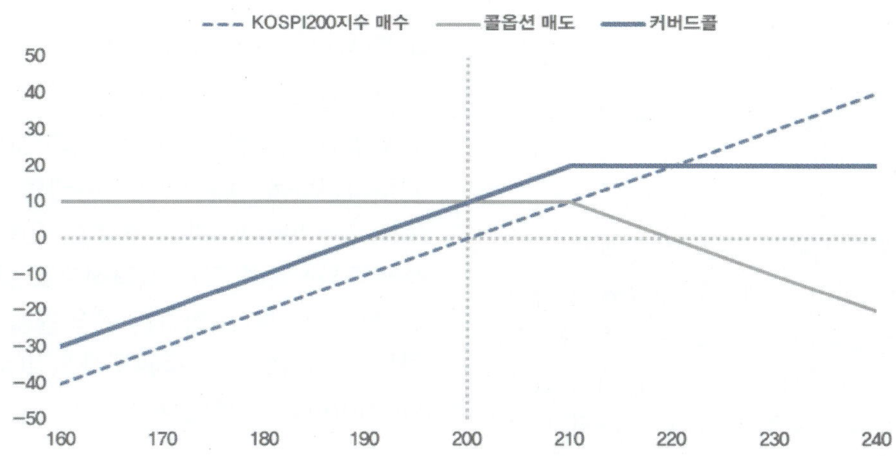

[그림] 커버드 콜의 수익 구조

2. 인덱스 증권투자신탁

인덱스 증권투자신탁(index fund)이란 목표지수인 인덱스를 선정해 이 지수와 동일한 수익률을 올릴 수 있도록 운용하는 증권투자신탁으로, 목표지수에 영향력이 큰 종목들 위주로 증권투자신탁에 편입해 증권투자신탁의 수익률이 목표지수를 따라가도록 하는 증권투자신탁입니다. 즉, 목표지수의 흐름에 가장 가까운 대표적 종목들을 편입해 운용되며, 위험회피를 중시하는 보수적인 투자방법의 하나입니다.

인덱스 증권투자신탁은 1970년대 초반 미국 시장에 도입된 자산운용 방식으로, 금융시장이 발달하면서 위험회피 전략이나 차익 실현을 위한 중요한 수단으로 부각돼 왔습니다.

하지만, 목표지수가 동일한 인덱스 증권투자신탁이라고 하더라도 수익률이 항상 같지는 않습니다. 인덱스 증권투자신탁을 운용할 때, 목표지수에 편입되어 있는 모든 종목들을 똑같은 비율로 가지고 운용(이를 완전복제법이라고 합니다)할 수도 있지만, 파생상품(선물 또는 옵션)을 이용하거나 목표지수보다 조금 적은 종목을 보유하면서 비슷한 수익률을 달성하도록 운용할 수도 있기 때문에(이를 부분복제법이라고 합니다), 투자자들은 단순해 보이는 인덱스 증권투자신탁 역시 가입 전에 비교해 봐야 합니다.

국내에 출시된 인덱스 증권투자신탁에는 KOSPI 200, KOSDAQ 150 등을 목표지수로 한 것, 파생상품을 이용해 수익률의 움직임을 1.5배, 2배로 만든 레버리지형, 그리고 목표지수의 방향과 반대로 움직이는 베어 마켓형(인버스 등)이 있습니다.

a 패시브형 vs 액티브형

시장에서는 인덱스 증권투자신탁처럼 목표지수와 동일한 수익률을 추구하는 증권투자신탁을 패시브형 증권투자신탁(passive fund)이라고 부르고, 인덱스형 증권투자신탁과 달리 적극적으로 운용해서 목표지수를 초과하는 수익률을 추구하는 액티브형 증권투자신탁(active fund)이라고 부릅니다.

100% 그런 것은 아니지만, 액티브형 증권투자신탁은 전반적으로 시장이 하락하는 국면에 있고, 많은 투자자들이 시장에 비관적인 생각을 가지고 있을 때 더 좋은 성과를 가져오는 경향이 있습니다. 이런 상황에서는 시장 변화가 심하고, 이 안에서 각각의 종목들은 굉장히 다른 성과를 올리는 경향이 있기 때문에 액티브형 매니저들이 성과가 좋을 것 같은 종목을 골라내기가 훨씬 수월합니다.

반면에 패시브형 증권자투자신탁은 전반적으로 시장이 상승하는 국면에 있고, 투자자들이 이런 추세가 계속될 것이라 믿고 있을 때 좋은 성과를 가져오는 경향이 있습니다. 패시브형 매니저들은 굉장히 많은 종목들을 가지고 지수를 복제해 투자하기 때문에, 종목들의 가격이 안정적으로 상승할 때 혜택을 많이 받습니다.

액티브형 증권투자신탁의 장 · 단점

[장점] ① 목표지수보다 더 좋은 성과를 낼 기회가 있음 ② 시장 환경의 변화에 따라 투자종목을 변화시켜 운용하는 것이 가능

[단점] ① 패시브형에 비해 수수료가 높음. ② 운용역의 능력에 따라 차이가 많이 남

b 인덱스 – 베어 마켓 증권투자신탁

베어 마켓(bear market)이란 주식시장이 상당기간 동안 하락세를 지속하는 장세를 말합니다. 하락장을 곰에 비유하는 이유는 거래가 부진한 약세장을 행동이 느린 곰에 비유했다는 설과 곰이 싸울 때 아래로 내려 찍는 모습을 표현했다는 설이 있습니다. 반대로 황소는 싸울 때 뿔을 위로 치받는다 하여 주식시장 장기 상승장은 불 마켓(bull market)이라고 한다.

베어 마켓 증권투자신탁이란 풋옵션 매수 및 지수선물 매도 등을 통해 지수가 내릴수록 수익률이 높아지도록 설계된, 약세장 국면에서 수익을 낼 수 있도록 설계된 증권투자신탁입니다.
따라서 향후 지수가 상승할 가능성보다 하락할 가능성이 크다고 보는 투자자가 하락 국면에서 수익률을 얻고자 할 때 적합합니다.
시장에 나와있는 베어 마켓 증권투자신탁은 증권투자신탁의 이름에 인버스(inverse), 리버스(reverse), 베어 마켓 등의 단어가 들어가 있습니다.

하지만 이 베어 마켓 증권투자신탁이 장기투자를 위한 상품이 될 수는 없으며, 투자자 입장에서 일시적인 주가하락시 환매 외에는 마땅한 위험회피수단이 없기 때문에, 주가가 내릴 것이 확실하다면 환매보다 베어 마켓 증권투자신탁을 이용한 위험회피전략이 좋은 방법이 될 수 있습니다.

c 인덱스 – 레버리지 증권투자신탁

레버리지 증권투자신탁은 목표지수 수익률의 일정 배수를 추종하도록 설계된 증권투자신탁입니다. 국내에서는 2009년 KOSPI 수익률의 1.5배를 추구하는 레버리지 인덱스 증권투자신탁이 처음 출시된 이후, 최근에는 2.2배 레버리지 수준의 증권투자신탁까지 출시되었습니다.

레버리지 증권투자신탁의 가장 중요한 특징은 증권투자신탁 수익률이 일간 수익률에 연동되는 것입니다. 예를 들면 2배 수준 레버리지 인덱스 증권투자신탁의 경우 한 달간 KOSPI 지수가 10% 올랐다고 해서 증권투자신탁의 1개월 수익률이 정확히 20%가 되는 것은 아닙니다.
예를 들어 2배 레버리지 증권투자신탁은 지수가 지속적으로 상승하는 경우 일간 수익률의 복리효과로 증폭되어 지수 대비 2배 이상의 기간 수익률 달성이 가능하고 반대로 지수가 지속적으로 하락하는 경우 지수 대비 2배 미만으로 하락하는 특성이 있습니다.
그러나 지수가 같은 폭으로 상승과 하락을 반복하는 변동성이 큰 횡보장에서는 지수의 기간 수익률은 큰 변동이 없지만, 레버리지 증권투자신탁 수익률은 지수 수익률 보다 하락할 수 있다는 점을 유의해야 합니다.

레버리지 증권투자신탁은 시장이 하락하게 되면 더 큰 손해를 볼 수 있으므로, 증시가 상승기에 있을 때 자산의 일정 부분을 정해 놓고 투자해야 하며, 투자하기 전에 목표 지수대를 설정해 놓고 수익을 확정하는 방식으로 투자기간을 짧게 가져가는 것이 합리적입니다.

인덱스형
[한 걸음 더]

a ETF

ETF(Exchange Traded Fund)란 거래소에 상장되어 일반주식처럼 매매하는 인덱스형 증권투자신탁의 일종으로서, 순자산가치(Net Asset Value, NAV)가 목표지수(기초지수)의 움직임을 따라가도록 만든 증권투자신탁입니다.

ETF의 기초자산으로는 주가지수(코스피 200, NIKKEI225 등), 채권지수(국고채 지수 등), 원자재 현물가격지수(금가격, 구리가격 등), 선물가격지수(S&P500선물지수, 원유선물지수 등) 등이 있습니다.

b ETF의 장점

적은 금액으로 목표지수 전체에 분산투자 할 수 있습니다.

일반적인 증권투자신탁 대비 상대적으로 운용보수가 낮고, 주식거래와 달리 증권거래세(0.3%)가 면제되어 투자비용이 저렴합니다.

주식과 똑같은 방법으로 거래되기 때문에, 일반적인 증권투자신탁과 달리 장중 매매가 가능하고, T+2일로 증권투자신탁보다 결제 주기가 빨라 더욱 효율적인 리밸런싱이 가능합니다.

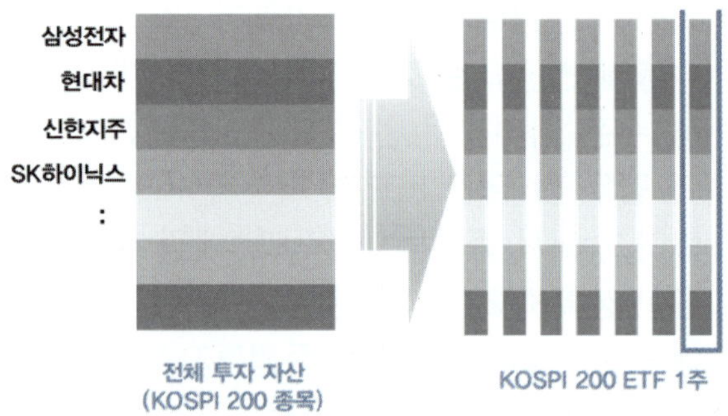

[그림] ETF 증권화 개념

증권투자신탁이 분기별로 자산운용보고서를 제공하는데 비해, ETF는 납부자산 구성내역(PDF)을 홈페이지 등을 통해 매일 제공하기 때문에, 투자내역을 일단위로 투명하게 알 수 있습니다.

c EMP 증권투자신탁

EMP(ETF Managed Portfolio) 증권투자신탁이란 전체 자산의 절반 이상을 ETF나 ETN으로 운용하는 증권투자신탁입니다.

EMP 증권투자신탁의 장점

- 분산투자 효과 : 전세계 다양한 자산과 종목에 투자합니다.(1주로 인덱스 전체 분산 투자)
- 자산배분 용이 : EMP 투자대상인 ETF가 전세계적으로 5,000 종류 이상으로 다양하며 지속적으로 추가되고 있습니다.
- 저렴한 보수 : 국내 주식형 증권투자신탁의 평균 연간 총보수는 1.24%인데 반해, 주식형 ETF의 평균 연간 총보수는 0.33%에 불과해서, 저렴하게 자산배분 할 수 있습니다.

기본사항
[증권투자신탁(주식형)]

3. 증권투자신탁[주식형]–섹터(sector)에 따른 분류

섹터 전체(all sector)

소재 그룹
• 화학
• 금속
• 석유/가스

산업재 그룹
• 인프라(조선, 항공 · 해상 · 육상운수, 무역, 건설/건축자재, 복합산업, 기계, 전기장비, 상업 서비스)
• 유틸리티

소비 그룹
• 자동차/자동차부품
• 경기관련소비(소비자 서비스, 내구재/의류, 유통)
• 경기무관소비(의료, 생활용품, 음식료)

ICT 그룹
• 하드웨어(반도체, 하드웨어, 디스플레이)
• IT서비스(소프트웨어, 인터넷 서비스)
• 통신서비스

금융 그룹 :
• 은행
• 보험
• 증권
• 기타금융

a 섹터 증권투자신탁

섹터 증권투자신탁(sector fund)은 주가지수의 구성을 이루는 각 섹터(업종군) 지수의 수익률을 추종하도록 운용하는 증권투자신탁입니다.

섹터 증권투자신탁에 투자하는 근본적인 이유는 섹터별 특이 현상을 이용해 주식시장의 평균수익률을 웃도는 성과를 얻기 위한 것입니다. 예를 들어 글로벌 경제의 활황이 장기간 지속되면 천연자원 가격이 더 가파르게 오를 것이라는 전망 아래 소재 섹터 증권투자신탁에 투자하는 것입니다.

이처럼 섹터 증권투자신탁은 국가나 지역 위주로 투자하는 일반적인 해외 증권투자신탁에서 벗어나 섹터별 특성에 맞는 맞춤형 투자대안 상품입니다.

따라서 섹터 증권투자신탁은 해당 섹터의 현황과 전망을 분석한 뒤 투자 의사결정을 해야 하고 상황이 변화하면 신속하게 환매하는 타이밍 투자가 필요합니다. 왜냐하면 섹터 증권투자신탁은 실물경제의 특이 현상으로 인해 수익률이 급등하다가도 조그만 상황 변화에도 수익률이 급락할 수 있기 때문입니다.

따라서 섹터 증권투자신탁은 해외 증권투자신탁에 처음 투자하는 고객보다, 이미 글로벌 증권투자신탁에 가입한 투자자가 몇 개의 섹터 증권투자신탁에 추가로 투자하는 경우 적합합니다.

기본사항
[증권투자신탁(채권형)]

1. 투자신탁[채권형] 스타일(style)별 분류

채권형 증권투자신탁의 성격을 규정짓는 기준은 나누는 사람에 따라 달라질 수 있겠지만, 일반적으로 듀레이션과 신용등급으로 구분하며, 증권투자신탁의 성격(투자 스타일)을 시각적으로 편리하게 보여주기 위해 스타일 박스라는 도구를 사용합니다.

스타일 박스는 투자 스타일을 명확하게 보여주기 위해 가로 세로 3 X 3(혹은 5 X 5)으로 구성된 비주얼 한 9(15)개 상자를 말합니다. 스타일 박스는 증권투자신탁이 실제 투자하고 있는 자산의 성격을 보여줌으로써 증권투자신탁이 가진 특징을 한 눈에 알 수 있는 장점이 있습니다.

증권투자신탁이 보유한 채권의 스타일은
- 신용등급에 따라 ① 상등급(신용등급 A-이상), ② 중등급(투자등급 회사채, BBB-이상), ③ 하등급(하이일드, BB+ 이하)로,
- 채권 듀레이션에 따라 ① 장기채(7년 이상), ② 중기채(3~7년), ③ 단기채(3년 이하)로 구분해 보여줍니다.

증권투자신탁이 이렇듯 투자 스타일을 드러내고 운용하는 것은 투자자에게 중요한 투자정보를 제공해줌으로써, 투자자의 투자성향과 투자기간을 펀드 투자 스타일에 맞출 수가 있으며, 또한 증권투자신탁의 성과에 대한 예측과 설명이 가능하기 때문입니다.

	단기	중기	장기
상	22	27	51
중	0	0	0
하	0	0	0

[표] 상등급 증권투자신탁[채권형]의 스타일 박스

채권의 기초

[한 걸음 더]

1. 채권의 정의

채권이란 발행자(자금차입자)가 투자자(채권매입자)에게 원금과 이자의 지급을 약속한 채무증서로서, 정부, 공공기관, 주식회사 등이 일반 대중으로부터 비교적 거액의 장기자금을 일시에 대량으로 조달하기 위해 발행하는 일종의 차용증서이며, 그에 따른 채무를 표시한 유가증권을 말합니다.

채권은 다음과 같은 특징을 가지고 있습니다.

- 확정이자부 증권(fixed income securities) : 발행시에 채무자가 지급해야 하는 이자와 상환금액이 확정되어 있거나 또는 그 기준이 확정되어 있으며, 수익의 발생여부(기업의 실적)와 관계없이 이자를 지급해야 합니다.
- 뛰어난 안전성과 유동성 : 정부, 공공단체, 금융기관, 주식회사 등 공신력 있는 기관이 발행하며, 신용등급 평가를 통해 재무정보 등이 공개되어 있고, 채권 유통시장에서 활발하게 거래가 이루어지고 있어 현금화가 비교적 쉽습니다.
- 대량의 장기자금을 안정적으로 조달할 수 있는 수단 : 은행 차입은 금액, 기간 등에 있어서 한계가 있으며, 각종 규제와 한도(기업별, 기업군별, 업종별 등) 등으로 거액의 자금을 안정적으로 확보하는데 어려움이 있는 반면, 채권 금리는 직접금융시장에서 다수 투자자의 수요와 공급에 의해 결정되므로 금융자산 배분의 효율화와 거래비용 절감에 기여합니다.

2. 채권의 기본 용어

액면가 : 채권의 권면에 표시되어 있는 금액. 만기 도래시 지불하기로 약속한 원금

발행가격 : 발행 당시에 실제로 매출되는 가격. 액면가와 같을 수도 있고, 다를 수도 있습니다.

표면금리(발행금리 ; coupon rate) : 채권 표면에 표시되는 이율. 1년간 지급하게 되는 이자를 액면금액으로 나눈 것입니다.

만기 : 채권의 발행으로부터 원금 상환이 이루어지기까지의 기간

경과이자 : 발행일 또는 직전 이자지급일로부터 매매일까지의 기간 동안 표면이율에 의해 발생한 이자

만기수익률(YTM, Yield To Maturity) : 최종 상환일까지 채권을 보유한 경우 받게 되는 연간 수익을 투자자본으로 환산한 비율. 채권 거래시 채권의 가격으로 사용합니다. (YTM = 유통수익률 = 시장수익률 = 기대수익률 = 할인율)

신용등급 : 기업이 무보증 유가증권을 발행할 때 원리금 지급능력이 어느 정도인가를 나타내는 기준으로, 투자등급에는 높은 AAA부터 AA, A, BBB가 있고, 투기등급에는 BB, B, CCC, CC, C, D가 있고, 각 등급마다 AAA+, AAA, AAA−처럼 + 기호와 − 기호를 붙여 등급을 세분화합니다. 참고로 투기등급 채권을 하이일드 채권이라고 부르기도 합니다.

3. 채권의 분류

발행주체에 따른 분류

- 국채 : 정부가 발행 (국고채, 물가채, 국민주택채권 등)
- 지방채 : 광역자치단체, 시, 군 등이 발행(지역개발채권, 지방도시철도채권 등)
- 특수채 : 특별법에 의해 설립된 기관이 발행(한국전력공사채권, 토지주택공사채권, 수자원공사채권 등)
- 금융채 : 금융기관이 발행(통화안정증권, 산업금융채권, 중소기업금융채권, 일반 은행채 등)
- 회사채 : 상법상 주식회사가 발행한 채권

이자 지급 방법에 따른 분류

- 이표채 : 발행시 약속한 기간마다 이자를 지급하는 채권
- 할인채 : 액면금액에서 상환일까지 이자를 단리로 미리 할인한 금액으로 발행하는 채권
- 단리채 : 이자가 이자지급 기간 동안 단리로 계산, 만기상환시 원금과 이자를 동시에 지급하는 채권
- 복리채 : 이자가 이자지급 기간 동안 복리로 재투자, 만기상환시 원금과 이자를 동시에 지급하는 채권

상환기간에 따른 분류

- 단기채 : 잔존만기가 1년(2년) 이하인 채권
- 중기채 : 잔존만기가 1~5년(2~10년) 이하인 채권
- 장기채 : 잔존만기가 5년(10년) 초과인 채권

모집 방법에 따른 분류

- 사모채 : 발행회사가 특정 인수자와 일정 조건으로 인수계약 체결 후 발행 총액을 인수자가 전액 인수하는 방식으로 발행
- 공모채 : 발행주체가 불특정 다수인에게 채권을 매각하는 방식으로 발행

기타 분류

- 보증 유무 : 보증채, 무보증채
- 표시 통화 : 자국통화 표시 채권, 외국통화 표시 채권

4. 채권 가격

채권 가격이란 채권의 미래 현금흐름을 일정한 수익률로 잔존기간 만큼 할인한 현재가치입니다.

여기서 일정한 수익률이란 기대 수익률, 즉 시장금리를 의미하며, 기대 수익률 = 시장금리 = 요구 수익률 = 예상 수익률 = 내부 수익률 = 만기 수익률의 관계가 성립됩니다. 따라서 채권 가격은 다음의 계산식으로 계산됩니다.(수익률=기대 수익률, n=잔존만기)

$$\text{채권 가격} = \frac{\text{표면이자}}{(1+\text{수익률})^1} + \frac{\text{표면이자}}{(1+\text{수익률})^2} + \cdots + \frac{\text{표면이자}}{(1+\text{수익률})^n} + \frac{\text{액면가}}{(1+\text{수익률})^n}$$

a 채권 가격과 수익률

일반 투자자들이 가장 이해하지 못하시는 부분이 "금리가 오르는데 왜 채권형증권투자신탁은 손실이 날까?"라는 것입니다. 이는 채권의 가격과 금리는 역의 관계를 가지고 있기 때문입니다.

위의 채권 가격 계산 공식에서 금리가 상승하면, 표면이자와 액면가 등 분자의 구성요소는 변화가 없는 가운데, 금리의 상승으로 분모만 커져서 결국 채권 가격은 하락합니다. 금리가 하락할 때는 반대로 작용해 채권 가격은 상승합니다.

b 채권가격 계산 예

○○ 은행이 아래의 조건으로 채권을 발행했습니다.

- 발행일 : 2019.04.01
- 만기일 : 2022.04.01
- 액면가 : 100억 원
- 표면금리 : 5%
- 이자 지급 : 연 1회(후취 = 기간 말에 지급)

발행 당시 시장금리 5%일 경우

$$\text{채권가격} = \frac{5}{(1+5\%)^1} + \frac{5}{(1+5\%)^2} + \frac{5}{(1+5\%)^3} + \frac{100}{(1+5\%)^3} = 100.00$$

- 이렇게 액면가 = 채권가격인 경우를 액면 발행이라고 합니다.

발행 당시 시장금리 6%일 경우

$$\text{채권가격} = \frac{5}{(1+6\%)^1} + \frac{5}{(1+6\%)^2} + \frac{5}{(1+6\%)^3} + \frac{100}{(1+6\%)^3} = 97.33$$

- 이렇게 액면가 〉 채권가격인 경우를 할인 발행이라고 합니다.

발행 당시 시장금리 4%일 경우

$$\text{채권가격} = \frac{5}{(1+4\%)^1} + \frac{5}{(1+4\%)^2} + \frac{5}{(1+4\%)^3} + \frac{100}{(1+4\%)^3} = 102.78$$

- 이렇게 액면가 〈 채권가격인 경우를 할증 발행이라고 합니다.

5. 듀레이션

듀레이션(duration)이란 투자자금의 평균 회수기간, 즉 현금수입의 시간적 흐름과 만기, 채권수익률, 표면금리를 모두 고려한, 채권의 원리금 회수기간을 말합니다.
듀레이션은 채권에서 발생하는 각 기간의 현금흐름의 현재가치를 각각이 발생한 기간을 가중치로 해 평균해 구합니다. (기간 n 현금흐름의 현재가치 = PV(CFn)

$$\text{듀레이션} = \frac{1 \times PV(CF1) + 2 \times PV(CF2) + \dots + n \times PV(CFn)}{PV(CF1) + PV(CF2) + \dots + PV(CFn)}$$

a 듀레이션의 특징

듀레이션 = *f*{표면금리(−), 채권수익률(−), 만기(+) }

일반적인 이표채의 경우 만기보다 짧으며, 할인채의 경우 듀레이션은 잔존만기와 같습니다.

표면금리가 높을수록, 연간 이자지급 횟수가 많을수록 듀레이션은 작아집니다.

채권의 수익률이 높아질수록, 듀레이션은 작아집니다.

만기가 길수록, 듀레이션은 커집니다.

b 듀레이션 계산 예

앞의 OO 은행 예에서 발행 당시 시장 금리 6%일 경우 듀레이션은 아래와 같습니다.

기간 1 현금흐름의 현재가치

$$\text{현재가치} = \frac{5}{(1+6\%)^1} = 4.72$$

기간 2 현금흐름의 현재가치

$$\text{현재가치} = \frac{5}{(1+6\%)^2} = 4.45$$

기간 3 현금흐름의 현재가치

$$\text{현재가치} = \frac{5}{(1+6\%)^3} + \frac{100}{(1+6\%)^3} = 88.16$$

듀레이션

$$\text{듀레이션} = \frac{(1 \times 4.72) + (2 \times 4.45) + (3 \times 88.16)}{(4.72 + 4.45 + 88.16)} = 2.85(\text{년})$$

c 듀레이션의 활용

금리 변화에 대한 채권가격의 민감도를 측정하는 수단으로 활용합니다. 위의 O O 은행의 듀레이션이 2.85년이라는 것은 "금리가 1% 상승하면 가격이 2.85% 하락한다"는 의미입니다.

금리 변동(시장 리스크)의 관리 수단으로 활용합니다. 즉, 금리 하락기에 듀레이션을 확대하고, 금리 상승기에 듀레이션을 축소합니다.

6. 채권 및 증권투자신탁 (채권형) 투자전략

금리 상승기 투자전략은 다음과 같습니다.

- 듀레이션을 축소합니다. 즉, 만기가 짧은 채권, 같은 만기라면 표면금리가 높고, 이자지급 횟수가 많은 채권에 투자합니다.
- 투자기간과 채권 만기를 일치시킵니다. 왜냐하면 만기상환을 받을 경우 금리 상승에 따른 가격 하락 리스크는 없습니다.
- MMF, CD, CP, 전자단기사채, 물가연동채권, 변동금리채권에 투자합니다.
- 만기가 짧은 채권에 투자하는 증권투자신탁(채권형) 또는 만기 매칭형(채권 만기 = 증권투자신탁 만기) 증권투자신탁(채권형)에 투자해 금리 상승에 따른 자본손실을 축소합니다.

금리 하락기 투자전략은 다음과 같습니다.

- 듀레이션을 확대합니다. 즉 만기가 긴 채권, 표면금리가 낮은 채권에 투자합니다.
- 투자기간보다 만기가 긴 채권에 투자한 후, 투자기간 종료시 채권을 매도하

는 “수익률곡선 타기” 투자를 합니다.

- 국채, 공사채, 은행채 등 우량 채권의 장기물(만기가 긴 채권)에 투자합니다.
- 만기가 긴 우량 채권에 투자하는 증권투자신탁(채권형)에 투자해 금리 하락에 따른 자본이득을 향유합니다.

금리 횡보기 투자전략은 크래딧 채권(회사채 등)에 투자하는 증권투자신탁(채권형)에 투자해 높은 이자수익을 획득합니다.

7. 증권투자신탁(채권형)의 운용전략

듀레이션 전략 : 금리 방향성을 예측해 하락 예상시 듀레이션(만기) 확대하는 전략

수익률곡선(yield curve) 전략 : 수익률 곡선의 특징 또는 수익률 곡선의 변화를 활용한 전략

수익률곡선 타기(rolling effect) : 만기가 줄어들수록 금리 하락폭이 커지는 특징을 이용한 전략

curve trading : 만기 또는 종류가 다른 두 채권의 수익률 차이의 확대 또는 축소를 예측해 사고 파는 전략[① 국채 3년물과 10년물의 금리차이가 커질, 즉 스프레드가 확대될 것으로 예상시 10년물 매도, 3년물 매수, ② 국고채와 회사채의 금리차이가 작아질 것으로 예상시 국고채 매도, 회사채 매수]

leverage 전략 : 담보 차입 등을 통해 모집된 금액을 초과하는 채권을 매수하는 전략[산금채 100억 원을 매수한 후, 매수한 채권을 담보로 RP 매도 또는 자금 차입을 하고, 조달된 100억 원으로 다시 산금채 매수. 산금채 금리가 2.0%, RP 금리가 −1.5%라고 하면, 100억 원만 매수했을 때 수익은 2.0%, leverage 전략을 실행하면 수익은 2.5%(2.0%×2 − 1.5%]

중등급 단기채
[한 걸음 더]

1. CP(기업어음)

CP(Commercial Paper, 기업어음)란 기업이 단기 운용자금을 조달할 목적으로 발행하는 융통어음으로 예금자 보호가 되지 않은 단기 금융상품입니다.

만기에 이자를 지급받는 예금과는 다르게 CP는 이자를 먼저 지급받은 후 이자를 제외한 금액을 투자하고 만기에 원금을 받습니다. 보통 10억 원 이상으로 거래됩니다. 예를 들면, 6개월에 6%의 금리를 주는 CP에 10억 원을 투자한다고 했을 때, 6%의 6개월치 이자 3,000만원(세전)을 제외한 9억 7,000만원을 투자해 만기에 1억 원을 받습니다.

보통 무보증어음으로 거래되지만, 중개 금융기관이 지급을 보증하기도 하고 신용보강을 통해 CP등급을 올리는 경우도 많습니다.

투자기간은 1년 이내로 적게는 30일 짜리부터 발행됩니다.

비슷한 구조로 ABCP(Asset Backed CP, 자산유동화 기업어음)가 있는데, CP의 경우 발행하는 기업의 신용만을 보고 투자하는 반면, ABCP는 유동화 전문 특수목적회사가 매출채권/회사채/자산담보증권/주택저당증권 등의 자산을 담보로 발행하는 기업어음으로 안전장치가 하나 더 있다고 보면 됩니다.

2. 전자단기사채

전자단기사채(asset backed short-term bond)란 종이와 같은 실물이 아닌 전자 방식으로 발행되는 1년 미만의 단기 채권으로, 줄여서 전단채라고도 합니다.

전자단기사채는 다음과 같은 특징이 있습니다.

- 최소금액 : 각 사채의 금액이 1억 원 이상일 것
- 만기한도 : 만기가 1년 이내일 것
- 납입 : 사채 금액을 일시에 납입할 것
- 상환 : 만기에 원리금 전액을 일시에 지급할 것
- 주식관련권리 부여금지 : 사채에 전환권, 신주인수권, 그 밖에 이와 유사한 권리가 부여되지 아니할 것
- 담보설정금지 : 담보부사채신탁법에 따른 담보를 붙이지 아니할 것

전자단기사채는 종이가 아닌 전자적인 방식으로 발행이 이루어지기 때문에, 종이로 발행되는 기업어음과 달리 거래 지역 한계가 없고 실물의 위조/변조, 분실과 같은 위험을 제거할 수 있으며, 발행 사무를 간소화하여 비용을 줄일 수 있습니다.

또한 액면금액이 1억 원 이상이어서, 최소 액면금액이 10억 원인 기업어음 보다 거래가 수월합니다.

하등급채

[한 걸음 더]

1. 하이일드 채권

하이일드 채권형 증권투자신탁이란 수익률은 높은 반면, 신용도가 낮은 고수익/고위험 채권(정크본드)을 일부 편입하는 증권투자신탁으로, 은행에서 투자자금을 조달 받기 힘든 회사들의 투자 유치를 위해 만든 증권투자신탁입니다.

일반적으로 해외 하이일드 채권은 국제 신용기관인 Moody's 기준 BAA등급 미만이나 S&P 기준 BBB- 등급 미만 신용등급 회사채를 말합니다.

특히, 하이일드 채권형 증권투자신탁은 미국 국채보다는 수익성이 높고 주식보다는 변동성이 낮다는 이점이 있는데, 이 때문에 최근 투자자들의 많은 관심을 받고 있습니다.

글로벌 하이일드 채권형 증권투자신탁이 국내외를 막론하고 인기몰이를 하는 이유는 전세계적 저금리 고착화와 위험자산 회피현상 심화 때문입니다. 이 때문에 미국 국채나 은행금리보다 높은 수익을 주면서도 주식보다는 안정성이 높은 글로벌 하이일드 채권형 증권투자신탁으로 투자자들의 관심이 쏠리고 있고, 금융위기를 겪는 과정에서 글로벌 기업들의 현금 보유비중이 높아지면서, 부도위험이 줄어든 것도 이유라고 볼 수 있습니다.

2. 뱅크론

뱅크론(bank loan; 시니어론)이란 주로 신용등급이 BBB- 미만으로 낮은 기업의 자산을 담보로 하는 은행대출을 유동화한 금리연동형 채권입니다.

뱅크론은 선순위 담보대출 채권의 특성을 지녀 다른 부채보다 우선적으로 상환되기 때문에, 동일한 회사가 발행한 하이일드 채권(투자부적격 등급인 BBB- 미만의 기업이 발행한 채권. 뱅크론에 비해 후순위 채권임.)보다 안전 하다는 평가를 받습니다.

기본적으로 3개월 만기 리보금리(LIBOR)에 가산금리가 더해지는 구조이며, 따라서 뱅크론의 수익률은 리보금리에 연동됩니다.

뱅크론 증권투자신탁이란 뱅크론 또는 뱅크론 관련 인덱스(예 : 뱅크론 ETF)에 일정비율 이상 투자하는 증권투자신탁입니다.

시장금리가 인상되면 매기 채권보유로 얻는 이자(coupon)의 현재가치가 하락하며, 이는 채권가격의 하락으로 이어져 일반적인 채권형 펀드의 투자자들은 손실을 입게 됩니다. 하지만 시장금리 인상은 곧 기업에 대한 대출금리 인상으로 이어지며, 따라서 뱅크론 수익 역시 증가합니다. 따라서 이와 연계된 뱅크론 증권투자신탁 역시 수익이 증가할 것입니다.

하지만 뱅크론 역시 기업이 도산하게 되면 담보자산을 처분하더라도 은행대출을 완전히 회수하지 못할 수 있으며, 이는 뱅크론의 부도로 이어지게 됩니다.

증권투자신탁(채권형)의 수익률 계산

[한 걸음 더]

1. 최초 시점의 채권형 증권투자신탁

단순하게 10년 만기 미 국채에 투자하는 증권투자신탁이 있다고 가정합니다. 이 증권투자신탁은 잔존만기가 1년인 것 2개, 5년인 것 4개, 10년인 것 4개해서, 총 10개 채권으로 구성되어 있다고 가정합니다. 현재 기준금리 0.75%, 10년 만기 미 국채 시장금리 1.6%라고 가정합니다.

잔존만기가 1년인 10년 만기 미 국채의 가격

$$\text{채권 가격} = \frac{1.6}{(1+1.6\%)^1} + \frac{100}{(1+1.6\%)^1} = 100.00$$

잔존만기가 5년인 10년 만기 미 국채의 가격

$$\text{채권 가격} = \frac{1.6}{(1+1.6\%)^1} + \frac{1.6}{(1+1.6\%)^2} + \dots + \frac{1.6}{(1+1.6\%)^5} + \frac{100}{(1+1.6\%)^5} = 100.00$$

잔존만기가 10년인 10년 만기 미 국채의 가격

$$\text{채권 가격} = \frac{1.6}{(1+1.6\%)^1} + \frac{1.6}{(1+1.6\%)^2} + \dots + \frac{1.6}{(1+1.6\%)^{10}} + \frac{100}{(1+1.6\%)^{10}} = 100.00$$

증권투자신탁 가치 = 10개 채권가격 합 = 100.00 X 2 + 100.00 X 4 + 100.00 X 4 = 1,000.00

현재의 수익률 = 0% 입니다.

2. 시장금리가 단기 급상승한 경우

이제 기준금리가 0.75%로 그대로인 상태에서 시장이 금리가 급격하게 오를 것으로 예측해 이를 선반영한 경우를 살펴보겠습니다. (이는 트럼프가 당선된 후 시장의 반응과 같습니다) 이에 따라 기준금리는 0.75%로 그대로인 상태에서 10년 만기 미 국채 시장금리는 기존의 1.6%에서 2.6%로 급등하게 됩니다.

잔존만기가 1년인 10년 만기 미 국채의 가격

$$\text{채권 가격} = \frac{1.6}{(1+1.6\%)^1} + \frac{1.6}{(1+1.6\%)^2} + \dots + \frac{1.6}{(1+1.6\%)^{10}} + \frac{100}{(1+1.6\%)^{10}} = 100.00$$

잔존만기가 5년인 10년 만기 미 국채의 가격

$$\text{채권 가격} = \frac{1.6}{(1+2.6\%)^1} + \frac{1.6}{(1+2.6\%)^2} + \dots + \frac{1.6}{(1+2.6\%)^5} + \frac{100}{(1+2.6\%)^5} = 95.37$$

잔존만기가 10년인 10년 만기 미 국채의 가격

$$채권가격 = \frac{1.6}{(1+2.6\%)^1} + \frac{1.6}{(1+2.6\%)^2} + \cdots$$

$$+ \frac{1.6}{(1+2.6\%)^{10}} + \frac{100}{(1+2.6\%)^{10}} = 91.29$$

증권투자신탁 가치 = 10개 채권가격 합
= 99.03 X 2 + 95.37 X 4 + 91.29 X 4
= 944.69
현재의 수익률 = −5.53% 입니다.

3. 시장금리가 단기 급상승 후 기준금리를 인상한 경우

이제 기준금리가 0.75%에서 1.00%로 상승한 경우를 살펴보겠습니다. 금리가 급격하게 오를 것으로 예측해 이를 선반영한 시장금리는 점진적인 상승으로 예상을 바꿉니다. (연간 4회 인상에서 3회 인상으로 예상 수정) 이에 따라 10년 만기 미 국채 시장금리는 2.6%에서 2.4%로 하락하게 됩니다.

잔존만기가 1년인 10년 만기 미 국채의 가격

$$채권가격 = \frac{1.6}{(1+2.4\%)^1} + \frac{100}{(1+2.4\%)^1} = 99.22$$

잔존만기가 5년인 10년 만기 미 국채의 가격

$$채권가격 = \frac{1.6}{(1+2.4\%)^1} + \frac{1.6}{(1+2.4\%)^2} + \cdots$$

$$+ \frac{1.6}{(1+2.4\%)^5} + \frac{100}{(1+2.4\%)^5} = 96.27$$

잔존만기가 10년인 10년 만기 미 국채의 가격

$$채권가격 = \frac{1.6}{(1+2.4\%)^1} + \frac{1.6}{(1+2.4\%)^2} + \cdots$$

$$+ \frac{1.6}{(1+2.4\%)^{10}} + \frac{100}{(1+2.4\%)^{10}} = 92.96$$

증권투자신탁 가치 = 10개 채권가격 합
= 99.22 X 2 + 96.27 X 4 + 92.96 X 4
= 955.38

현재의 수익률 = −4.46%로, 최초 손실 대비 +1.07% 개선됩니다.

4. 1년 후

이제 기준금리가 1.00%로 인상된 후 변동이 없는 상태로 1년이 경과되었다고 가정합니다. 따라서 10년 만기 미 국채 시장금리는 2.4% 입니다. 또한 만기가 국채 2개는 다시 10년 만기 미 국채에 투자된다고 가정합니다. 이 경우 펀드가치는 10개 채권 가격 합 + 경과이자로 계산됩니다. (재투자되는 국채이자는 2.4% 입니다)

잔존만기가 10년인 10년 만기 미 국채의 가격

$$\text{채권 가격} = \frac{2.4}{(1+2.4\%)^1} + \frac{2.4}{(1+2.4\%)^2} + \cdots + \frac{2.4}{(1+2.4\%)^{10}} + \frac{100}{(1+2.4\%)^{10}} = 100.00$$

잔존만기가 4년인 10년 만기 미 국채의 가격

$$\text{채권 가격} = \frac{1.6}{(1+2.4\%)^1} + \frac{1.6}{(1+2.4\%)^2} + \cdots + \frac{1.6}{(1+2.4\%)^4} + \frac{100}{(1+2.4\%)^4} = 96.98$$

잔존만기가 9년인 10년 만기 미 국채의 가격

$$\text{채권 가격} = \frac{1.6}{(1+2.4\%)^1} + \frac{1.6}{(1+2.4\%)^2} + \cdots + \frac{1.6}{(1+2.4\%)^9} + \frac{100}{(1+2.4\%)^9} = 93.59$$

증권투자신탁 가치 = 10개 채권가격 합 + 경과이자 = 100.00 X 2 + 96.98 X 4 + 93.59 X 4 +100 = 978.31

현재의 수익률 = −2.17%로, 최초 손실 대비 +3.36% 개선됩니다.

기본사항

[증권투자신탁(혼합형)]

1. 증권투자신탁(혼합형)의 분류

혼합형 증권투자신탁은 주식에의 투자비중이 얼마나 되는가와 자산배분을 얼마나 실시하는가에 따라 아래와 같이 분류가 가능합니다.

(일반) 주식혼합형 : 주식의 최저 편입비율이 50% 이상인 혼합형 증권투자신탁

공격적 자산배분 : 주식의 편입비율을 50~100% 범위 내에서, 시장상황에 따라 적극적으로 자산배분을 실시하는 증권투자신탁

(일반) 채권혼합형 : 주식의 최고 편입비율이 50% 미만이고, 채권의 최고 편입비율이 60% 미만인 증권투자신탁
보수적 자산배분 : 주식의 편입비율을 0~50% 범위 내에서, 시장상황에 따라 보수적으로 자산배분을 실시하는 증권투자신탁

2. TDF

TDF(Target Date Fund)란 투자자의 은퇴 시점을 목표시점(Target Date)로 설정해 생애주기별 자산 배분 프로그램에 맞춰 자동으로 주식과 채권 포트폴리오 비중을 조정해주는 증권투자신탁입니다. 증권투자신탁의 포트폴리오 형태가 처음에 고수익형 포트폴리오에서 안정형 포트폴리오로 점차 투자비중을 변경됩니다.

TDF의 핵심은 글라이드 패스(glide path)라는 자산배분 프로그램입니다. 글라이드 패스란 가입시점부터 은퇴시점까지 시간의 흐름에 따라 주식과 채권의 배분을 조정하는 것입니다. 채권이 주식에 비해 위험이 적다고 판단하기 때문에, 포트폴리오 주식 보유량을 줄이고 채권 보유량을 늘려가는 방향으로 리밸런싱을 합니다.

모든 글라이드 패스를 만들 때 공통적으로 고려하는 사항

- 은퇴시점이 가까워질수록 주식보다 채권 비중이 높아집니다.
- 은퇴시점이 가까워질수록 해외 주식보다 국내 주식 비중이 높아집니다.

• 은퇴시점이 가까워질수록 수익률이 높고 만기가 긴 채권 비중이 줄고 수익률이 좀 낮더라도 만기가 짧은 채권 비중이 높아집니다.
• 은퇴시점부터는 물가연동채권, 원자재, 부동산 등의 자산이 많이 포함됩니다.

a 간단한 TDF의 예

사원/계장 때 : 자산 축적기로 성장주와 배당성장주의 편입비율이 높습니다.

대리/과장 때 : 역시 자산 축적기로 성장주와 배당성장주 편입비율이 처음에 비해 점점 줄어들고 안전자산이 늘어나기 시작합니다.

차장 때 : 위험자산에서 안전자산으로의 전환기로 채권 편입비율이 지속적으로 늘어납니다.

부장 때 : 은퇴를 준비하는 시점으로 주식비중은 10% 내외로 줄어들고 채권의 비중이 50% 이상으로 확대됩니다.

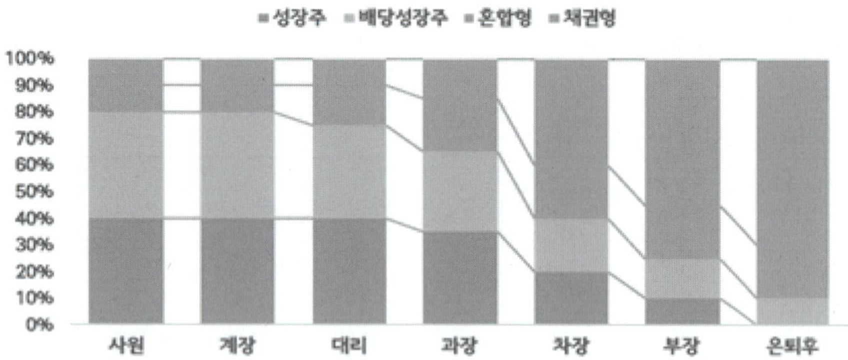

[그림] 간단한 TDF의 예

b 간단한 TDF의 예에서 각 자산군의 역할

성장주의 역할 : 자산 증대
• 투자자산의 예 : 글로벌 성장 주식

배당성장주의 역할 : 자산과 소득의 증대
• 투자자산의 예 : 글로벌 배당 주식

혼합형의 역할 : 소득과 자산 증대 및 보존
• 투자자산의 예 : 글로벌 주식 및 채권

채권형의 역할 : 자산 보존과 소득 증대
• 투자자산의 예 : 글로벌 국채 및 회사채

c TDF 상품명의 의미

일반적으로 TDF 상품명에서 숫자는 투자자의 출생연도와 은퇴 예상 나이를 합한 숫자를 의미합니다.

예를 들어 1970년생의 은퇴 예상 나이가 60세라고 가정한다면, 『1970 + 60 = 2030』으로 TDF 2030 상품을 선택하면 됩니다.

이를 기준점으로 잡고, 조금 더 공격적으로 투자하길 원한다면, 2035 → 2040 → 2045를 선택하면 됩니다.

특별자산투자신탁
[기타]

1. 특별자산투자신탁 [상품-파생형]

상품 관련 증권투자신탁이란 원유, 곡물, 금속 등과 같은 실물자산에 투자하는 증권투자신탁으로 크게 세 가지가 있습니다.

- 증권투자신탁[주식형]의 형태인 주식형 증권투자신탁으로서, 상품 관련 기업 주식에 투자합니다.
- 특별자산투자신탁[파생형]의 형태로 시카고상품거래소(CBOT)와 같은 상품거래소를 통해 상품 선물에 투자합니다.
- 특별자산투자신탁[파생형]의 형태로 상품 관련 지수(index)에 투자합니다.

즉, 상품 가격에 투자를 하거나, 상품 관련 기업에 투자를 하거나, 선물 등 파생상품에 투자하는 형태입니다.

특별자산투자신탁[파생형]의 경우, 상품 관련 파생상품을 통해 투자하기 때문에, 투자기간이 길어지면 보유비용(cost of carry) 때문에 예상보다 낮은 수익률을 실현할 때가 많기 때문에 주의가 필요합니다.

a 특자산투자신탁[USD선물-파생형]

외환 관련 특별자산투자신탁은 대부분 달러 관련 파생상품에 투자하는 특별자산투자신탁[USD선물-파생형]의 형태입니다.

여기에는 달러 상승에 투자하는 것과 달러 하락에 투자하는 인버스형이 있습니다.

b 상품 관련 주요 지수와 가격지표

달러 : 달러지수(dollar index)

상품(commodity) : S&P GSCI commodity 지수, CRB BLS 지수

금(gold) : S&P GSCI gold 지수, 금 현물가격

은(silver) : S&P GSCI silver 지수, 은 현물가격

에너지(energy) : S&P GSCI energy 지수, WTI 현물가격

비금속 : LME 지수, 동 현물가격, 아연 현물가격 등

곡물(grains) : S&P GSCI grains 지수, 옥수수(corn) 선물가격(CBOT), 밀(wheat) 선물가격(CBOT), 콩(soyabean) 선물가격(CBOT), 대두박(soyameal) 선물가격(CBOT) 등

가축(livestock) S&P GSCI livestock 지수

부동산투자신탁
[기타]

1. 부동산투자신탁 [리츠-재간접형]

부통산은 거래 단위가 크고, 매매에 시간이 소요되기 때문에, 집합투자기구로 만들 경우, 대부분 사모의 형태로 만들게 됩니다. 최근 공모형 부동산투자신탁이 일부 출시되고 있지만, 자유로운 환매는 어렵기 때문에, 대부분의 부동산투자신탁은 리츠를 편입하는 재간접 형태로 취하고 있습니다.

리츠 재간접형 부동산투자신탁은 투자자산의 50% 이상을 상장된 리츠 등에 투자하는 투자신탁입니다.

리츠(REITs; 부동산투자회사)란 다수의 투자자로부터 자금을 모집해 부동산에 투자/운영하고 그 수익을 투자자에게 돌려주는 주식회사입니다.

부동산투자회사법에서는 리츠에 대해서 '부동산투자회사' 로 정의하며, 이 법에서는 부동산투자회사에 대해 주식총수의 30% 이상을 일반인의 청약에 제공하면서, 총자산의 70% 이상을 부동산에 투자/운용하며, 배당 가능한 이익의 90% 이상에 대해 배당 의무를 부여합니다.

a 리츠의 유형 및 구조 (부동산투자회사법)

자기관리형 리츠 : 자산운용전문인력을 포함, 상근 임직원을 두고 직접 자산을 투자 및 운용하는 실체형 회사입니다.

위탁관리형 리츠 : 자산의 투자 및 운용을 자산관리회사에 위탁하는, 상근 임직원이 없는 명목상의 회사입니다.

기업구조조정형 리츠 : 위탁관리형 리츠와 동일하나, 투자대상이 기업구조 조정용 부동산으로 한정됩니다.

구분	부동산투자회사(리츠)			부동산펀드	
	자기관리	위탁관리	기업구조조정	회사형	신탁형*
근거법률	부동산투자회사법			자본시장법	
직무관청	국토교통부			기획재정부	
최저 자본금	70억원	50억원		10억원	해당 없음
자산관리	직접관리	외부위탁(자산관리회사)		외부위탁(집합투자업자)	
투자대상	• 총자산의 90% 이상 부동산 총자산의 80% 이상 부동산 및 부동산 관련 유가증권 또는 현금		총자산의 70% 이상 기업구조조정 부동산 대상, 이하 좌도	부동산 (총자산의 50% 이상 70% 미만)_	부동산 (운용비율 제한 없음)
개발사업	총자산의 30% 이하 (개발전물리치의 경우 100% 가능)			제한 없음	
법인세	부과 대상	배당이익 90% 이상 배당 시 배당소득 공제			해당 없음

[표] 리츠와 부동산투자신탁의 비교

비전통자산
[한 걸음 더]

1. 멀티에셋 펀드

멀티에셋 펀드(multi-asset fund)란 말 그대로 하나의 자산이 아닌 여러 종류의 자산에 분산 투자하는 펀드입니다. 멀티에셋 펀드 안에는 전통적인 투자자산인 주식과 채권은 물론 리츠, 상품(실물자산), 절대수익 추구 펀드 등 상호간 상관관계가 낮은 여러 종류의 자산이 포함되어 있습니다.

투자처를 국내외 여러 곳으로 분산해 위험을 줄입니다. 따라서 변동성이 심한 주식과 안정적인 채권과 리츠를 융합으로 등락폭이 적고, 안정성이 높아 장기 투자로 수익을 올리는데 적합합니다.

a [비교] 헤지 펀드

헤지 펀드(hedge fund)란 투자위험 대비 높은 수익을 추구하는 적극적 투자를 실시하는 펀드를 말하며, 투자지역이나 투자대상 등 당국의 규제를 받지 않고 고수익을 노리지만 투자위험도 높다는 특징이 있습니다.

시장위험으로부터 펀드수익률을 보호하기 위해 매도와 매수를 동시에 이용하는 방법으로, 헤징(hedging)을 소개하면서 처음으로 레버리지를 이용했습니다. 헤지 펀드는 공매도(short selling), 레버리지, 인센티브 수수료(incentive fees), 위험분할(shared risk)이라는 특징을 가지고 있습니다.

b [비교] 인컴 펀드

인컴 펀드(income fund)란 펀드를 운용할 때 주식 등의 가격상승에 따른 자본차익(capital gain)보다는, 이자, 배당 등 인컴 게인(income gain)을 목표로 하는 펀드입니다. 이를 위해 하이일드, 이머징 마켓 등 이자율이 상대적으로 높은 해외 채권형 펀드와 멀티에셋에 분산 투자해 위험을 관리합니다.

최근 국내외 투자환경의 변동성이 커지면서 기존과 운용방식이 다른 펀드들이 출시되고 있습니다. 저금리, 저성장 추세 속에서도 꾸준한 인컴 수익을 추구하는 인컴 펀드도 그 중에 하나인데, 해외채권을 기반으로 리츠나 고배당주, 우선주에 골고루 투자해 채권과 유사하게 일정수익을 추구할 수 있기 때문입니다.

c [비교] 펀드 오브 헤지 펀드

펀드 오브 헤지 펀드(fund of hedge funds)란 다양한 성격의 헤지 펀드에 투자하는 펀드로서 전통적인 투자에서 기대하기 힘들었던 분산효과를 달성하고, 하락시장에서도 총체적인 위험을 감소시켜 결과적으로 시장 상승기와 하락기 모두 절대적인 수익 창출을 추구한다는 특징을 가지고 있습니다.

2. 메자닌 펀드

메자닌 펀드(mezzanine fund)란 신주인수권부사채(BW), 전환사채(CB) 등 주식관련채권에 투자하는 펀드입니다.

메자닌이란 말은 이태리어로 1층과 2층 사이에 있는 중간층이라는 뜻으로, 주식과 채권의 사이에 놓여있는 주식관련 채권에 주로 투자하는 특성 때문에 이 같은 이름이 붙여졌습니다.

원금과 금리가 보장되는 채권 특성을 가지면서도, 향후 주가상승시 주식으로 전환해 추가 수익을 올릴 수 있는 장점이 있습니다.

메자닌 펀드의 투자대상은 다음과 같습니다.

- 신주인수권부사채(BW) : 신주인수권이 첨부된 상장기업 공/사모 회사채
- 전환사채(CB) : 주식전환권이 첨부된 상장기업 공/사모 회사채
- 교환사채(EB) : 자사주 또는 상장 타기업 주식을 기초로 발행한 상장기업 공/사모 회사채
- 신주인수권(warrant) : 상장기업이 발행한 분리형 신주인수권부사채에서 분리된 신주인수권
- 조건부자본증권 : 미리 정하는 사유가 발생하는 경우 주식으로 전환되는 조건이 붙은 회사채

1거래 단위는 1인 5,000만원 이상으로 입금이 제한됩니다. 메자닌 펀드는 최소 2~3년 이상 장기적으로 투자해야 만족할 만한 수익을 얻을 수 있기 때문에 사실상 장기투자 상품에 가깝습니다.

또 주식과 달리 투자금 회수가 자유롭지 못한 CB, BW에 투자한다라는 점 때문에 메자닌 펀드는 환매에 대응하기 부적합합니다. 이에 펀드 대부분이 사모 폐쇄형으로 운용됩니다.

3. 매크로 펀드

매크로 펀드(macro fund)란 환율이나 금리와 같은 거시경제정책상의 변수에 대한 특정 국가의 정책변화에 기초해, 레버리지, 파생금융상품 등의 활용을 통해 고수익을 추구하는 펀드입니다.
이러한 매크로 펀드의 핵심 전략은 세계경제의 변화로부터 생겨나는 모든 기회를 활용하는 것입니다.

4. 사모투자 펀드

사모투자 펀드(PEF; Private Equity Fund)란 특정 소수 고액 투자자로부터 장기로 자금을 조달해 전문적으로 기업주식, 경영권 등에 투자하고 경영성과 개선을 통해 고수익을 추구하는 펀드입니다.

자금의 모집 방법과 모집한 자금을 투자할 때 모두 프라이빗한 방법으로 이뤄진다는 것이 특징입니다. 즉 pre-IPO 주식에 투자하거나 공개된 주식이라도 공개시장을 통한 매입이 아닌 사적인 방식으로 주식을 매입합니다.

사모투자 펀드의 법적 조직 형태는 유한책임을 지는 조합원인 유한 파트너(LP; Limited Partner)와 무한책임을 지는 조합원인 일반 매니저(GP; General Partner)로 구성된 제한적 파트너쉽(limited partnership)입니다. 일반 매니저는 운용을 맡는 대신 채무에 대해서 무한책임을 지고 유한 파트너는 운용에는 관여하지 않는 대신 유한책임만을 집니다.

이러한 조직 형태는 펀드 운용에 무한책임을 지는 전문투자가 집단이 보험사나 연기금 등 유한책임만 지는 대형 투자자로부터 자금을 쉽게 유치할 수 있는 장점이 있습니다.

a 사모투자 펀드의 종류와 특징

벤처캐피탈(VC; Venture Capital) : 아이디어는 좋지만 아직 증명되지 않은 초기기업(start-up)에게 펀딩을 해주고, 여기에서 수익을 창출합니다.

레버리지 매수(LBO; Leverage Buy-Out) : 차입 매수라고도 하며, 이미 상장된 기업의 주식을 사들여 지분을 늘림으로써 회사의 경영에 참여할 수 있는 권리를 획득하고, 회사를 직접 경영해 결과적으로 그 회사의 주가를 높이고 주식을 되팔아 수익을 얻는 구조입니다. 기업의 주식을 늘리는 과정에서 이미 가지고 있는 주식을 담보로 돈을 빌려 투자하기 때문에 '레버리지'라는 이름이 붙었습니다. 헤지 펀드와 사모투자 펀드의 두 영역에 걸쳐 있는 스타일이라고 볼 수 있습니다.

부실채권 투자(distressed debt) : 부실채권 투자는 안 될 것 같은 회사를 골라 투자합니다. 모두에게 안 될 것처럼 보이는 회사의 채권은 가격이 쌀 수 밖에 없습니다. 이 안 될 것 같은 상황만 해결된다면 가격이 상승하고, 싸게 샀으니 그만큼 수익이 높습니다. 고수익 고위험 투자입니다.

주가연계 파생상품

[파생결합증권]

1. 주가연계 파생상품

주가연계(equity linked) 파생상품은 주가의 변동과 연계해 수익률을 결정하는 금융상품으로 ELF, ELS, ELD, DLS 등이 있습니다.

기본적인 개념은 주가나 파생상품의 가격과 연계돼 수익률이 확정되는 상품으로 정해진 시점의 주가나 상품가격이 설정 당시 정해 놓은 기준을 만족시키면 약속된 수익을 받을 수 있는 것입니다.

보통 증권투자신탁 투자시에 3~5년의 미래를 기약하는 것과는 달리 주가연동 파생상품은 단기에 고수익을 추구하는 투자자들에게 인기가 있는 상품입니다. 설정 당시 목표가 정해져 있기 때문에 수익을 얻을 수 있는 조건을 보고 투자를 결정할 수 있다는 것도 장점입니다.

또한 상품에 따라서는 기초 자산이 하락하더라도 이들 상품에서는 수익이 발생할 수 있다는 장점을 갖고 있습니다.

물론 상품 가입 전에 각 상품의 수익구조에 따른 상환 조건과 손실 조건 등은 꼼꼼히 따져보고 가입해야 합니다.

a ELD(주가연계 예금)

ELD(Equity Linked Deposit)란 원금의 대부분을 안전한 자산으로 운용하고, 나머지 일부를 주식 및 주가지수 연동상품에 투자해 높은 수익을 추구하는 예금 상품입니다.

EELD는 은행에서 취급하는 예금 상품이기 때문에 원금보장형태의 상품으로만 가능합니다.

ELD 역시 주가와 연계돼 사전에 제시된 지급액 계산식에 따라 만기시 수익금을 이자 형태로 지급받게 되며, 투자수익에 대해서 이자소득세를 부과합니다. 단, ELD는 예금 상품이므로 예금자 보호법에 적용을 받습니다.

b DLS(파생상품연계 증권)

DLS(Derivative Linked Securities)란 ELS와 수익구조나 발행 방식 등이 동일한 성격을 띠지만, 수익률을 결정하는 기초자산이 주가 뿐 아니라 금리, 환율, 원자재, 부동산, 신용 등의 다양한 파생상품으로 확장된 증권입니다.

DLS는 기초자산으로 파생상품을 사용하기 때문에, 상품에 내재되어 있는 레버리지가 대단히 높습니다. 따라서 투자시 상품의 내용을 꼼꼼히 살펴야 합니다.

DLS는 증권사에서 취급하며, 예금자 보호법에 적용을 받지 않습니다. 은행에서는 DLF, DLT의 형태로 판매합니다.

c ELS(주가연계 증권)

ELS(Equity Linked Security)란 개별 주식가격이나 주가지수에 연동돼 수익률이 결정되는 유가증권으로, 발행사의 운용 성과와는 무관하게 주가 또는 주가지수 움직임에 따라 사전에 약정된 수익률을 얻을 수 있습니다.

ELS는 상품 설계방법에 따라 다양한 수익구조를 만들어 낼 수 있지만, 예금자보호법에 적용되지는 않습니다.

증권사에서 발행/판매하는 상품으로 기초자산의 움직임에 따라 확정된 만기(조기) 상환금액의 지급은 발행사에서 보장하게 됩니다.

ELS의 상품구조 사례

- 원금보장형 : 투자원금 중 대부분을 우량채권에 투자하고, 일부는 옵션복제 재원으로 사용합니다. 우량채권에 투자한 원금과 이자를 합해 사전에 제시한 수준의 원금을 보장합니다.
- 원금비보장형 : 투자원금 중 일정부분을 기초자산에 직접 투자하며, 나머지 부분은 채권에 투자합니다.

d 가입 전 체크 사항

본인의 투자기간, 목표수익률, 투자성향(위험 감내수준)에 적당한 상품인가?

주가연계 파생상품이 투자하는 기초자산 또는 주가지수의 전망

투자이익을 결정하는 방식과 증권사(은행)에서 제시하는 수익률

최소 또는 최장 투자기간과 조기 수익 달성시 수익상환 조건

상품을 발행하는 금융기관의 신용도와 원금보장 조건

투자하는 상품의 세부 특징

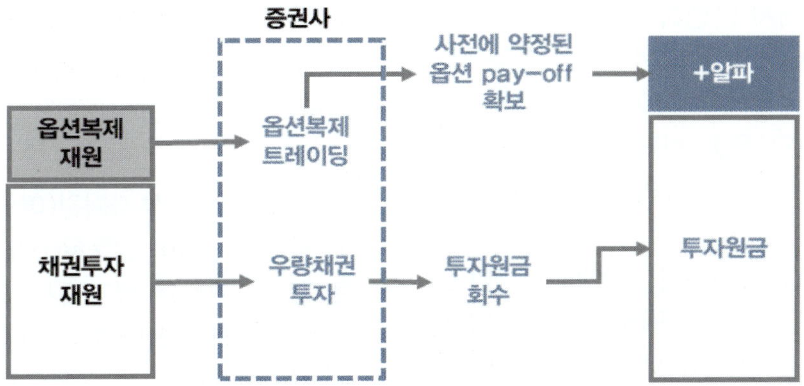

[그림] ELS의 구조

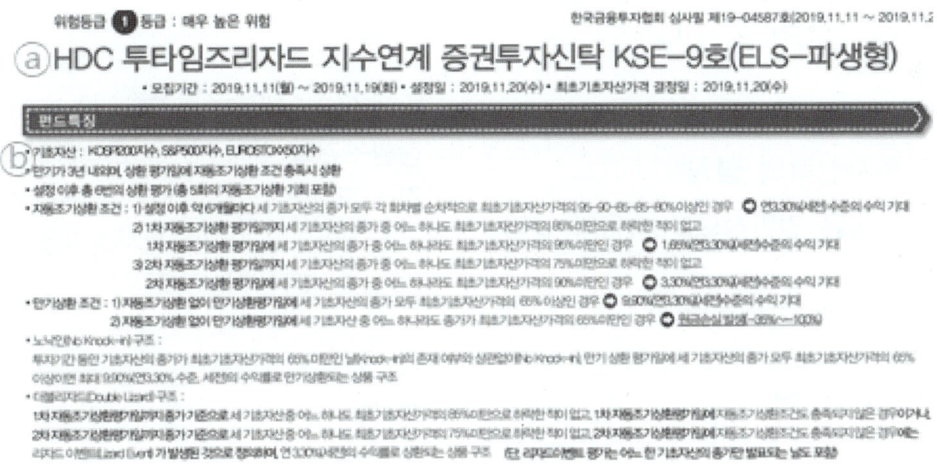

[그림] ELF의 안내장

2. ELF(주가연계 증권투자신탁)

ELF(Equity Linked Fund)란 ELS에 투자하는 증권투자신탁을 말합니다. ELS는 증권사에서 발행하는 반면, ELF는 자산운용사에서 만들어 운용하는 상품으로 ELS나 워런트에 투자해 수익을 추구합니다. 참고로 은행 신탁계정에서 만들어 운용하는 상품은 ELT라고 부릅니다.

ELS는 증권사에서만 판매되는 반면, ELF는 은행에서도 판매되고 있습니다. 또한 ELF는 증권투자신탁이기 때문에 채권차익에 대해서만 과세를 하고 주식차익에 대해서는 비과세 적용을 받지만, ELS와 달리 운용보수가 부과됩니다.

a 증권투자신탁의 명칭

ELF의 명칭은 일반적으로 다음과 같이 구성됩니다.

- HDC : 운용사의 이름입니다.
- 투타임즈리자드 : 두 번의 리자드 이벤트 평가가 있습니다.
- 지수연계 : 기초자산이 종목이 아닌 지수입니다.
- 증권투자신탁[ELS-파생형] : ELS를 편입해 만들어진 증권투자신탁, 즉 ELF라는 의미입니다.

b 기초자산과 자동조기상환

기초자산 : ELF의 수익률을 결정하는 기준이 되는 지수나 종목

자동조기상환 : 투자기간(이 상품은 3년)에 일정 기간 (이 상품은 6개월) 마다 기초자산의 가치를 평가해서, 조기상환 조건을 만족하게 했다면, 아직 만기가 되지 않았어도 정해진 수익률을 지급하며, 상품 운용이 종료되는 개념

c 상환조건과 수익구조

상환조건과 수익구조를 요약하면 다음과 같이 표기합니다 : 95(L85)-90(L75)-85-85-80-65(노낙인) 제시수익률 연3.3% (리자드 쿠폰 연3.3%)

1차 자동조기상환 평가일(6개월 후)

① 평가일에 세 기초자산의 종가 모두 최초 기초자산가격의 95% 이상인 경우 → 원금 + 1.65%(연3.30%) 수준으로 자동조기상환

② 평가일에 세 기초자산의 종가 중 어느 하나라도 최초 기초자산가격의 95% 미만이고, 평가일까지 세 기초자산의 종가 중 어느 하나도 최초 기초자산가격의 85% 미만으로 하락한 적이 없는 경우 → 원금 + 1.65%(리자드 쿠폰 연3.30%) 수준으로 청산

2차 자동조기상환 평가일(12개월 후)

① 평가일에 세 기초자산의 종가 모두 최초 기초자산가격의 90% 이상인 경우 → 원금 + 3.30%(연3.30%) 수준으로 자동조기상환

② 평가일에 세 기초자산의 종가 중 어느 하나라도 최초 기초자산가격의 90% 미만이고, 평가일까지 세 기초자산의 종가 중 어느 하나도 최초 기초자산가격의 75% 미만으로 하락한 적이 없는 경우 → 원금 + 3.30%(리자드 쿠폰 연3.30%) 수준으로 청산

3차 자동조기상환 평가일(18개월 후)

- 평가일에 세 기초자산의 종가 모두 최초 기초자산가격의 85% 이상인 경우 → 원금 + 4.95%(연3.30%) 수준으로 자동조기상환

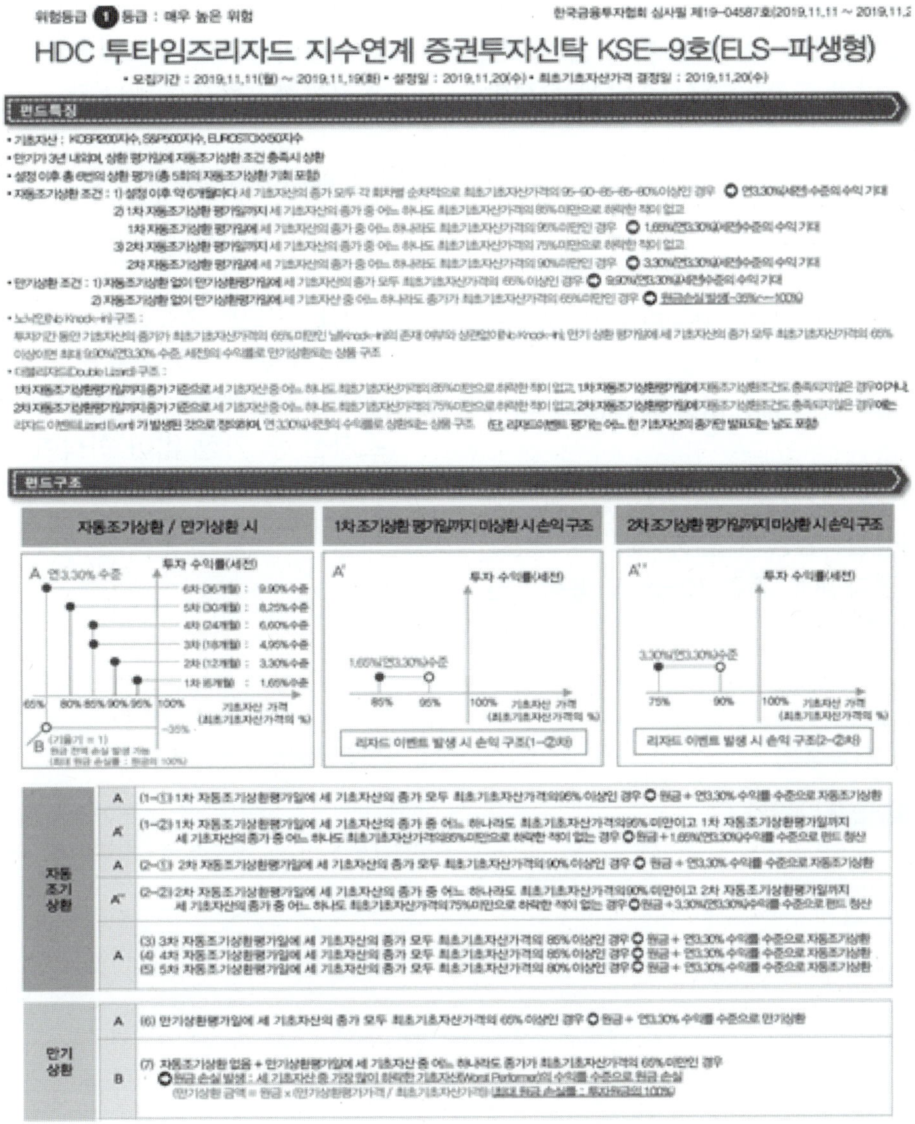

위험등급 1등급 : 매우 높은 위험

한국금융투자협회 심사필 제19-04587호(2019.11.11 ~ 2019.11.2

HDC 투타임즈리자드 지수연계 증권투자신탁 KSE-9호(ELS-파생형)

• 모집기간 : 2019.11.11(월) ~ 2019.11.19(화) • 설정일 : 2019.11.20(수) • 최초기초자산가격 결정일 : 2019.11.20(수)

펀드특징

• 기초자산 : KOSPI200지수, S&P500지수, EUROSTOXX50지수
• 만기가 3년 내외며, 상환 평가일에 자동조기상환 조건 충족시 상환
• 설정 이후 총 6번의 상환 평가(총 5회의 자동조기상환 기회 포함)

펀드구조

자동조기상환 / 만기상환 시

1차조기상환 평가일까지 미상환 시 손익 구조

2차조기상환 평가일까지 미상환 시 손익 구조

4차 자동조기상환 평가일(24개월 후)

• 평가일에 세 기초자산의 종가 모두 최초 기초자산가격의 85% 이상인 경우 → 원금 + 6.60%(연3.30%) 수준으로 자동조기상환

5차 자동조기상환 평가일(30개월 후)

• 평가일에 세 기초자산의 종가 모두 최초 기초자산가격의 80% 이상인 경우 → 원금 + 8.25%(연3.30%) 수준으로 자동조기상환

만기상환 평가일(36개월 후)

① 평가일에 세 기초자산의 종가 모두 최초 기초자산가격의 65% 이상인 경우 → 원금 + 9.90%(연3.30%) 수준으로 만기상환

② 자동조기상환 없음 + 만기상환 평가일에 세 기초자산 중 어느 하나라도 종가가 최초 기초자산가격의 65% 미만인 경우 → 세 기초자산 중 가장 많이 하락한 기초자산 수익률 수준으로 원금손실

• 만기상환금액 = 원금 x (만기상환평가가격 / 최초 기초자산가격) (최대 원금 손실률 : 투자원금의 100%)

d 낙인 구조와 노낙인 구조

낙인(Knock-In) 구조 : 기초자산이 한 번이라도 낙인 배리어(원금손실이 발생할 수 있는 기준) 미만으로 하락하고, 만기까지 자동조기상환조건과 만기상환조건을 충족시키지 못할 경우, 기초자산 중 가장 많이 하락한 기초자산(worst performer)의 수익률 수준으로 원금손실이 발생하게 됩니다. 결국 낙인 배리어는 손실을 볼 가능성이 생기는 기초자산의 최후 방어선을 의미합니다.

노낙인(No Knock-In) 구조 : 낙인 배리어 조건이 없는 구조입니다. 낙인 배리어가 없기 때문에, 자동조기상환조건과 만기상환조건만 확인하면 됩니다. 일반적으로 노낙인 ELF 상품의 경우, 만기상환조건을 낙인 조건 수준으로 낮게 설정합니다.

i 낙인 조건 ELF의 상환 조건 예시

상환조건 : 95-90-85-85-80-70(KI 50) 제시수익률 연3.3%

- KI 50는 낙인 배리어가 50%라는 의미입니다.
- 조기상환평가일에 조건(70)을 충족해 만기상환 : 원금 + 연3.3%
- 만기평가일에 조건(70)을 미충족 : 원금 + 연3.3%

낙인 배리어(50)를 터치하지 않은 경우

- 조기상환평가일에 조건을 충족해 자동조기상환 : 원금 + 연3.3%

낙인 배리어(50)를 터치한 경우

- 조기상환평가일에 조건을 충족해 자동조기상환 : 원금 + 연3.3%
- 만기평가일에 조건(70)을 충족해 만기상환 : 원금 + 연3.3%
- 만기평가일에 조건(70)을 미충족 : 기초자산 중 가장 많이 하락한 기초자산의 수익률 수준으로 원금손실이 발생

[그림] ELF의 안내장

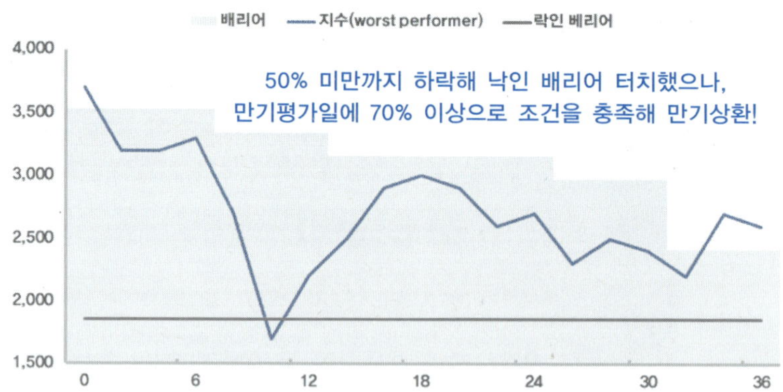

[그림] 낙인 배리어 도달 후 상환된 사례

ii 노낙인 조건 ELF의 상환 조건 예시

상환조건 : 95-90-85-85-80-65(노낙인) 제시수익률 연3.3%

조기상환평가일에 조건을 충족해 자동조기상환 : 원금 + 연3.3%

조기상환평가일에 조건을 충족하지 못한 경우

- 다음 조기상환평가일에 조건을 충족해 자동조기상환 : 원금 + 연3.3%
- 만기평가일에 조건(65) 충족해 만기상환 : 원금 + 연3.3%
- 만기평가일에 조건(65) 미충족 : 기초자산 중 가장 많이 하락한 기초자산의 수익률 수준으로 원금손실이 발생

e 리자드 구조

리자드(lizard) 구조란 도마뱀이 위기 상황에서 꼬리를 자르고 도망가는 것처럼, 위기의 상황(조기상환조건 미충족 상황)에서 특정 조건(리자드 조건) 달성 시 조기 탈출의 기회를 얻게 되는 구조를 말합니다. 더블 리자드(double lizard) 구조는 이런 리자드 조건이 2개 있는 경우를 말합니다.

상환조건 : 95(L85)-90(L75)-85-85-80-65(노낙인) 제시수익률 연3.3%(리자드 쿠폰 연3.3%)

- 1차 자동조기상환 평가일까지 종가기준으로 세 기초자산 중 어느 하나도 최초 기초자산가격의 85% 미만으로 하락한 적이 없고, 1차 자동조기상환 평가일에 자동조기상환 조건도 충족되지 않은 경우이거나,
- 2차 자동조기상환 평가일까지 종가기준으로 세 기초자산 중 어느 하나도 최초 기초자산가격의 75% 미만으로 하락한 적이 없고, 2차 자동조기상환 평가일에 자동조기상환 조건도 충족되지 않은 경우에는, 리자드 이벤트(lizard event)가 발생된 것으로 정의하며 연 3.3%의 리자드 쿠폰으로 상환합니다.

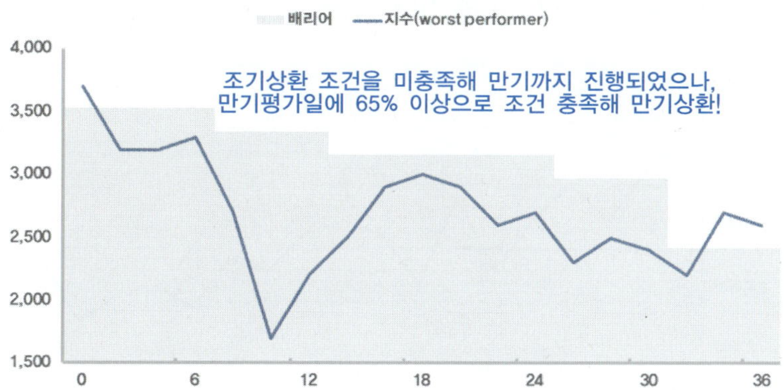

[그림] 노낙인 ELF가 상환된 사례

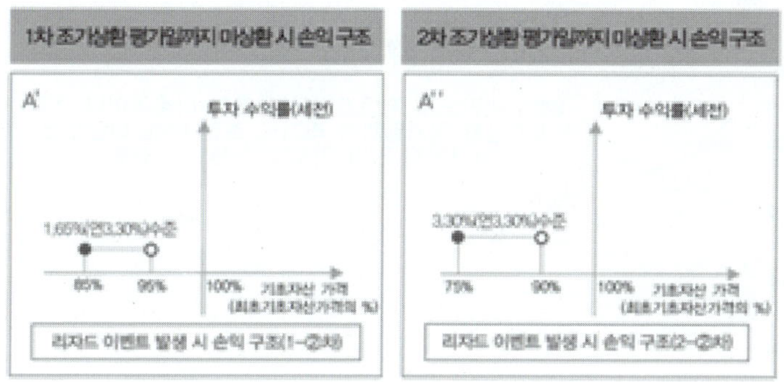

i 리자드 조건 ELF의 상환 조건 예시1

리자드 조건은 있지만, 약정된 자동조기상환 조건에 부합해 자동조기 상환된 사례입니다.

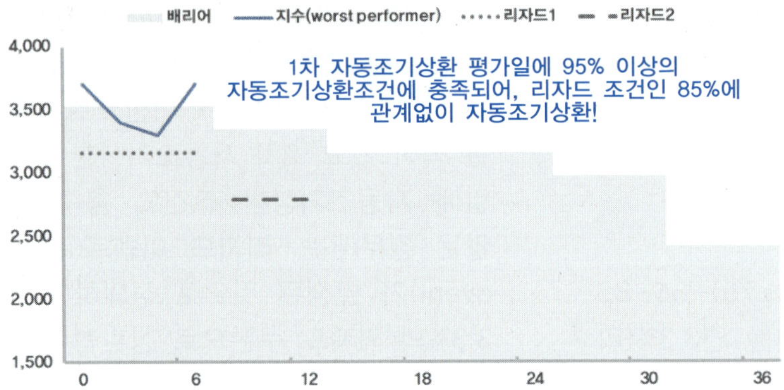

ii 리자드 조건 ELF의 상환 조건 예시2

자동조기상환 평가일에 자동조기상환 조건에 부합하지 못했으나, 리자드 조건을 충족해 조기상환된 사례입니다.

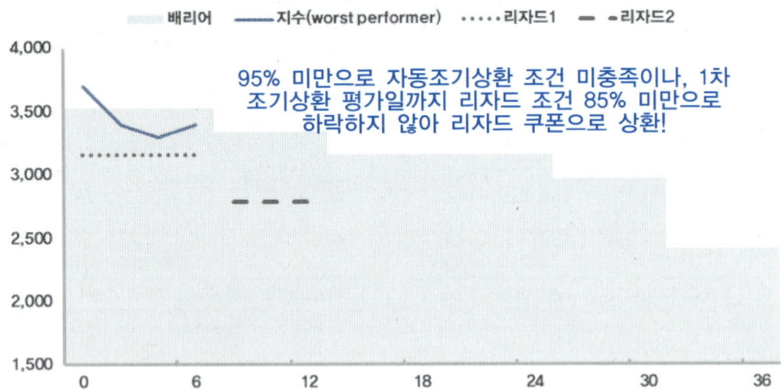

iii 리자드 조건 ELF의 상환 조건 예시3

리자드 조건 이하로 하락해 리자드 조건이 소멸되었으나, 자동조기상환 평가일에 상환된 사례입니다.

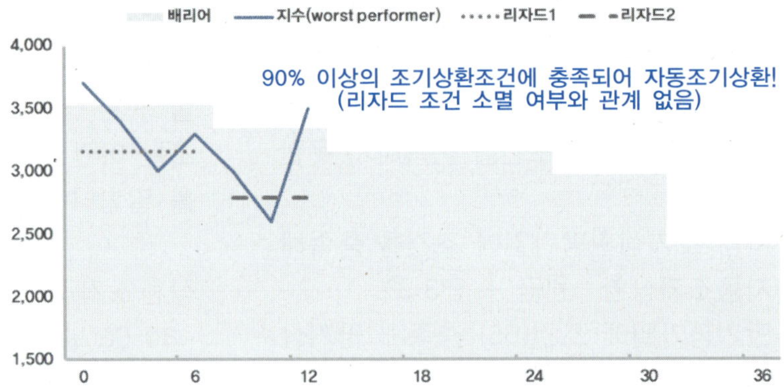

iv 리자드 조건 ELF의 상환 조건 예시4

리자드 조건 이하로 하락해 리자드 조건이 소멸되고, 조기상환 조건도 충족시키지 못해 만기상환된 사례입니다.

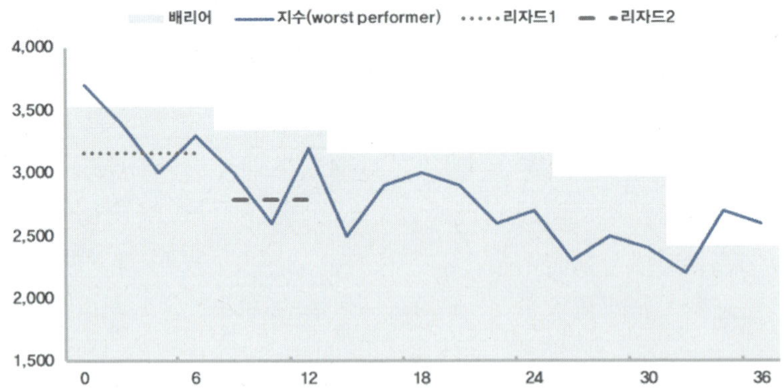

펀드개요

펀 드 명	HDC 투타임즈리지드 지수연계 증권투자신탁 KSE-9호(ELS-파생형)
투자형태	증권형(ELS-파생형), 개방형, 단위형, 공모형
파생결합증권 발행회사	미래에셋대우(AA), 한국투자증권(AA), 키움증권(AA-), KB증권(AA+) • 신용평가기관명 : NICE신용평가 • 적용일 : 미래에셋대우(2019.04.25), KB증권(2019.09.10) • 신용평가기관명 : 한국신용평가 • 적용일 : 한국투자증권(2019.09.27), 키움증권(2019.06.27)
사무수탁회사	하나펀드서비스
파생결합증권 투자기간	3년 내외 (매 6개월 시점에 자동조기상환 조건 충족 시 상환되며 자동조기상환 시 그 이후의 상환 조건은 소멸되고 펀드도 상환됨)
파생결합증권 기초자산	KOSPI200지수, S&P500지수, EUROSTOXX50지수
운용대상	• 파생결합증권 : 60% 이상, 기타 유동성 자산 : 40% 이하
환매수수료	• 환매금액의 7% (초기 6개월 미만), 환매금액의 5% (6개월 이후) • 환매수수료는 전액 투자신탁재산에 편입
환매방법	환매 청구일로부터 제4영업일 기준가격 적용하여 제8영업일에 지급 (17시 경과 후 제5영업일 기준가격 적용하여 제8영업일에 지급)
선취판매수수료	• 종류 A : 납입금액의 0.80% • 종류 Ae : 납입금액의 0.50% ※ 동일한 파생결합증권에 투자함에도 불구하고 종류Ae 수익증권(온라인투자자용)과 종류A 수익증권간의 선취판매수수료 차이로 인해 상환수익률(선취판매수수료 차감 전 투자원금 기준)에 차이가 발생할 수 있습니다.
보수 등	• 초기 6개월 – 총 보수 : 연0.2375% (집합투자업자 : 연0.2100%, 신탁업자 : 연0.0150%, 일반사무관리 : 연0.0125%) • 6개월 경과 후 – 총 보수 : 연0.003% (집합투자업자 : 연0.001%, 신탁업자 : 연0.001%, 일반사무관리 : 연0.001%) ※ 증권거래비용 등이 추가로 발생할 수 있습니다.

[그림] ELF의 안내장

f 기타 유의사항

파생결합증권 발행회사의 신용등급을 잘 살펴야 합니다. ELF가 지급 불능에 빠지는 경우는 발행회사의 부도 때문입니다.

대부분의 파생결합증권은 환매수수료가 매우 높습니다. 따라서 자신의 자금 수요를 잘 파악하셔서, 급히 필요하지 않은 자금으로 투자해야 합니다.

대부분의 파생결합증권은 총보수가 낮은 대신, 선취판매수수료가 높습니다. 예를 들어 위의 상품에 투자한 후 1차에 조기상환되어 같은 조건으로 재투자한 경우, 수익률은 연환산 수익률로 제시되기 때문에 결국 연3.3%가 되지만, 선취판매수수료는 0.8% X 2 = 1.6%가 됩니다. 주의를 요합니다.

3. ELB(주가연계 사채)

ELB(Equity Linked Bond)란 원금보존을 추구하면서, 예금보다 좀 더 높은 수익률을 추구하는 상품으로 주가지수에 연계되어 최종 수익이 확정되는 파생결합 사채를 말합니다.

ELB의 예

- 운용기간 : 1.5년
- 기초자산 : KOSPI200지수
- 편입옵션 유형 : Up & Out Call
- 상승참여율 : 15%
- 최저 기대수익률 : 2.10%(1.5년 기간수익률)
- 최고 기대수익률 : 4.35%(1.5년 기간수익률)

위 상품을 이해하기 위해서는 다음의 용어를 알아야 합니다.

- 기초자산 : 상품 수익률 계산의 기초가 되는 자산으로 위 상품의 경우 KOSPI200지수를 사용합니다.
- 편입 옵션유형 : Up & Out Call이란 기초자산이 상승할 때 참여율을 반영해 수익률이 오르다가, 최고 기대수익률을 도달하면 낙아웃(knock out)되면서, 최저 기대수익률로 회귀하는 옵션입니다.
- 상승참여율 : 기초자산의 상승률의 몇 %를 수익으로 줄 것인지 알려주는 비율입니다.

a ELB의 수익 구조

최초 기준지수 결정일에 기초자산인 KOSPI200지수는 282.10입니다.

투자기간 중 한 번이라도 KOSPI200지수가 282.10의 115%인 324.42을 넘지 않고 최종 기준지수 결정일에 KOSPI200지수가

- 282.10~342.42 사이인 경우 기간수익률 = 원금 + 2.1% 수준 + KOSPI200지수 상승률 X 참여율 15%
- 282.10 미만인 경우 기간수익률 = 원금 + 2.1% 수준

투자기간 중 한 번이라도 KOSPI200지수가 282.10의 115%인 324.42를 초과한 적이 있는 경우 기간수익률 = 원금 + 2.1% 수준(낙아웃)

b 주의사항

ELB는 파생결합사채에 신탁재산의 대부분을 투자하므로, 그 파생결합사채 발행회사의 신용등급을 주의깊게 살펴보아야 합니다.

ELB의 안정적인 수익구조와 잔존 수익자의 보호를 위해 높은 환매수수료를 부과합니다. 이에 따라 중도환매 시 원금손실이 발생할 수 있으므로 중도환매에 유의해야 합니다.

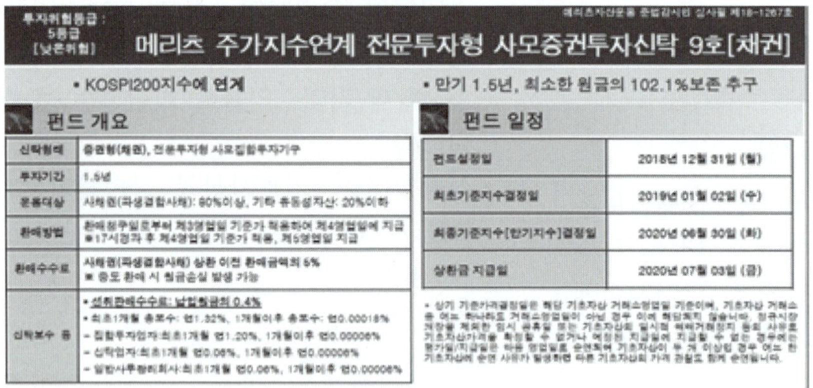

투자위험등급 : 5등급 [낮은위험]

메리츠자산운용 준법감시인 심사필 제18-1267호

메리츠 주가지수연계 전문투자형 사모증권투자신탁 9호[채권]

- KOSPI200지수에 연계
- 만기 1.5년, 최소한 원금의 102.1%보존 추구

펀드 개요

신탁형태	증권형(채권), 전문투자형 사모집합투자기구
투자기간	1.5년
운용대상	사채권(파생결합사채): 80%이상, 기타 유동성자산: 20%이하
환매방법	환매청구일로부터 제3영업일 기준가 적용하여 제4영업일에 지급 ※17시경과 후 제4영업일 기준가 적용, 제5영업일 지급
환매수수료	사채권(파생결합사채) 상환 이전 환매금액의 6% ※ 중도 환매 시 원금손실 발생 가능
신탁보수 등	• 선취판매수수료: 납입원금의 0.4% • 최초1개월 총보수: 연1.32%, 1개월이후 총보수: 연0.00018% - 집합투자업자:최초1개월 연1.20%, 1개월이후 연0.00006% - 신탁업자:최초1개월 연0.06%, 1개월이후 연0.00006% - 일반사무관리회사:최초1개월 연0.06%, 1개월이후 연0.00006%

펀드 일정

펀드설정일	2018년 12월 31일 (월)
최초기준지수결정일	2019년 01월 02일 (수)
최종기준지수[만기지수]결정일	2020년 06월 30일 (화)
상환금 지급일	2020년 07월 03일 (금)

• 상기 기준가격결정일은 해당 기초자산 거래소영업일 기준이며, [illegible]

[그림] ELB의 안내장

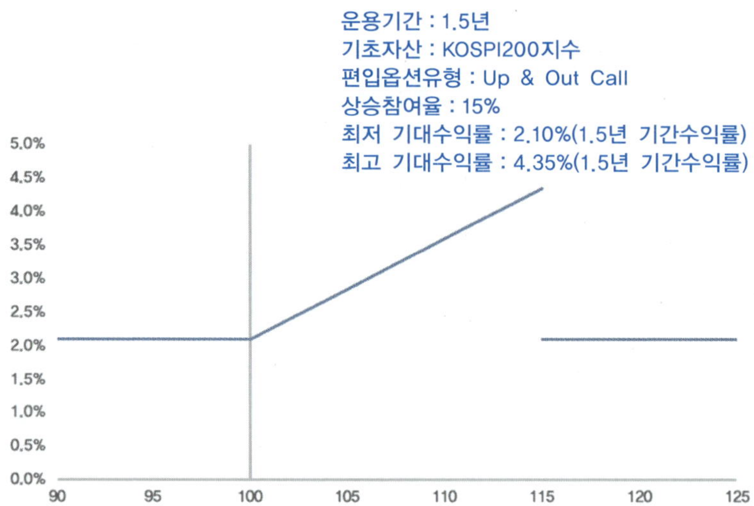

세계 경제
[지역(세계)]

1. 세계 경제의 구성 (GDP기준)

세계 경제는 GDP 기준으로 84조 달러 규모이며, 크게 선진 경제(advanced economies)과 신흥 시장(emerging market)으로 분류됩니다. 1980년 세계 GDP에서 차지하는 비중은 선진 경제 : 신흥 시장 = 76 : 24 이었으나, 2018년에는 60 : 40으로 신흥시장의 비중이 크게 증가했습니다.

2018년 세계 경상기준 GDP 대비 국가별 비중을 기준으로 미국 24.2%, 유로 16.1%, 중국 15.7%, 일본 5.9%, 아세안 3.2%, 인도 3.2%, 브라질 2.2%, 한국 2.0%, 러시아 2.9%입니다.

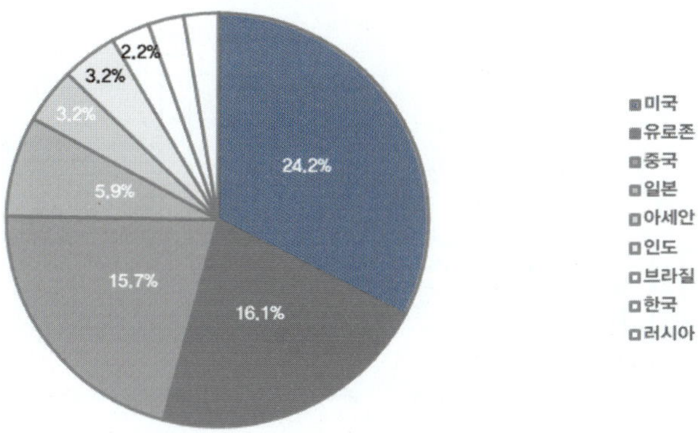

[그림] 세계 경제의 구성(경상기준, IMF)

a GDP 성장률

세계 경제의 2000년 이후 연평균 GDP 성장률은 3.9%이며, 선진 경제는 1.9%, 신흥시장은 5.7%의 성장률을 기록했습니다. 하지만 2018년 기준으로 세계 경제는 연평균 3.6%, 선진경제는 2.3%, 신흥시장은 4.5%의 성장률을 기록했는데, 서브프라임 사태 이후 선진경제는 성장률이 소폭 강화된 반면, 신흥경제의 성장률이 크게 약화되면서 세계 경제의 성장률은 소폭 하향되는 모습입니다.

2018년 GDP 성장률은 중국 6.8%, 인도 6.6%, 한국 2.9%, 미국 2.7%, 브라질 2.3%, 일본 1.9%, 러시아 1.1%, 유로존 0.8%를 기록했습니다.

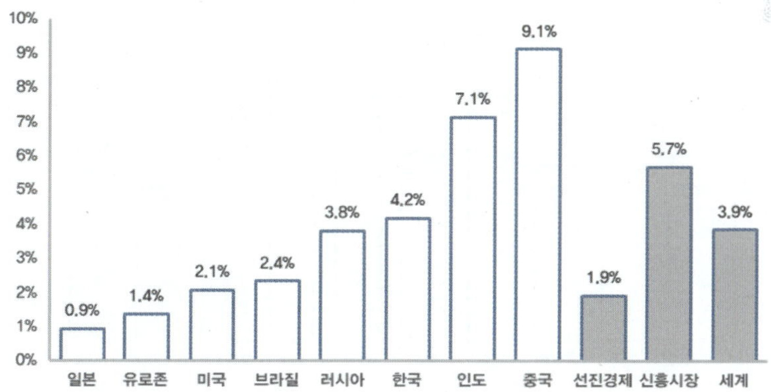

[그림] GDP 성장률(2000년 이후, 연평균, IMF)

b 총투자

세계 경제의 2000년 이후 연평균 GDP 대비 총투자는 24.7%이며, 선진 경제는 22.1%, 신흥시장은 29.7%로 신흥시장의 높은 총투자가 경제를 견인해 왔습니다. 특히 중국 43.1%, 인도 32.6%로 이 두 나라의 총투자가 인상적입니다. 이는 도시화율이 낮은 국가가 도시화율이 높아지면서 나타나는 공통 현상입니다.

하지만 중국의 도시화가 일정 부분 완료된 상태이기 때문에, 향후 전세계 총투자는 인도가 이끌어 갈 것으로 예상됩니다. 금융시장에서도 이 점에 주목하고 있습니다.

c 경상수지

2000~09년 신흥시장이 각광을 받을 때에는 경상수지에 있어 미국이 대폭 적자를 기록하면서, 전세계에 달러 유동성을 공급했고, 이 혜택을 통해 중국, 러시아 등 신흥국이 고도 성장을 기록했습니다.

하지만 재정적자를 축소하려는 유로존의 노력과 세일 혁명으로 불리는 미국의 석유 순수출국 전환에 따른 경상수지 적자 규모 축소로 선진국의 경상수지는 개선되는 흐름을 보이고 있으며, 이에 반해 신흥국은 경상수지가 흑자 축소 또는 적자 확대로 바뀌었습니다. 이에 따라 신흥국의 환율이 최근 변동성이 확대되고 있습니다.

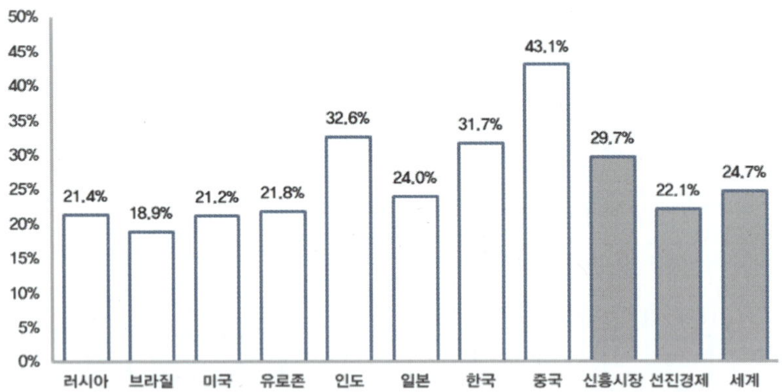

[그림] 총투자(GDP 대비, 2000년 이후, 연평균, IMF)

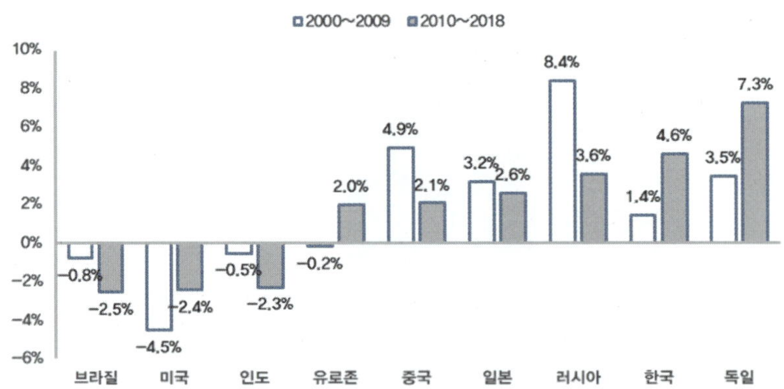

[그림] 경상수지(GDP 대비, IMF)

2. 세계 투자자산

신흥시장의 높은 경제성장으로 전세계 GDP에서의 비중이 2015년 기준 선진국 60.4%, 신흥시장 39.6%로, 2000년 기준 선진국 79.1%, 신흥시장 20.9%에 비해 그 격차가 대폭 축소되었습니다.

하지만 투자자산을 기준으로 보면, 전세계 투자자산에서의 비중은 선진국 87.9%, 신흥시장 12.1%로 엄청난 격차를 보이고 있는데, 이는 그동안의 자본 축적도가 다르기 때문입니다.

이를 GDP 대비로 계산해보면, 선진국은 GDP의 134%에 달하는 투자자산을 보유하고 있는 반면에, 신흥시장은 단지 GDP의 28%를 보유하고 있습니다.

이러한 격차가 바로 금융의 힘이 선진국에 존재하는 이유입니다. 예를 들어 선진국은 GDP 성장률이 2%를 기록한다고 해도, 투자자산 수익률이 높아지면, 부의 효과로 인해 국가의 부는 더 많이 증가하는 효과를 누릴 수 있습니다.

장기 투자를 주도하는 연금 현황을 봐도 선진국의 높은 자본축적도를 알 수 있습니다. 이렇기 때문에 금융시장을 관찰할 때 선진국을 중심으로, 외국인 투자자의 자금흐름을 중심으로 분석하게 되는 것입니다.

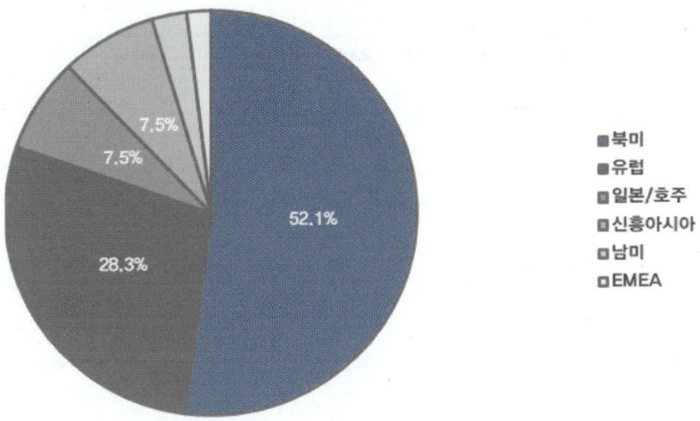

[그림] 세계 투자자산(조 달러, 2015년 기준)

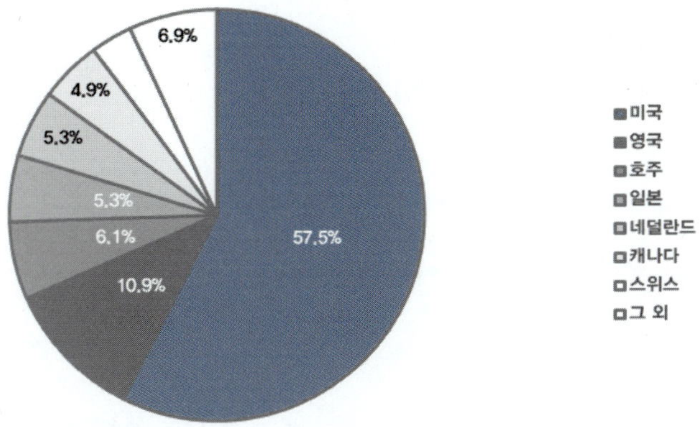

[그림] OECD국가 연금 현황 (조 달러, 2015년 기준)

선진국

[지역(선진국)]

1. 선진국 경제의 개요 (2018년 기준)

- GDP(경상기준) : 51.2조 달러 (전세계 60.3%)
- GDP성장률(yoy%, 2010~8년 평균) : 2.0%
- GDP(구매력기준) : 55.3조 달러 (전세계 40.8%)
- 1인당 GDP(구매력기준) : 51,776 달러
- 총투자(GDP대비) : 22.0%
- 총저축률(GDP대비) : 22.6%
- 소비자물가상승률I (yoy%, 2010~8년 평균) : 1.5%
- 수출(물량기준, yoy%, 2010~8년 평균) : 4.6%
- 수입(물량기준, yoy%, 2010~8년 평균) : 4.5%
- 경상수지(2010~8년 평균) : 2,000억 달러, GDP 대비 0.4%

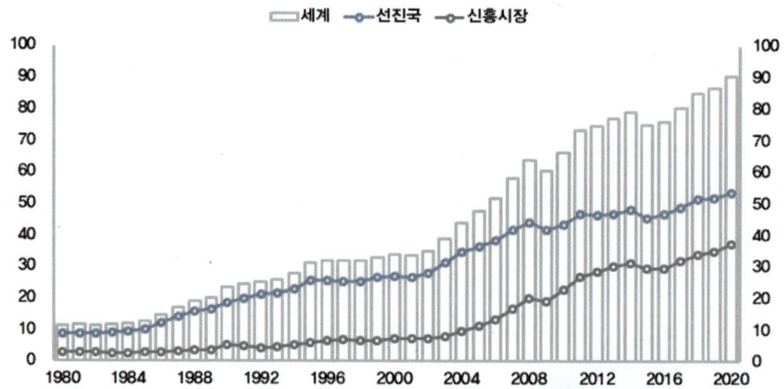

[그림] GDP(경상기준, 조 달러, IMF)

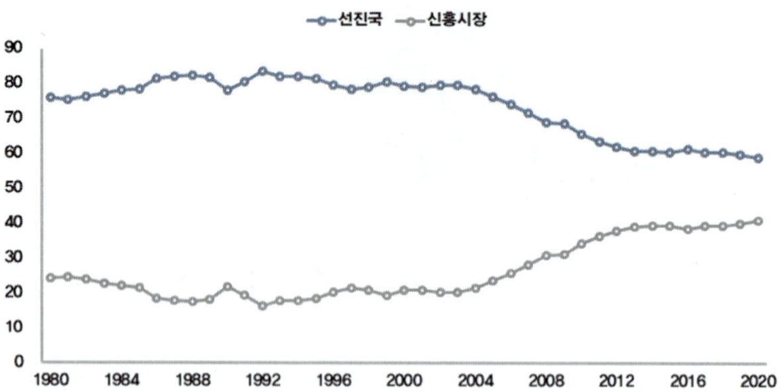

[그림] GDP(경상기준, 세계대비 %, IMF)

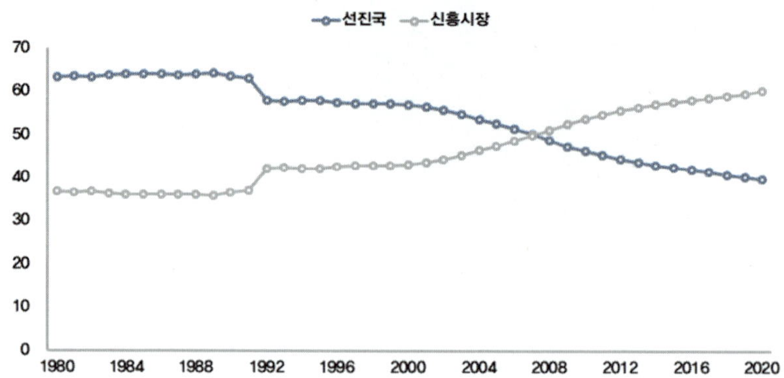

[그림] GDP(경상기준, 세계대비 %, IMF)

미국

[지역(선진국)]

2. 미국 경제의 개요 (2018년 기준)

- GDP(경상기준) : 20.6조 달러(전세계 24.2%)
- GDP성장률(yoy%, 2010~8년 평균) : 2.3%
- 1인당 GDP(구매력기준) : 62,869 달러
- 총투자(GDP대비) : 21.0%
- 총저축률(GDP대비) : 18.4%
- 소비자물가상승률l(yoy%, 2010~8년 평균) : 1.8%
- 수출(물량기준, yoy%, 2010~8년 평균) : 4.2%
- 수입(물량기준, yoy%, 2010~8년 평균) : 4.9%
- 인구 : 3.27억 명
- 인구성장률(yoy%, 2010~8년 평균) : 0.7%
- 경상수지(2010~8년 평균) : −4,200억 달러, GDP 대비 −2.4%

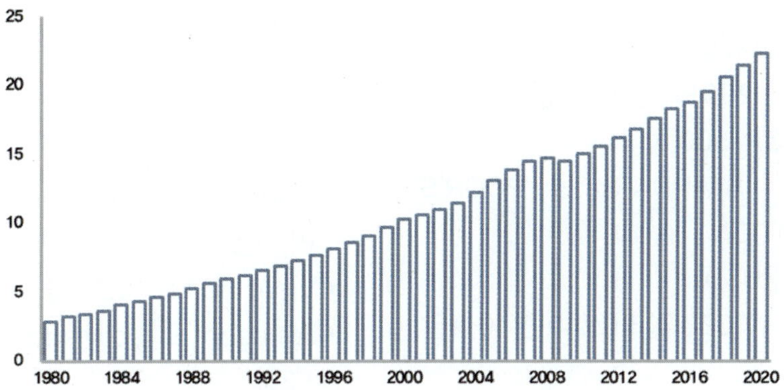

[그림] GDP(경상기준, 조 달러, IMF)

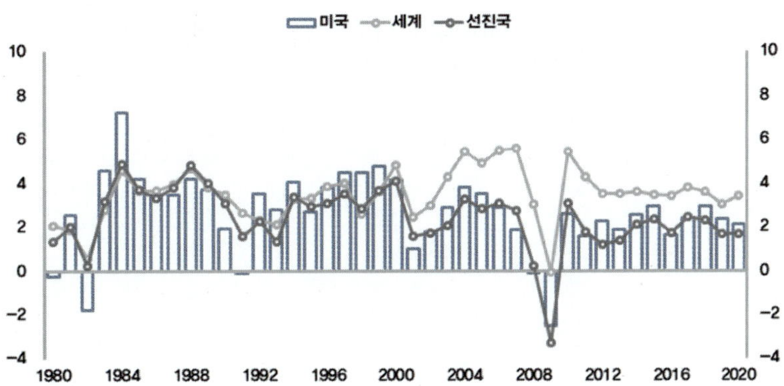

[그림] GDP성장률(yoy%, IMF)

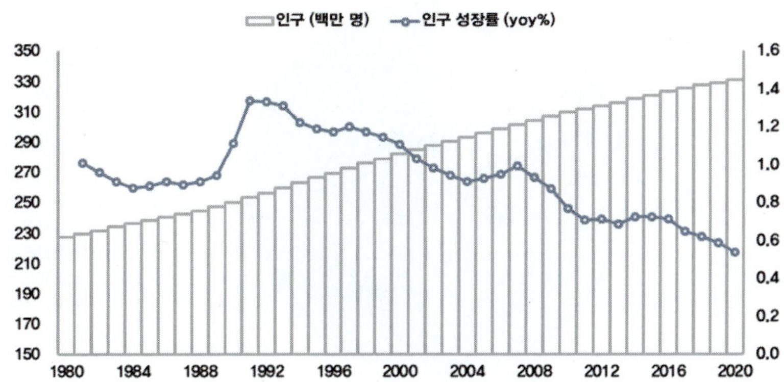

[그림] 인구와 인구성장률(IMF)

a 대표지수 : S&P 500 지수

S&P 500 지수는 500개 대형기업의 주식을 포함한 지수입니다. 500개의 기업 중 대부분이 미국 기업입니다. S&P 500은 지수 자체를 일컬을 뿐 아니라 지수에 포함된 해당 500개 기업 자체를 지칭하기도 합니다. S&P 500 지수는 더 넓은 폭의 주식시장지수인 S&P 1500과 S&P 글로벌 1200의 한 부분입니다.

- 지수명 : S&P 500
- 지수제공자 : STANDARD & POOR'S CORPORATION
- 통화 : 달러(USD)
- 시가총액 : 27.0조 달러(2019년 10월말 기준)

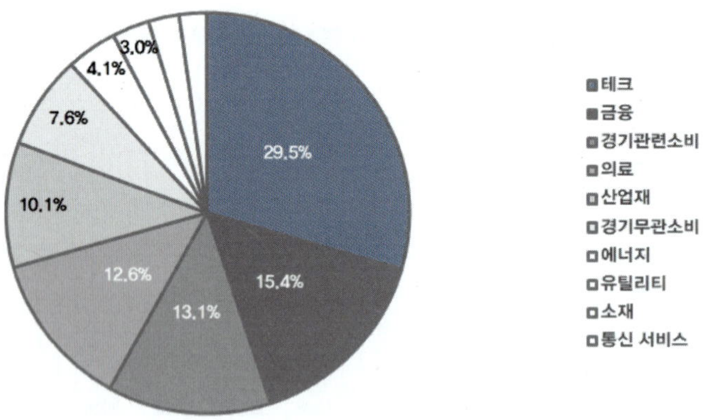

[그림] 섹터 구성(2019년 10월말 기준)

i 주요 구성종목(시가총액, 비중, 2019년 10월말 기준)

- Apple Inc : 1.16조 달러, 4.3%
- Microsoft Corp : 1.11조 달러, 4.1%
- Alphabet Inc : 0.90조 달러, 3.3%
- Amazon.com Inc : 0.89조 달러, 3.3%
- Facebook Inc : 0.54조 달러, 2.0%
- Berkshire Hathaway Inc : 0.54조 달러, 2.0%
- JPMorgan Chase & Co : 0.41조 달러, 1.5%
- Visa Inc : 0.39조 달러, 1.4%
- Johnson & Johnson : 0.35조 달러, 1.3%
- Walmart Inc : 0.34조 달러, 1.3%

ii 주요 기업

Apple Inc

- 산업분야 : 테크(소프트웨어 및 컴퓨터 하드웨어)
- 제품 : 매킨토시, 아이팟, 아이폰, 애플 TV, 아이패드, 애플워치 등

Microsoft Corp

- 산업분야 : 테크(소프트웨어 및 컴퓨터 하드웨어)
- 제품 : MS 윈도우, MS 오피스, MS 서버, 엑스박스, 스카이프 등

Alphabet Inc

- 산업분야 : 테크(IT 서비스)

Google 자회사들이 모여서 설립된 기업

- 집단

b 대표지수 : 나스닥 종합주가지수

나스닥 종합주가지수는 나스닥에 상장된 전분야 모든 기업의 주가지수입니다. 나스닥은 미국 뉴욕 증권거래소에서 운영되는 시장과는 별도의 시장에서, 전미증권협회에 등록된 주식이 매매됩니다. 장외거래를 효율적으로 이용하기 위해 컴퓨터 전산망을 활용합니다. 또한 미국 기업이 아니더라도 상장이 가능합니다.

- 지수명 : NASDAQ Composite
- 지수제공자 : NASDAQ STOCK EXCHANGE
- 통화 : 달러(USD)
- 시가총액 : 13.6조 달러(2019년 10월말 기준)

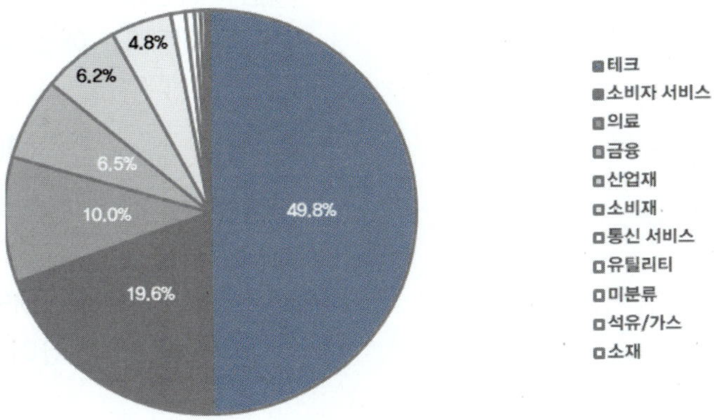

[그림] 섹터 구성(2019년 10월말 기준)

i 주요 구성종목(시가총액, 비중, 2019년 10월말 기준)

- Apple Inc : 1.16조 달러, 8.6%
- Microsoft Corp : 1.11조 달러, 8.2%
- Alphabet Inc : 0.90조 달러, 6.7%
- Amazon.com Inc : 0.89조 달러, 6.5%
- Facebook Inc : 0.54조 달러, 4.0%
- Intel Corp : 0.25조 달러, 1.9%
- Cisco Systems Inc : 0.21조 달러, 1.5%
- Comcast Corp : 0.21조 달러, 1.5%
- PepsiCo Inc : 0.19조 달러, 1.4%
- Adobe Inc : 0.14조 달러, 1.0%

ii 주요 기업

Apple Inc

- 산업분야 : 테크(소프트웨어 및 컴퓨터 하드웨어)
- 제품 : 매킨토시, 아이팟, 아이폰, 애플TV, 아이패드, 애플워치 등

Microsoft Corp

- 산업분야 : 테크(소프트웨어 및 컴퓨터 하드웨어)
- 제품 : MS 윈도우, MS 오피스, MS 서버, 엑스박스, 스카이프 등

Alphabet Inc

- 산업분야 : 테크(IT 서비스)
- Google 자회사들이 모여서 설립된 기업집단

c 대표지수 : 다우 지수

다우 지수는 미국의 증권거래소에 상장된 30개의 우량기업 주식 종목들로 구성됩니다. 주식분할이나 다른 조정의 효과를 상쇄시키기 위하여 다우 지수는 주가의 산술평균이 아닌 비율평균(scaled average)방식을 따릅니다. 산술평균에서는 주가의 총합을 회사의 개수로 나누지만, 다우 지수는 주가의 총합을 제수(divisor)로 나누어 구합니다.

- 지수명 : DOW JONES INDUSTRIAL AVERAGE
- 지수제공자 : STANDARD & POOR'S CORPORATION
- 통화 : 달러(USD)
- 시가총액 : 7.9조 달러 (2019년 10월말 기준)

i 주요 구성종목(시가총액, 비중, 2019년 10월말 기준)

- Apple Inc : 1.16조 달러, 14.7%
- Microsoft Corp : 1.11조 달러, 14.1%
- JPMorgan Chase & Co : 0.41조 달러, 5.2%
- Visa Inc : 0.39조 달러, 4.9%
- Johnson & Johnson : 0.35조 달러, 4.4%
- Walmart Inc : 0.334조 달러, 4.3%
- Exxon Mobil Corp : 0.30조 달러, 3.8%
- Procter & Gamble Co : 0.30조 달러, 3.8%
- Home Depot Inc : 0.26조 달러, 3.2%
- Intel Corp : 0.25조 달러, 3.2%

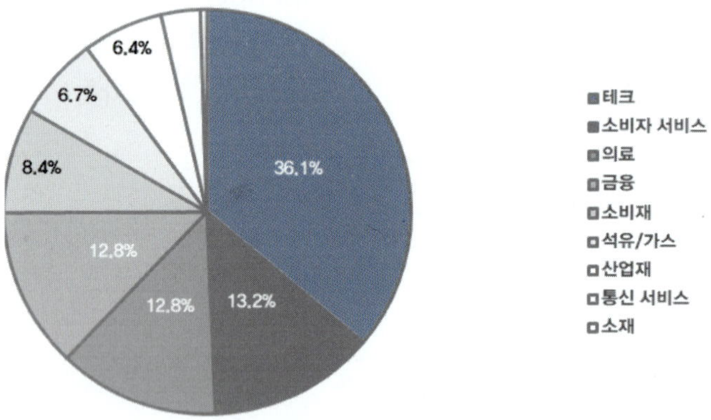

[그림] 섹터 구성(2019년 10월말 기준)

ii 주요 기업

Apple Inc

- 산업분야 : 테크(소프트웨어 및 컴퓨터 하드웨어)
- 제품 : 매킨토시, 아이팟, 아이폰, 애플 TV, 아이패드, 애플워치 등

Microsoft Corp

- 산업분야 : 테크(소프트웨어 및 컴퓨터 하드웨어)
- 제품 : MS 윈도우, MS 오피스, MS 서버, 엑스박스, 스카이프 등

JPMorgan Chase & Co

- 산업분야 : 금융(은행)

유로존

[지역(선진국)]

- 소비자물가상승률(yoy%, 2010~8년 평균) : 1.4%
- 수출(물량기준, yoy%, 2010~8년 평균) : 4.9%
- 수입(물량기준, yoy%, 2010~8년 평균) : 4.2%
- 경상수지(2010~8년 평균) : 2,540억 달러, GDP 대비 2.0%

3. 유로존 경제의 개요 (2018년 기준)

- GDP(경상기준) : 13.6조 달러 (전세계 16.1%)
- GDP성장률(yoy%, 2010~8년 평균) : 1.4%
- 총투자(GDP대비) : 21.6%
- 총저축률(GDP대비) : 25.1%

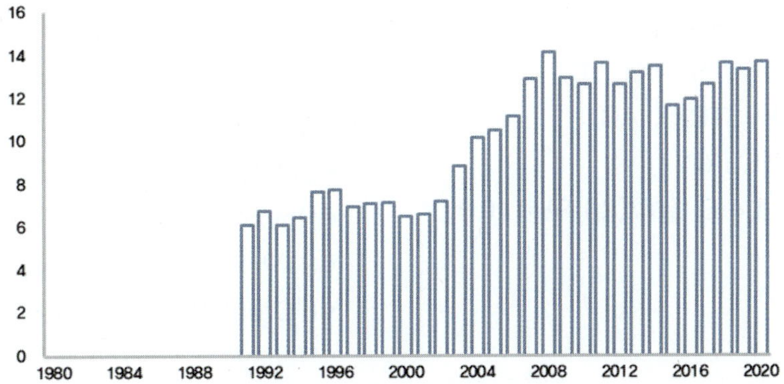

[그림] GDP(경상기준, 조 달러, IMF)

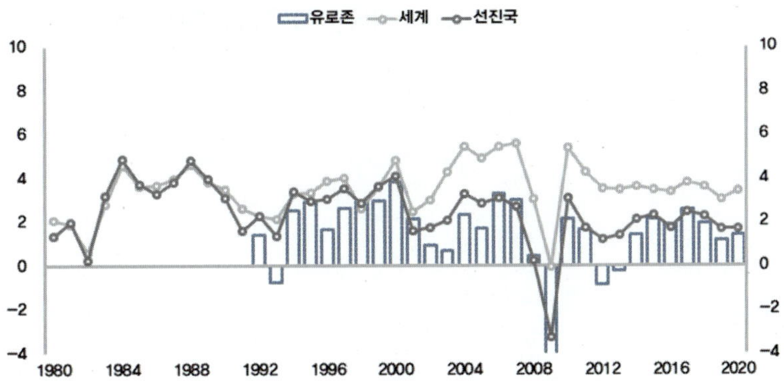

[그림] GDP성장률(yoy%, IMF)

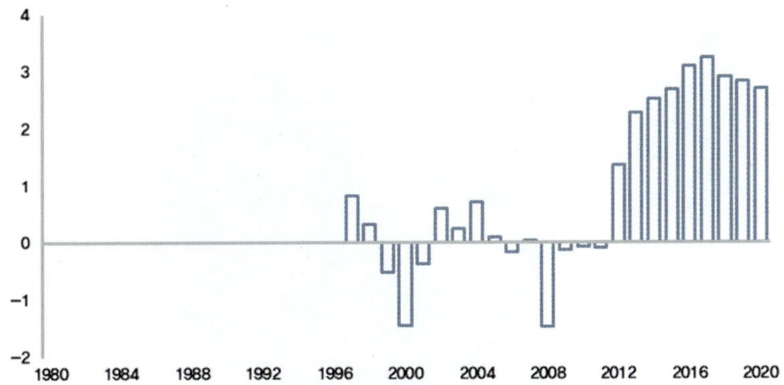

[그림] 경상수지(GDP 대비 %, IMF)

a 대표지수 : 유로 스톡스 50 지수

유로 스톡스 50 지수는 Deutsche Börse Group이 소유한 STOXX가 제공하는 유로존 주식의 주가 지수입니다. 이 지수는 유로존의 섹터를 대표하는 블루칩 50개로 구성되어 있습니다.

- 지수명 : EURO STOXX 50
- 지수제공자 : STOXX AG
- 통화 : 유로(EUR)
- 시가총액 : 4.4조 달러(2019년 10월말 기준)

i 주요 구성종목(시가총액, 비중, 2019년 10월말 기준)

- Nestle SA : 0.28조 유로, 6.4%
- Roche Holding AG : 0.23조 유로, 5.3%
- Royal Dutch Shell PLC : 0.22조 유로, 4.9%
- LVMH SE : 0.20조 유로, 4.6%
- Novartis AG : 0.20조 유로, 4.6%
- SAP SE : 0.15조 유로, 3.4%
- L'Oreal SA: 0.15조 유로, 3.3%
- Unilever : 0.15조 유로, 3.3%
- HSBC Holdings PLC : 0.14조 유로, 3.2%
- Total SA : 0.13조 유로, 3.2%

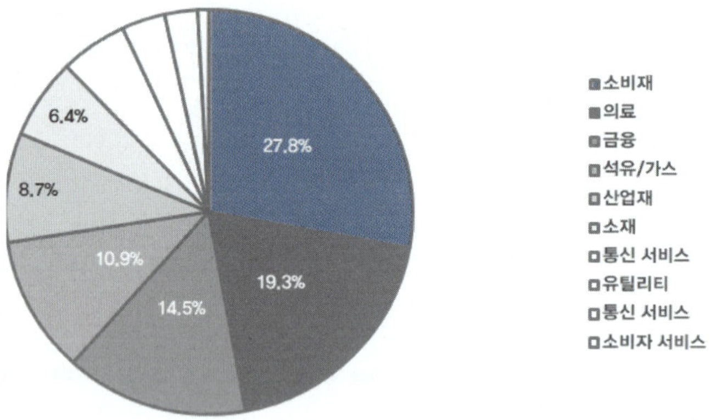

[그림] 섹터 구성(2019년 10월말 기준)

ii 주요 기업

Nestle SA

- 산업분야 : 소비재(식품; 세계 최대 식품 기업)
- 제품 : 영유아식, 커피, 차, 과자류, 유제품, 냉동식품 등

Roche Holding AG

- 산업분야 : 의료(제약)
- 제품 : 의약품, 질병 진단 및 치료제 개발

Royal Dutch Shell

- 산업분야 : 석유/가스
- 제품 : 석유, 석유화학제품 등

유로존

[한 걸음 더]

b 대표지수 : 유로 스톡스 600 지수

유로 스톡스 600 지수는 Deutsche Börse Group이 소유한 STOXX가 제공하는 유로존 주식의 주가 지수입니다. 이 지수는 유로존의 섹터를 대표하는 대형주 600개로 구성되어 있습니다.

- 지수명 : EURO STOXX 60
- 지수제공자 : STOXX AG

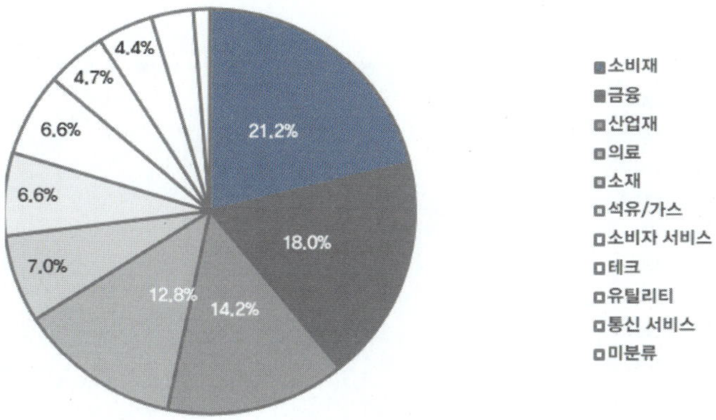

[그림] 섹터 구성(2019년 10월말 기준)

- 통화 : 유로(EUR)
- 시가총액 : 10.9조 달러(2019년 10월말 기준)

i 주요 구성종목(시가총액, 비중, 2019년 10월말 기준)

- Nestle SA : 0.28조 유로, 2.6%
- Roche Holding AG : 0.23조 유로, 2.1%
- Royal Dutch Shell PLC : 0.22조 유로, 2.0%
- LVMH SE : 0.20조 유로, 1.9%
- Novartis AG : 0.20조 유로, 1.9%
- SAP SE : 0.15조 유로, 1.4%
- L'Oreal SA : 0.15조 유로, 1.4%
- Unilever : 0.15조 유로, 1.4%
- HSBC Holdings PLC : 0.14조 유로, 1.3%
- Total SA : 0.13조 유로, 1.2%

ii 주요 기업

Nestle SA

- 산업분야 : 소비재(식품; 세계 최대 식품 기업)
- 제품 : 영유아식, 커피, 차, 과자류, 유제품, 냉동식품 등

Roche Holding AG

- 산업분야 : 의료(제약)
- 제품 : 의약품, 질병 진단 및 치료제 개발

Royal Dutch Shell

- 산업분야 : 석유/가스
- 제품 : 석유, 석유화학제품 등

일본
[지역(선진국)]

4. 일본 경제의 개요 (2018년 기준)

- GDP(경상기준) : 5.0조 달러 (전세계 5.9%)
- GDP성장률(yoy%, 2010~8년 평균) : 1.4%
- 1인당 GDP(구매력기준) : 44,246 달러
- 총투자(GDP대비) : 24.4%
- 총저축률(GDP대비) : 28.0%
- 소비자물가상승률l(yoy%, 2010~8년 평균) : 0.5%
- 수출(물량기준, yoy%, 2010~8년 평균) : 5.5%
- 수입(물량기준, yoy%, 2010~8년 평균) : 4.4%
- 인구 : 1.26억 명
- 인구성장률(yoy%, 2010~8년 평균) : -0.1%
- 경상수지(2010~8년 평균) : 1,340억 달러, GDP 대비 2.6%

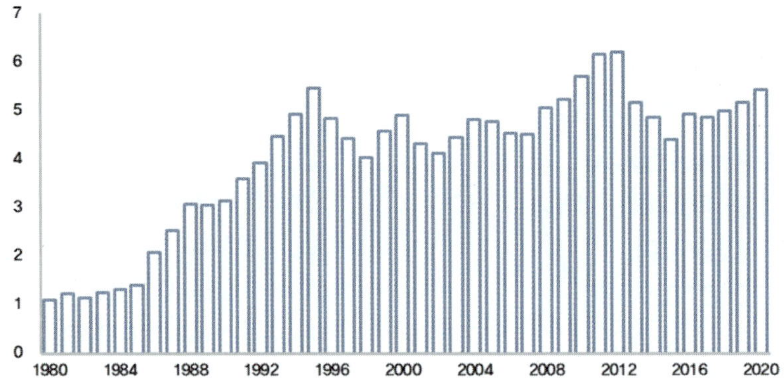

[그림] GDP(경상기준, 조 달러, IMF)

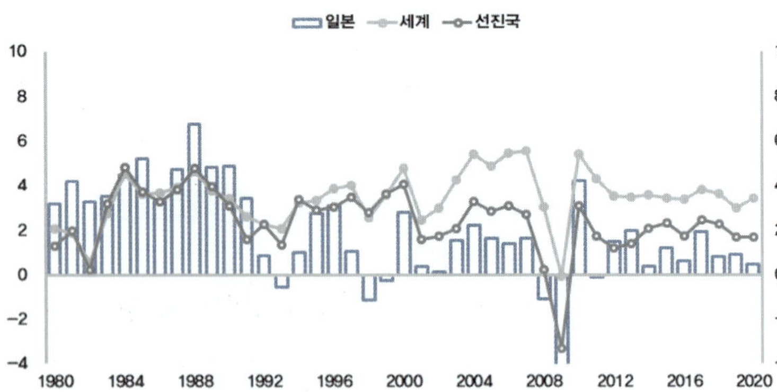

[그림] GDP성장률(yoy%, IMF)

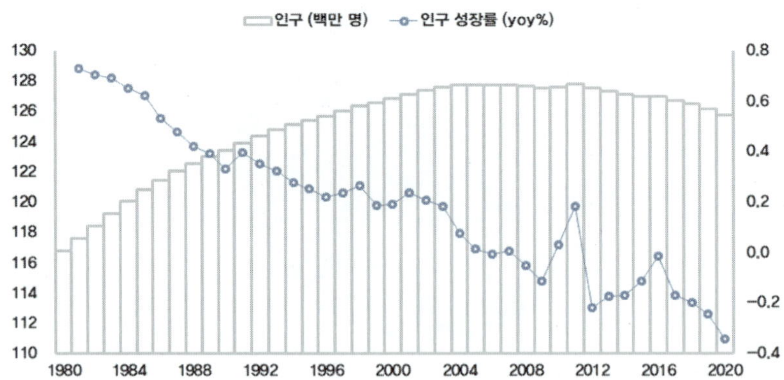

[그림] 인구와 인구성장률(IMF)

a 대표지수 : 닛케이 225 지수

닛케이 225 지수는 도쿄 증권거래소의 주요 주가 지수입니다. 닛케이 지수는 주가-가중치(price-weighted)의 에버리지인데, 닛케이 지수의 구성 종목들은 매년 재검토됩니다. 닛케이 225 선물 지수는 오사카 증권거래소, 시카고 상품 거래소(CME), 싱가포르 증권거래소(SGX) 등에서 거래되고 있으며, 국제적으로 주요한 선물 지수의 하나로 간주되고 있습니다.

- 지수명 : NIKKEI 225 INDEX
- 지수제공자 : Nihon Keizai Shinbun
- 통화 : 엔(JPY)
- 시가총액 : 3.5조 달러(2019년 10월말 기준)

i 주요 구성종목(시가총액, 비중, 2019년 10월말 기준)

- Fast Retailing Co Ltd : 7.2조 엔, 10.5%
- SoftBank Group Corp : 9.1조 엔, 4.0%
- Tokyo Electron Ltd : 3.6조 엔, 3.4%
- Fanuc Corp : 4.4조 엔, 3.3%
- KDDI Corp : 7.5조 엔, 2.9%
- Terumo Corp : 3.1조 엔, 2.5%
- Daikin Industries Ltd : 4.5조 엔, 2.4%
- Kyocera Corp : 2.7조 엔, 2.2%
- Shin-Etsu Chemical Co Ltd : 5.0조 엔, 1.9%
- TDK Corp : 1.5조 엔, 1.8%

ii 주요 기업

Fast Retailing Co Ltd

- 산업분야 : 경기관련소비(유통 ; 지주회사)
- 자회사 : Uniqlo, J Brand, GU, Princesse Tam-Tam 등

SoftBank Group Corp

- 산업분야 : 통신 서비스(일본 최대 IT 회사 겸 세계적인 투자회사)
- 자회사 : 야후! 재팬, 소프트뱅크 모바일, 스프린트, 비전펀드 등

Tokyo Electron Ltd

- 산업분야 : 테크(전자 및 반도체)
- 제품 : 반도체/디스플레이용 제조 장비 등

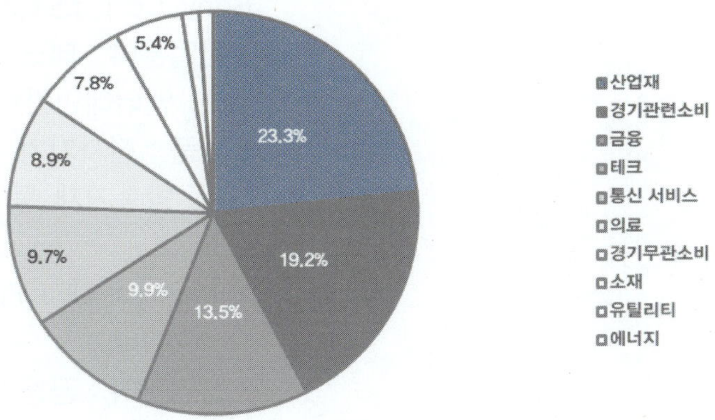

[그림] 섹터 구성(2019년 10월말 기준)

b 대표지수 : 토픽스 지수

토픽스 지수는 일본의 도쿄 증권거래소 1부에 상장된 일본내 기업들의 주가를 나타낸 지수입니다. 이 지수는 유통되는 주식의 총수를 가중치로 하는 체계에서, 거래가 가능한 주식의 총수를 가중치로 하는 체계로 바뀌었습니다.

- 지수명 : TOPIX STOCK PRICE INDEX
- 지수제공자 : Tokyo Stock Exchange
- 통화 : 엔(JPY)
- 시가총액 : 5.9조 달러 (2019년 10월말 기준)

i 주요 구성종목(시가총액, 비중, 2019년 10월말 기준)

- Toyota Motor Corp : 25.8조 엔, 3.7%
- Sony Corp : 8.4조 엔, 1.7%
- Mitsubishi UFJ Financial Group Inc : 8.1조 엔, 1.7%
- Takeda Pharmaceutical Co Ltd : 6.9조 엔, 1.5%
- Nippon Telegraph & Telephone Corp : 10.7조 엔, 1.5%
- SoftBank Group Corp : 9.1조 엔, 1.4%
- Keyence Corp : 9.0조 엔, 1.4%
- Sumitomo Mitsui Financial Group Inc : 5.5조 엔, 1.1%
- Recruit Holdings Co Ltd : 6.4조 엔, 1.1%
- Nintendo Co Ltd : 5.5조 엔, 1.1%

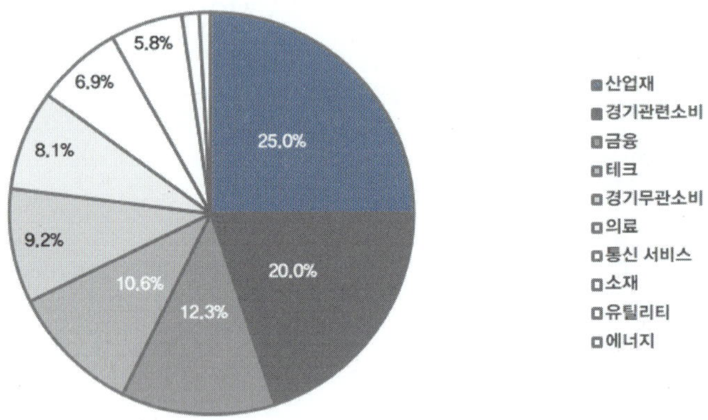

[그림] 섹터 구성(2019년 10월말 기준)

ii 주요 기업

Toyota Motor Corp

- 산업분야 : 경기관련소비(자동차 제조업)
- 제품 : 렉서스, 토요타, 다이하쓰, 스바루, 히노 등

Sony Corp

- 산업분야 : 테크(전자제품 제조 및 판매, 엔터테인먼트, 금융)
- 제품 : 전자기기, 게임, 음향/영상 기기, 방송기재 등

Mitsubishi UFJ Financial Group Inc

- 산업분야 : 금융(금융지주)
- 지회사 : MUFJ은행, MUFJ신탁은행, MUFJ신탁홀딩스 등

신흥시장

[지역(신흥시장)]

1. 신흥시장 경제의 개요 (2018년 기준)

- GDP(경상기준) : 33.7조 달러 (전세계 39.7%)
- GDP성장률(yoy%, 2010~8년 평균) : 5.2%
- GDP(구매력기준) : 80.1조 달러(전세계 59.2%)
- 1인당 GDP(구매력기준) : 12,510 달러
- 총투자(GDP대비) : 33.0%
- 총저축률(GDP대비) : 32.9%
- 소비자물가상승률l(yoy%, 2010~8년 평균) : 5.2%
- 수출(물량기준, yoy%, 2010~8년 평균) : 5.5%
- 수입(물량기준, yoy%, 2010~8년 평균) : 6.0%
- 경상수지(2010~8년 평균) : 1,350억 달러, GDP 대비 0.5%

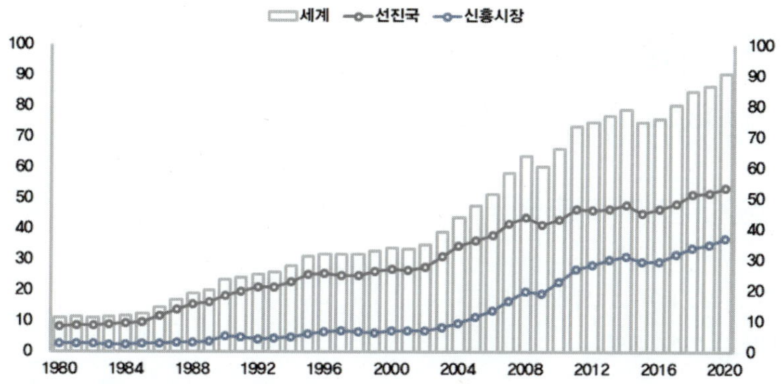

[그림] GDP(경상기준, 세계대비 %, IMF)

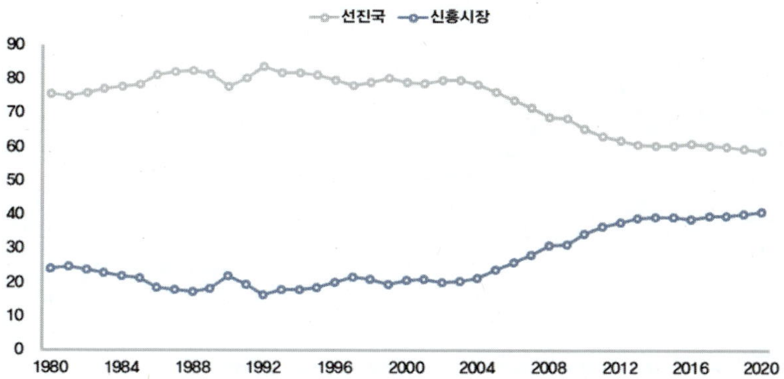

[그림] GDP(경상기준, 조 달러, IMF)

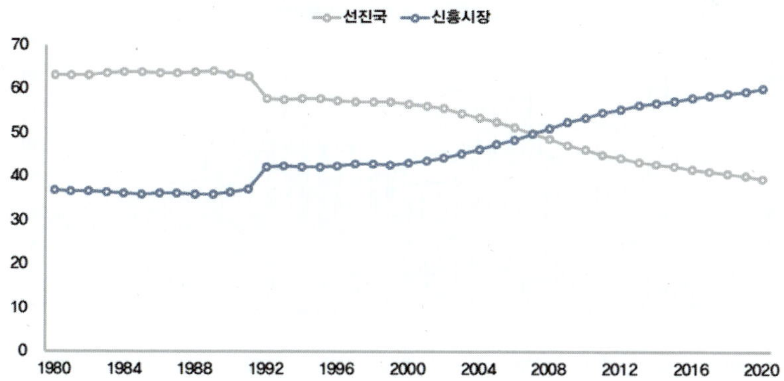

[그림] GDP(경상기준, 세계대비 %, IMF)

중국

[지역(신흥시장)]

2. 중국 경제의 개요 (2018년 기준)

- GDP(경상기준) : 13.3조 달러 (전세계 15.7%)
- GDP성장률(yoy%, 2010~8년 평균) : 7.8%
- 1인당 GDP(구매력기준) : 18,116 달러
- 총투자(GDP대비) : 44.8%
- 총저축률(GDP대비) : 45.2%
- 소비자물가상승률l(yoy%, 2010~8년 평균) : 2.6%
- 수출(물량기준, yoy%, 2010~8년 평균) : 7.8%
- 수입(물량기준, yoy%, 2010~8년 평균) : 9.0%
- 인구 : 13.95억 명
- 인구성장률(yoy%, 2010~8년 평균) : 0.5%
- 경상수지(2010~8년 평균) : 1,920억 달러, GDP 대비 2.1%

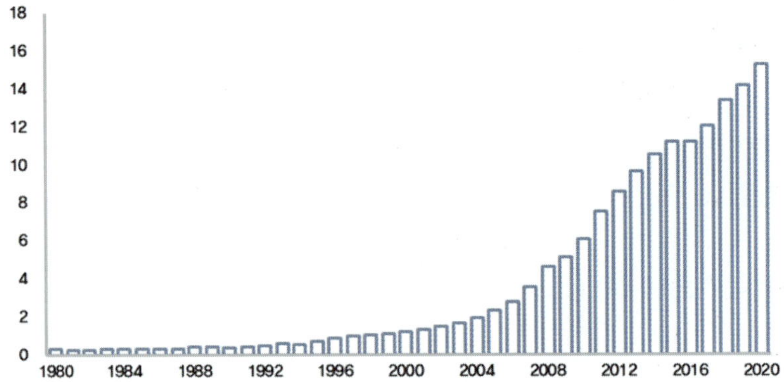

[그림] GDP성장률(yoy%, IMF)

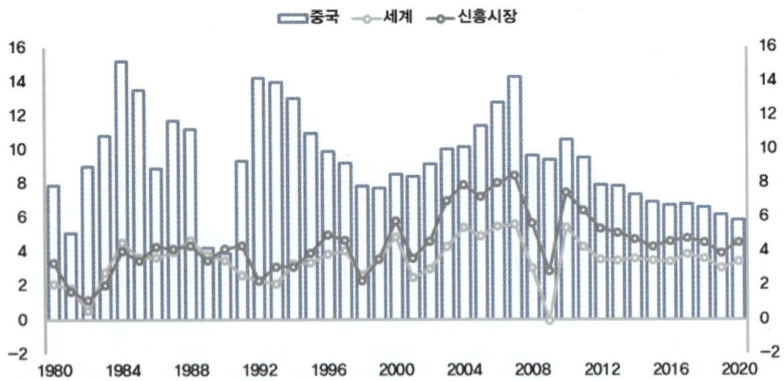

[그림] GDP(경상기준, 조 달러, IMF)

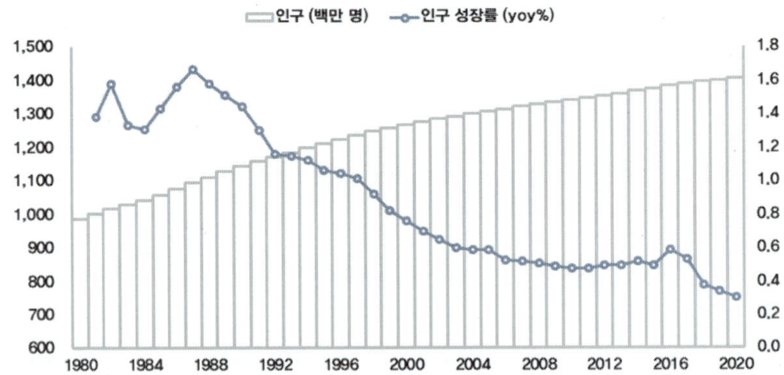

[그림] 인구와 인구성장률(IMF)

a 대표지수 : 상해 종합 지수

상해 종합 지수는 상하이 증권거래소에서 거래되고 있는 모든 주식(A주식과 B주식)을 포함하는 주식시장의 종합 지수입니다. 상해 주식 지수에는 상해 20 지수, 상해 50 지수, 상해 180 지수 등도 있습니다.

- 지수명 : SSE Composite Index
- 지수제공자 : SSE(Shanghai Stock Exchange)
- 통화 : 위안(CNY)
- 시가총액 : 5.6조 달러(2019년 10월말 기준)

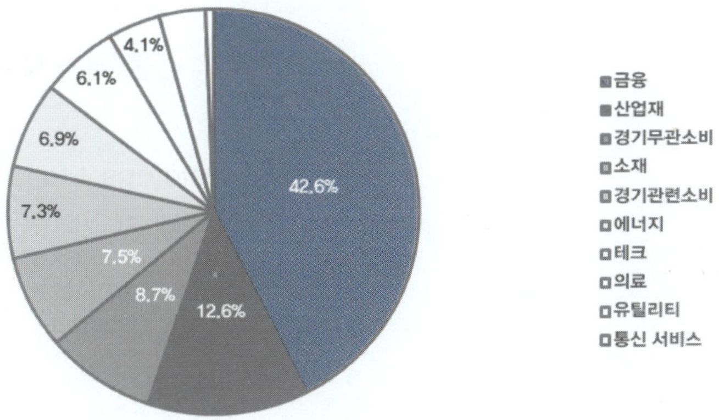

[그림] 섹터 구성(2019년 10월말 기준)

i 주요 구성종목(시가총액, 비중, 2019년 10월말 기준)

- Industrial & Commercial Bank of China : 2.0조 위안, 6.4%
- Kweichow Moutai Co Ltd : 1.5조 위안, 6.1%
- Agricultural Bank of China : 1.3조 위안, 4.3%
- Ping An Insurance Group Co of China : 1.6조 위안, 3.9%
- PetroChina Co Ltd : 1.0조 위안, 3.8%
- China Merchants Bank Co Ltd : 1.0조 위안, 3.1%
- Bank of China Ltd : 1.0조 위안, 3.1%
- China Life Insurance Co Ltd : 0.9조 위안, 2.9%
- China Petroleum & Chemical Corp : 0.6조 위안, 1.9%
- Industrial Bank Co Ltd : 0.4조 위안, 1.5%

ii 주요 기업

Industrial & Commercial Bank of China

- 산업분야 : 금융(중국 4대 국영 상업은행)

Kweichow Moutai Co Ltd

- 산업분야 : 경기무관소비(주류)
- 제품 : Maotai 주류의 생산 및 판매 등

Agricultural Bank of China

- 산업분야 : 금융(중국 4대 국영 상업은행)

b 대표지수 : 항셍 홍콩 H 지수

항셍 홍콩 H 지수는 H 주식에 대한 홍콩 증권거래소의 주식 시장 지수입니다. H 주식은 중국 본토 이외의 지역에서만 거래되는 중국 본토 법인의 보통주를 말합니다.

- 지수명 : Hang Seng China Enterprises Index
- 지수제공자 : 恒生指數有限公司
- 통화 : 홍콩 달러(HKD)
- 시가총액 : 3.3조 달러(2019년 10월말 기준)

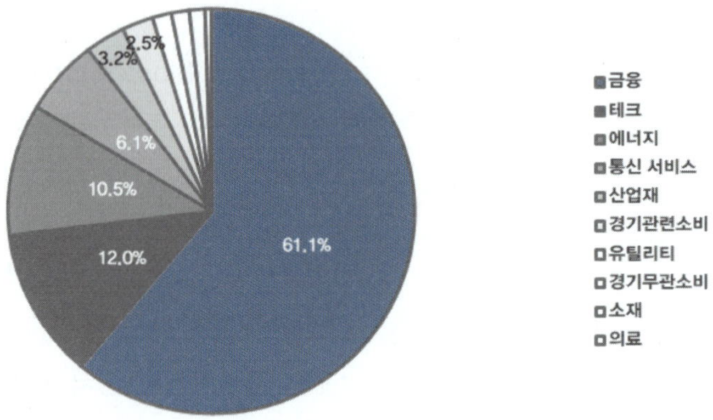

[그림] 섹터 구성(2019년 10월말 기준)

i 주요 구성종목(시가총액, 비중, 2019년 10월말 기준)

- China Construction Bank Corp : 1.8조 홍콩 달러, 10.4%
- Ping An Insurance Group of China : 1.8조 홍콩 달러, 9.4%
- Tencent Holdings Ltd : 3.1조 홍콩 달러, 9.2%
- Industrial & Commercial Bank : 2.3조 홍콩 달러, 7.8%
- China Mobile Ltd : 1.3조 홍콩 달러, 7.1%
- Bank of China Ltd : 1.2조 홍콩 달러, 4.7%
- CNOOC Ltd : 0.6조 홍콩 달러, 4.1%
- China Life Insurance Co Ltd : 1.0조 홍콩 달러, 2.8%
- China Merchants Bank Co Ltd : 1.1조 홍콩 달러, 2.8%
- China Petroleum & Chemical Corp : 0.6조 홍콩 달러, 2.2%

ii 주요 기업

China Construction Bank Corp

- 산업분야 : 금융(중국 4대 국영 상업은행)

Ping An Insurance Group of China

- 산업분야 : 금융(금융지주)

Tencent Holdings Ltd

- 산업분야 : 테크(인터넷 서비스 및 게임 서비스)
- 제품 : 무료 인스턴트 메시징 텐센트 QQ 등

인도

[지역(신흥시장)]

3. 인도 경제의 개요 (2018년 기준)

- GDP(경상기준) : 2.7조 달러 (전세계 3.2%)
- GDP성장률(yoy%, 2010~8년 평균) : 7.4%
- 1인당 GDP(구매력기준) : 7,859 달러
- 총투자(GDP대비) : 31.3%
- 총저축률(GDP대비) : 29.2%
- 소비자물가상승률l(yoy%, 2010~8년 평균) : 6.9%
- 수출(물량기준, yoy%, 2010~8년 평균) : 7.2%
- 수입(물량기준, yoy%, 2010~8년 평균) : 5.8%
- 인구 : 13.34억 명
- 인구성장률(yoy%, 2010~8년 평균) : 1.3%
- 경상수지(2010~8년 평균) : -460억 달러, GDP 대비 -2.3%

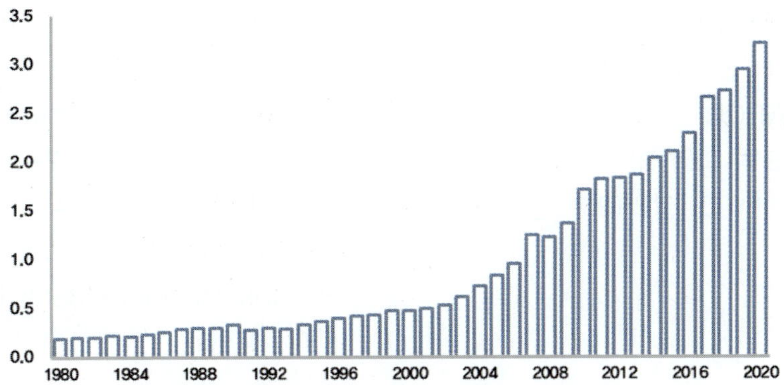

[그림] GDP성장률(yoy%, IMF)

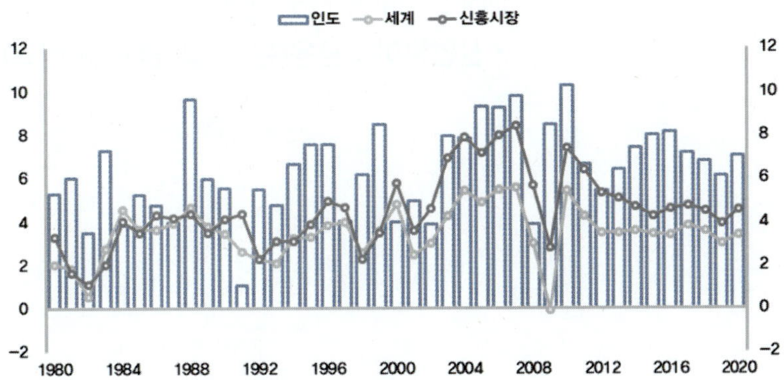

[그림] GDP(경상기준, 조 달러, IMF)

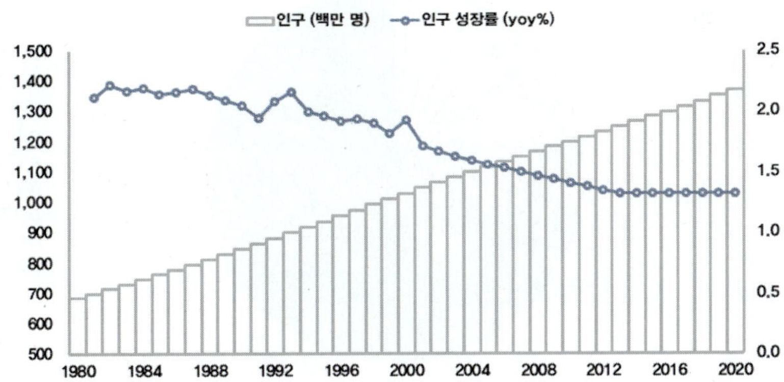

[그림] 인구와 인구성장률(IMF)

a 대표지수 : 센섹스 지수

센섹스 지수는 봄베이 증권거래소에 상장되어 있고 재정적으로 건전한 30 개 회사의 유통주식 가중평균 주가지수입니다. 가장 크고 가장 활발하게 거래되는 주식 중 일부인 30 개 회사는 인도 경제의 다양한 산업 분야를 대표합니다.

- 지수명 : S&P BSE SENSEX INDEX
- 지수제공자 : STANDARD & POOR'S CORPORATION
- 통화 : 인도 루피(INR)
- 시가총액 : 1.0조 달러(2019년 10월말 기준)

i 주요 구성종목(시가총액, 비중, 2019년 10월말 기준)

- Reliance Industries Ltd : 9.2조 루피, 12.7%
- Tata Consultancy Services Ltd : 8.0조 루피, 11.2%
- HDFC Bank Ltd : 6.9조 루피, 9.5%
- Hindustan Unilever Ltd : 4.5 조 루피, 6.3%
- Housing Development Finance Co : 3.9 조 루피, 5.4%
- ITC Ltd : 3.2조 루피, 4.5%
- ICICI Bank Ltd : 3.2조 루피, 4.4%
- Kotak Mahindra Bank Ltd : 3.1조 루피, 4.3%
- Infosys Ltd : 3.0조 루피, 4.2%
- State Bank of India : 2.8조 루피, 3.9%

ii 주요 기업

Reliance Industries Ltd

- 산업분야:복합기업
- 제품 : 에너지, 석유화학 제품, 섬유, 천연 자원, 소매 및 통신 등

Tata Consultancy Services Ltd

- 산업분야 : 테크(IT 서비스 및 IT 컨설팅)
- 제품 : 아웃소싱, 컨설팅 등

HDFC Bank Ltd

- 산업분야 : 금융(은행 및 금융 서비스)

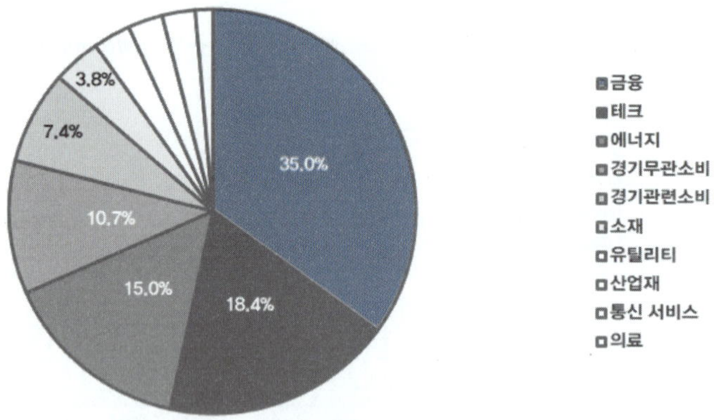

[그림] 섹터 구성(2019년 10월말 기준)

브라질

[지역(신흥시장)]

4. 브라질 경제의 개요 (2018년 기준)

- GDP(경상기준) : 1.9조 달러 (전세계 2.2%)
- GDP성장률(yoy%, 2010~8년 평균) : 1.4%
- 1인당 GDP(구매력기준) : 16,146 달러
- 총투자(GDP대비) : 15.4%
- 총저축률(GDP대비) : 14.6%
- 소비자물가상승률l(yoy%, 2010~8년 평균) : 6.1%
- 수출(물량기준, yoy%, 2010~8년 평균) : 4.8%
- 수입(물량기준, yoy%, 2010~8년 평균) : 4.6%
- 인구 : 2.08억 명
- 인구성장률(yoy%, 2010~8년 평균) : 0.9%
- 경상수지(2010~8년 평균) : −580억 달러, GDP 대비 −2.5%

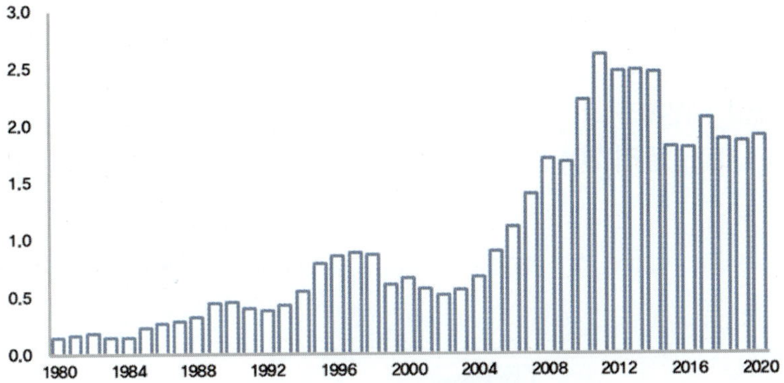

[그림] GDP성장률(yoy%, IMF)

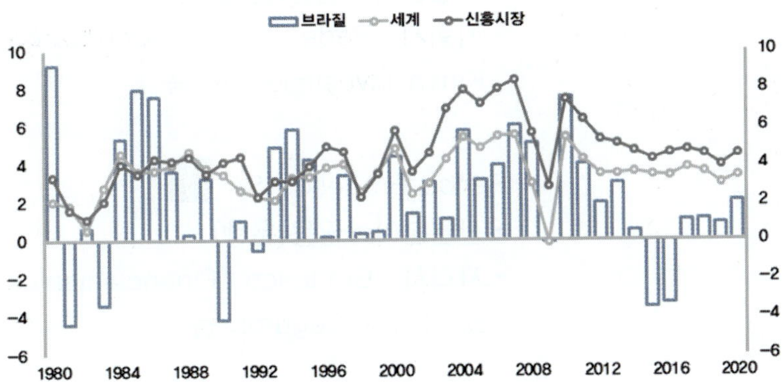

[그림] GDP(경상기준, 조 달러, IMF)

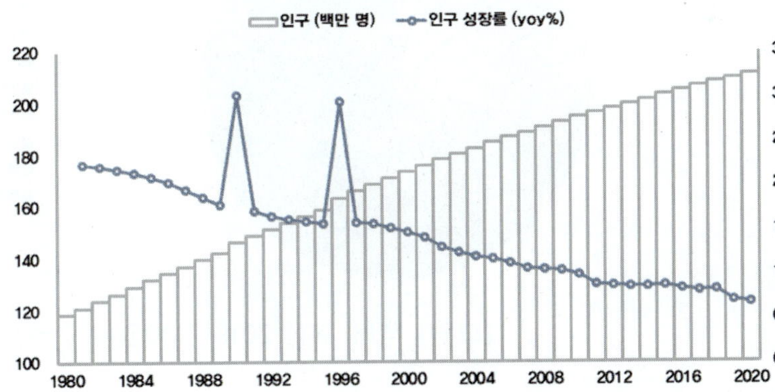

[그림] 인구와 인구성장률(IMF)

a 대표지수 : 보베스파 지수

보베스파 지수는 B3(Brasil Bolsa Balcao)에서 거래되는 대표적인 60종목으로 구성된 주가지수로 이보베스파(Ibovespa)로도 알려져 있습니다.

- 지수명 : SAO PAULO SE BOVESPA INDEX
- 지수제공자 : B3 S.A. – BRASIL, BOLSA, BALCAO
- 통화 : 브라질 레알(BRL)
- 시가총액 : 1.0조 달러(2019년 10월말 기준)

i 주요 구성종목(시가총액, 비중, 2019년 10월말 기준)

- Petroleo Brasileiro SA Petrobras : 0.83조 레알, 12.6%
- Itau Unibanco Holding SA : 0.33조 레알, 9.3%
- Banco Bradesco SA : 0.53조 레알, 9.1%
- Vale SA : 0.26조 레알, 8.4%
- B3 SA Brasil Bolsa Balcao : 0.10조 레알, 5.3%
- Ambev SA : 0.27조 레알, 4.1%
- Banco do Brasil SA : 0.13조 레알, 3.5%
- Itausa Investimentos Itau SA : 0.12조 레알, 3.3%
- JBS SA : 0.08조 레알, 2.4%
- Lojas Renner SA : 0.04조 레알, 2.1%

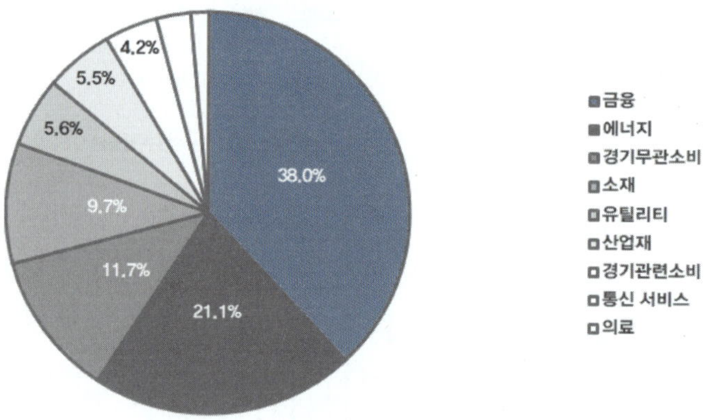

[그림] 섹터 구성(2019년 10월말 기준)

ii 주요 기업

Petroleo Brasileiro SA Petrobras

- 산업분야 : 에너지
- 자회사 : Petrobras Distribuidora SA, Transpetro, Braskem 등

Itau Unibanco Holding SA

- 산업분야 : 금융(은행)
- 자회사 : Rede S.A., Corpbanca, Kinea Investimentos 등

Banco Bradesco SA

- 산업분야 : 금융(은행)
- 자회사 : Bradesco Financiamentos, Bradesco Seguros 등

러시아

[지역(신흥시장)]

5. 러시아 경제의 개요 (2018년 기준)

- GDP(경상기준) : 1.7조 달러 (전세계 2.0%)
- GDP성장률(yoy%, 2010~8년 평균) : 2.0%
- 1인당 GDP(구매력기준) : 28,797 달러
- 총투자(GDP대비) : 22.7%
- 총저축률(GDP대비) : 29.6%
- 소비자물가상승률l(yoy%, 2010~8년 평균) : 7.1%
- 수출(물량기준, yoy%, 2010~8년 평균) : 3.1%
- 수입(물량기준, yoy%, 2010~8년 평균) : 4.4%
- 인구 : 1.47억 명
- 인구성장률(yoy%, 2010~8년 평균) : 0.3%
- 경상수지(2010~8년 평균) : 630억 달러, GDP 대비 3.6%

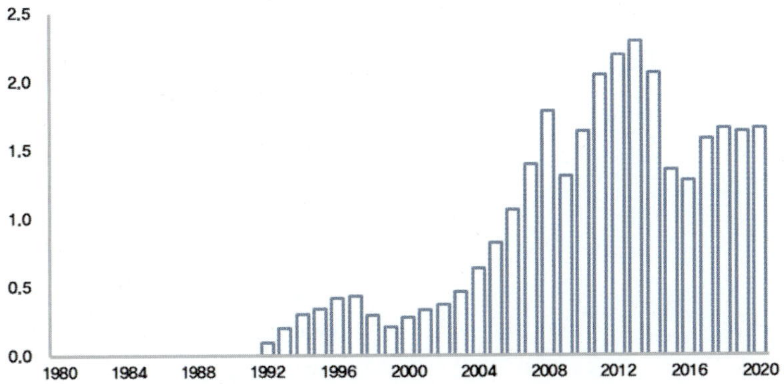

[그림] GDP성장률(yoy%, IMF)

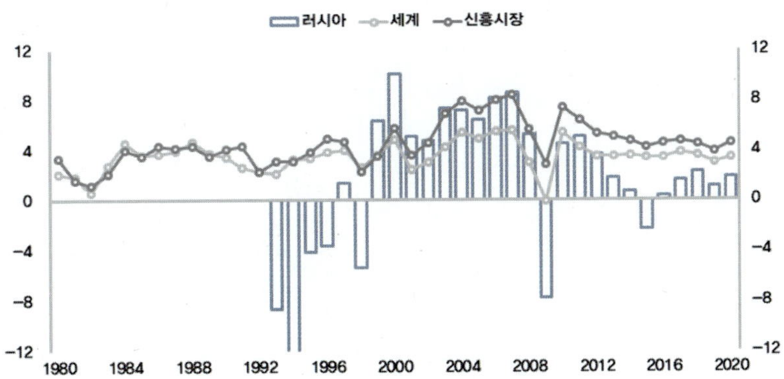

[그림] GDP(경상기준, 조 달러, IMF)

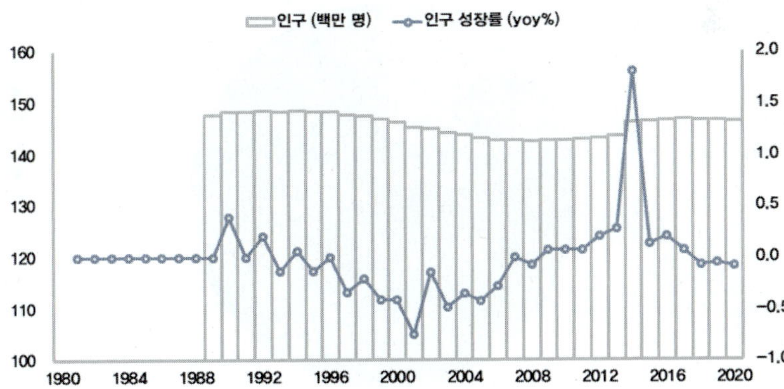

[그림] 인구와 인구성장률(IMF)

a 대표지수 : MOEX 러시아 지수

MOEX 러시아 지수는 루블화로 계산되는 러시아 주식시장 대표 주가지수입니다. 지수 구성은 동일하나 달러화로 계산되는 RTS 지수도 있습니다.

- 지수명 : MOEX Russia Index
- 지수제공자 : Moscow Exchange
- 통화 : 루블(RUB)
- 시가총액 : 0.81조 달러(2019년 10월말 기준)

i 주요 구성종목(시가총액, 비중, 2019년 10월말 기준)

- Gazprom PAO : 6.3조 루블, 15.0%
- NK Lukoil PAO : 4.3조 루블, 14.6%
- Sberbank Rossii PAO : 5.4조 루블, 14.3%
- GMK Noril'skiy Nikel' PAO : 2.9조 루블, 6.4%
- Novatek PAO : 4.2조 루블, 5.3%
- Tatneft' PAO : 1.8조 루블, 4.4%
- NK Rosneft' PAO : 4.8조 루블, 4.3%
- Yandex NV : 0.7조 루블, 4.3%
- Surgutneftegaz PAO : 2.0조 루블, 3.4%
- Mobil'nye Telesistemy PAO : 0.60조 루블, 2.2%

ii 주요 기업

Gazprom PAO

- 산업분야 : 에너지(정유 및 천연가스)
- 제품 : 천연가스, 원유, gas condensate 등

NK Lukoil PAO

- 산업분야 : 에너지(정유 및 천연가스)
- 제품 : 천연가스, 원유, gas condensate 등

Sberbank Rossii PAO

- 산업분야 : 금융(은행; 러시아 최대 국영은행)

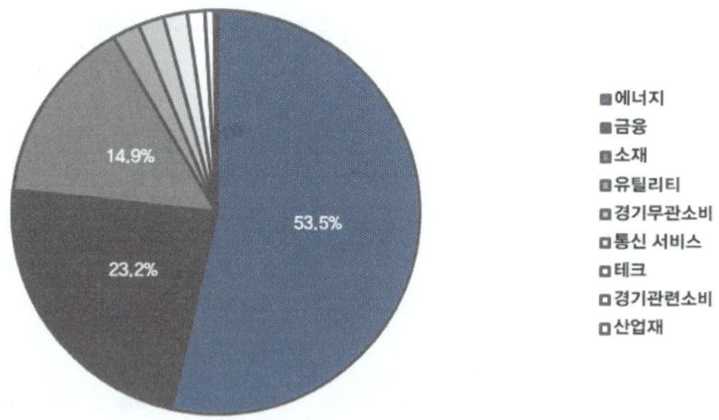

[그림] 섹터 구성(2019년 10월말 기준)

한국

[지역(신흥시장)]

6. 한국 경제의 개요 (2018년 기준)

- GDP(경상기준) : 1.7조 달러 (전세계 2.0%)
- GDP성장률(yoy%, 2010~8년 평균) : 3.4%
- 1인당 GDP(구매력기준) : 43,290 달러
- 총투자(GDP대비) : 31.3%
- 총저축률(GDP대비) : 35.8%
- 소비자물가상승률(yoy%, 2010~8년 평균) : 1.9%
- 수출(물량기준, yoy%, 2010~8년 평균) : 5.4%
- 수입(물량기준, yoy%, 2010~8년 평균) : 6.0%
- 인구 : 0.52억 명
- 인구성장률(yoy%, 2010~8년 평균) : 0.5%
- 경상수지(2010~8년 평균) : 680억 달러, GDP 대비 4.6%

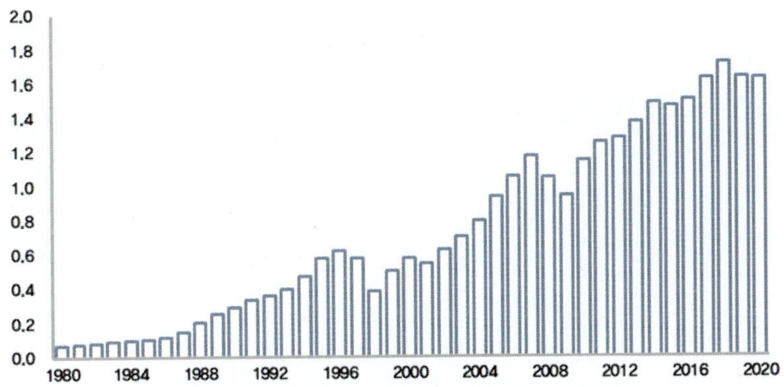

[그림] GDP성장률(yoy%, IMF)

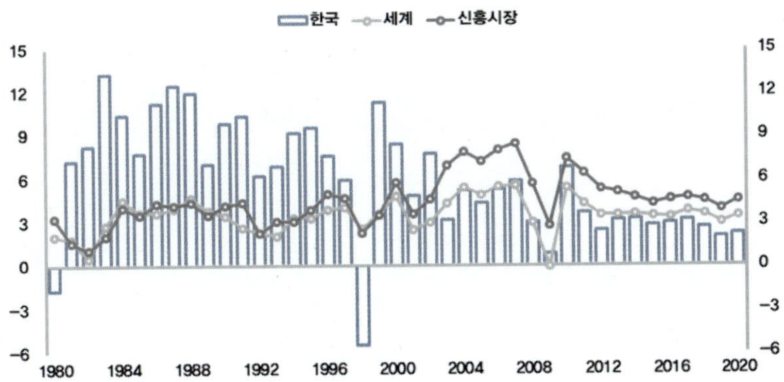

[그림] GDP(경상기준, 조 달러, IMF)

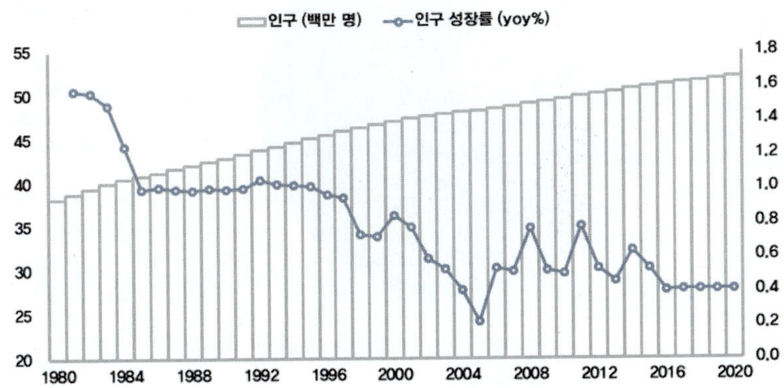

[그림] 인구와 인구성장률(IMF)

a 대표지수 : 코스피 지수

코스피 지수(KOSPI) 또는 한국종합주가지수는 한국거래소의 유가증권시장에 상장된 회사들의 주식에 대한 총합인 시가총액의 기준시점과 비교시점을 비교해 나타낸 지수입니다.

- 지수명 : KOSPI COMPOSITE
- 지수제공자 : 한국거래소
- 통화 : 원(KRW)
- 시가총액 : 1.2조 달러(2019년 10월말 기준)

i 주요 구성종목(시가총액, 비중, 2019년 10월말 기준)

- 삼성전자 : 347조 원, 23.9%
- SK하이닉스 : 60조 원, 4.1%
- 현대차 : 32조 원, 2.2%
- Naver : 27조 원, 1.9%
- 삼성바이오로직스 : 26조 원, 1.8%
- 셀트리온 : 24조 원, 1.7%
- 현대모비스 : 23조 원, 1.6%
- LG화학 : 23조 원, 1.6%
- LG생활건강 : 21조 원, 1.5%
- 신한지주 : 21조 원, 1.4%

ii 주요 기업

삼성전자

- 산업분야 : 테크(반도체 및 전자제품 제조)
- 제품 : 반도체, 정보통신기기, LCD 등

SK하이닉스

- 산업분야 : 테크(반도체)

현대차

- 산업분야 : 경기관련소비(자동차 제조)
- 제품 : 제네시스, 쏘나타, 그랜저, 아반떼 등

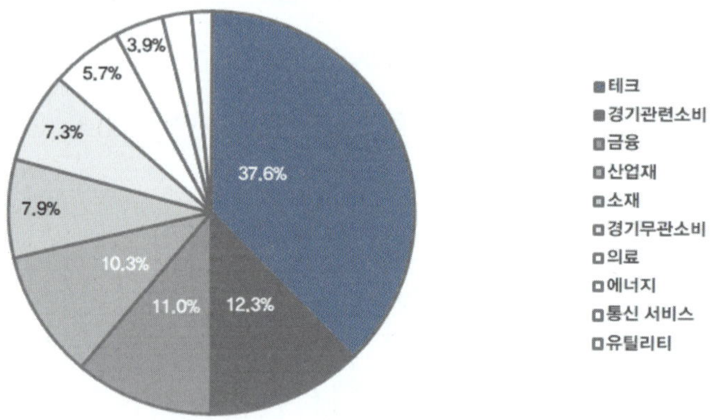

[그림] 섹터 구성(2019년 10월말 기준)

b 대표지수 : 코스피 200 지수

코스피 200(KOSPI 200) 지수는 1996년 5월 3일 시작된 코스피200 주가지수 선물 거래와 1997년 7월 7일 시작된 코스피200 주가지수 옵션 거래를 위해 한국거래소(KRX)에서 산출과 함께 발표하기 시작한 주가지수입니다. 시가총액이 크고 거래량이 많아 코스피를 대표할 수 있다고 간주되는 종목 200개를 선정해, 그들의 주가로부터 산출합니다.

- 지수명 : KOSPI 200 INDEX
- 지수제공자 : 한국거래소
- 통화 : 원(KRW)
- 시가총액 : 1.1조 달러(2019년 10월말 기준)

i 주요 구성종목(시가총액, 비중, 2019년 10월말 기준)

- 삼성전자 : 347조 원, 26.7%
- SK하이닉스 : 60조 원, 4.6%
- 현대차 : 32조 원, 2.4%
- Naver : 27조 원, 2.1%
- 삼성바이오로직스 : 26조 원, 2.0%
- 셀트리온 : 24조 원, 1.9%
- 현대모비스 : 23조 원, 1.8%
- LG화학 : 23조 원, 1.8%
- LG생활건강 : 21조 원, 1.6%
- 신한지주 : 21조 원, 1.6%

ii 주요 기업

삼성전자

- 산업분야 : 테크(반도체 및 전자제품 제조)
- 제품 : 반도체, 정보통신기기, LCD 등

SK하이닉스

- 산업분야 : 테크(반도체)

현대차

- 산업분야 : 경기관련소비(자동차 제조)
- 제품 : 제네시스, 쏘나타, 그랜저, 아반떼 등

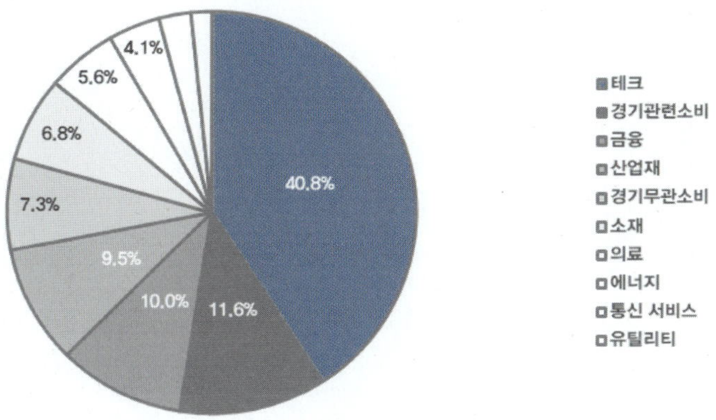

[그림] 섹터 구성(2019년 10월말 기준)

c 대표지수 : 코스닥 지수

코스닥지수는 코스닥 시장에 상장된 기업의 주가에 주식수를 가중한 시가총액 지수입니다. 1996년 7월 1일을 기준치 1000으로 하고 있으며, 1997년 1월 3일부터 실시간으로 산출 발표되고 있습니다.

- 지수명 : KOSDAQ COMPOSITE INDEX
- 지수제공자 : 한국거래소
- 통화 : 원(KRW)
- 시가총액 : 7.9조 달러(2019년 10월말 기준)

i 주요 구성종목(시가총액, 비중, 2019년 10월말 기준)

- 셀트리온헬스케어 : 7.5조 원, 3.2%
- 에이치엘비 : 5.9조 원, 2.5%
- CJ ENM : 3.4조 원, 1.4%
- 펄어비스 : 2.6조 원, 1.1%
- 스튜디오드래곤 : 2.2조 원, 0.9%
- 헬릭스미스 : 2.1조 원, 0.9%
- 케이엠더블유 : 2.0조 원, 0.8%
- 휴젤 : 2.0조 원, 0.8%
- 메디톡스 : 1.9조 원, 0.8%
- SK머티리얼즈 : 1.9조 원, 0.8%
- 파라다이스 : 1.9조 원, 0.8%

ii 주요 기업

셀트리온헬스케어

- 산업분야 : 의료

에이치엘비

- 산업분야 : 의료

CJ ENM

- 산업분야 : 경기관련소비(방송과 엔터테인먼트)
- 자회사 : 스튜디오드래곤, 스톤뮤직 엔터테인먼트 등

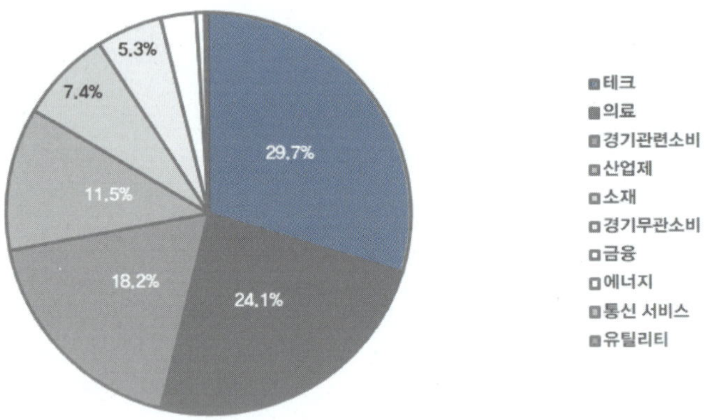

[그림] 섹터 구성(2019년 10월말 기준)

How? 포트폴리오 만들기 05

이 장에서 모델 포트폴리오란 무엇이고, 우리는 투자 수익률에 나쁜 영향을 미치는 여러 가지 편향들은 어떤 것들이 있으며, 주어진 모델 포트폴리오에 행동 편향을 적절히 반영해 편향 반영 포트폴리오를 만드는 방법에 대해 공부하게 됩니다.

이 장을 공부하고 나면 우리는 모델 포트폴리오에 편향을 어떻게(How) 반영시키지 알게 되며, 이를 통해 나만의 포트폴리오를 만드는 방법을 알게 됩니다.

알게 될 내용들

- 모델 포트폴리오
- 인지 편향(bias)
- 감정 편향(bias)
- 편향 반영 포트폴리오

모델 포트폴리오

[모델 포트폴리오]

1. 모델 포트폴리오란?

모델 포트폴리오(model portfolio)란 위험 성향을 기준으로 현재 어떤 자산 배분을 해야 하고, 어떤 상품 투자해야 하는지를 포트폴리오의 형태로 제공하는 것으로, 다수의 금융기관들이 고객을 대상으로 모델 포트폴리오를 제공하고 있습니다.

모델 포트폴리오에 의존하지 않고 자신만의 포트폴리오를 구성하는 방법도 있으나, 전문가들이 구성한 모델 포트폴리오를 참조하고, 일부를 자신의 편향에 맞게 수정하는 방법을 더 권해드립니다.

따라서 자산 배분은 먼저 모델 포트폴리오를 선정하고, 이를 자신에 맞게 수정하는 2단계 작업으로 생각하시면 됩니다.

먼저 전통적인 자산 배분 방법을 살펴본 후, 최근 관심을 끌고 있는 로보 어드바이저를 활용하는 방법을 알아봅니다.(이 접근법은 제가 근무하던 은행에서 실제로 활용하고 있는 방법입니다)

2. 전통적인 자산 배분 방법

시장전망과 투자성향을 고려해 위험자산의 비중을 기계적으로 결정하는 방법입니다.

구분		투자 성향		
		적극투자형	위험중립형	안정추구형
시장전망	매우 긍정	80%	60%	40%
	긍정	70%	50%	30%
	중립	60%	40%	20%
	부정	50%	30%	10%
	매우 부정	40%	20%	0%

[표] 전통적인 자산 배분 예(위험자산의 비중)

예를 들어, 투자성향이 공격적인 투자자는 시장전망이 중립적인 경우 위험자산과 안전자산의 비중을 60%:40%(이전에는 50%:50%가 주류였으나, 최근에는 60%:40%로 바뀌는 추세입니다)로 자산 배분하고, 시장전망에 따라 표와 같이 위험자산의 비중을 확대 또는 축소하는 자산 배분을 실시하는 전략입니다.

단순하다는 장점이 있지만, 최근에는 다양한 이론들을 접목한 다양한 방법들이 선호되고 있습니다.

3. 로보 어드바이저를 이용하는 방법

은행에 근무할 때 쿼터백 테크놀로지스 사의 로보 어드바이저 서비스를 사용했습니다. 따라서 로보 어드바이저를 이용하는 방법은 이를 기반으로 설명합니다.

쿼터백 테크놀로지스 사의 로보 어드바이저가 제공하는 모델 포트폴리오는 다음의 기술들이 적용되어 있습니다.

- three bucket GBI 알고리즘
- 핵심-위성(core-satellite) 전략 알고리즘
- goal-based lifetime glidepath 알고리즘
- 체계적인 AI 기반의 rule base 알고리즘

모델 포트폴리오는 로보 어드바이저를 통해 다음의 단계를 거쳐 구성됩니다.

- [1단계] 투자자 위험성향 분석을 통해 세 가지 수준의 위험 예산, 즉 저위험 예산, 시장분산위험 예산, 고위험 예산별로 위험 배분을 실시합니다.
- [2단계] 배분된 저위험 예산에 대한 안전 자산 포트폴리오를 구성합니다.
- [3단계] 배분된 시장분산위험 예산에 대한 코어 자산 포트폴리오를 구성합니다.
- [4단계] 배분된 고위험 예산에 대한 위성 자산 포트폴리오를 구성합니다.

a 안전 자산 포트폴리오

위험도가 가장 낮은 예 적금부터 저위험 예산 한도 내에서 안전(safety) 자산 포트폴리오를 구성합니다.

안전 자산 포트폴리오의 투자목표는 라이프스타일의 보호(preserve lifestyle)입니다. 이를 위해 손실위험을 최소화하고 원금을 보존해야 합니다. 또한 안전 자산은 시장 조정시 전술적 자산배분을 위한 대기자금으로 사용될 수도 있습니다.

안전 자산 포트폴리오는 예금, 적금, MMF, 방카상품 등으로 구성됩니다.

자산군		투자 성향	적극투자형
안전자산			38
코어자산	국내주식	○○ 코리아 인덱스 증권투자신탁[주식-파생형]	5
	해외주식	○○ 글로벌 인덱스 증권자투자신탁[주식-파생형]	30
	채권	○○ 단기채 증권자투자신탁[채권]	24
	소계		59
위성자산	해외주식	○○ 선진국 증권자투자신탁[주식]	1
	해외주식	○○ 미국S&P500 인덱스 증권자투자신탁[주식-파생형]	2
	소계		3

[표] 로보 어드바이저 모델 포트폴리오 예

b 코어 자산 포트폴리오

시장분산위험 예산 한도 내에서 위험/성과 특성이 안정적이고 장기 보유 투자상품들로 코어(core) 자산 포트폴리오를 구성합니다.

코어 자산 포트폴리오의 투자목표는 라이프스타일의 유지(maintain lifestyle)입니다. 이를 위해 위험/수익 균형을 통해 시장수준의 성과를 창출하고, 구매력을 유지하기 위해 인플레이션을 이기는 수익을 달성해야 합니다.

코어 자산 포트폴리오는 중위험/중수익 투자상품, 시장 중립 투자상품, 글로벌 자산배분 투자상품 등으로 구성됩니다.

c 위성 자산 포트폴리오

고위험 예산 한도 내에서 단기 성과를 개선시키는 투자상품들로 위성(satellite) 자산 포트폴리오를 구성합니다.

위성 자산 포트폴리오의 투자목표는 라이프스타일의 향상(enhance lifestyle)입니다. 이를 위해 상승여력을 최대화해 시장의 성과를 초과하는 수익을 추구하며, 원금 손실 가능성을 감수합니다.

위성 자산 포트폴리오는 고위험/고수익 투자상품, 단기 테마 투자상품 등으로 구성됩니다.

3. 편향 반영 포트폴리오

주어진 모델 포트폴리오에 행동 편향을 적절히 반영해 편향 반영 포트폴리오를 만듭니다. 이 편향 반영 포트폴리오가 실제 투자대상이 되는 포트폴리오입니다. (행동 편향과 편향 반영 포트폴리오는 뒤에 자세히 나옵니다)

포트폴리오 구성 과정에서 행동 편향을 반영할 때 가장 중요한 사항은, 보다 편안한 마음을 갖도록 돕기 위해, 포트폴리오에 대한 편향을 갖고 있는 비이성적인 투자자들의 선호도를 자제시켜야 하는지 아니면 그대로 반영할 것인지 여부를 결정하는 것입니다.

4. 리밸런싱

포트폴리오를 만들고 실제 투자를 하게 되면, 분기별로 성과를 분석하고 분기별 모델 포트폴리오 리밸런싱을 참조해 포트폴리오에 대한 리밸런싱을 실시합니다.

분기별 리밸런싱은 주로 위성 자산 포트폴리오에서 발생하며, 사이클 및 위험선호의 변화에 따라 코어 자산과 안전 자산의 비중 변화도 발생합니다.

따라서 분기별 성과 분석 및 리밸런싱을 통해 포트폴리오를 지속적으로 시장에 맞춰 줌으로써 포트폴리오의 수익률을 개선시킬 수 있습니다.

로보 어드바이저에 적용된 기술들

[한 걸음 더]

1. Three Bucket GBI 알고리즘

Three Bucket GBI란 투자자 위험성향 분석을 통해 세 가지 수준의 위험 예산, 즉 저위험 예산, 시장분산위험 예산, 고위험 예산 별로 위험 배분을 실시하는 위험 예산 전략입니다.

또한, 경제 국면별로 세 가지 수준의 위험 예산의 비중을 조절해서 시장 변동 상황에 유연하게 대응하고, 고객 자산의 변동성을 관리합니다.

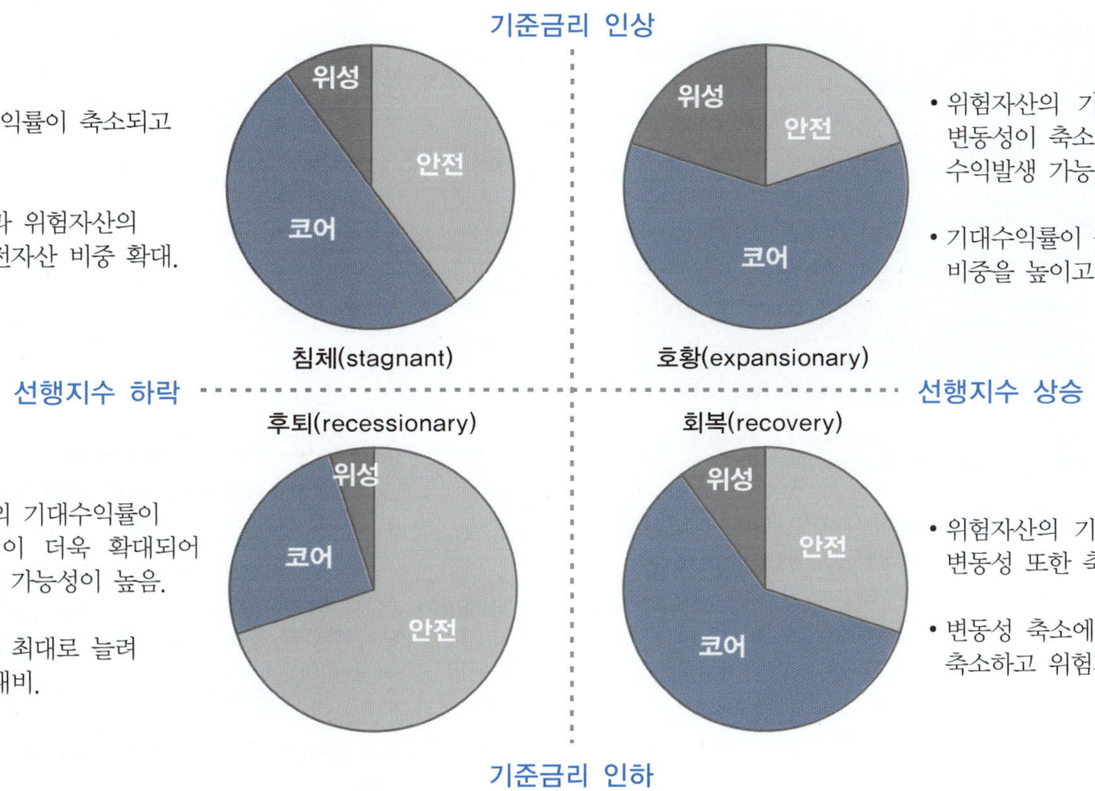

침체(stagnant)

- 위험자산의 기대수익률이 축소되고 변동성이 확대됨.
- 변동성 확대에 따라 위험자산의 비중을 줄이고 안전자산 비중 확대.

호황(expansionary)

- 위험자산의 기대수익률이 가장 높고 변동성이 축소되어, 위험자산에서 수익발생 가능성이 가장 높아짐.
- 기대수익률이 높은 위성자산의 비중을 높이고 안전자산 비중 축소.

후퇴(recessionary)

- 주식 등 위험자산의 기대수익률이 가장 낮고 변동성이 더욱 확대되어 위험자산에서 손실 가능성이 높음.
- 안전자산의 비중을 최대로 늘려 확대된 변동성에 대비.

회복(recovery)

- 위험자산의 기대수익률이 회복되면서 변동성 또한 축소됨.
- 변동성 축소에 따라 안전자산 비중을 축소하고 위험자산 비중 확대.

2. Goal-based Lifetime Glidepath 알고리즘

목표 기반 투자에서는 투자기간 경과에 따라 달성된 금액에 대한 위험이 증가하지 않게 잔여 투자기간에 따라 위험수준을 낮춰주는 Glide Path가 필요합니다.

퀀터백 테크놀로지스 사의 로보 어드바이저는 목표 기반 투자의 최적 투자 경로를 계산하기 위해서 시뮬레이션 방법과 잔여투자 기간 동안의 원금손실 확률을 사용합니다.

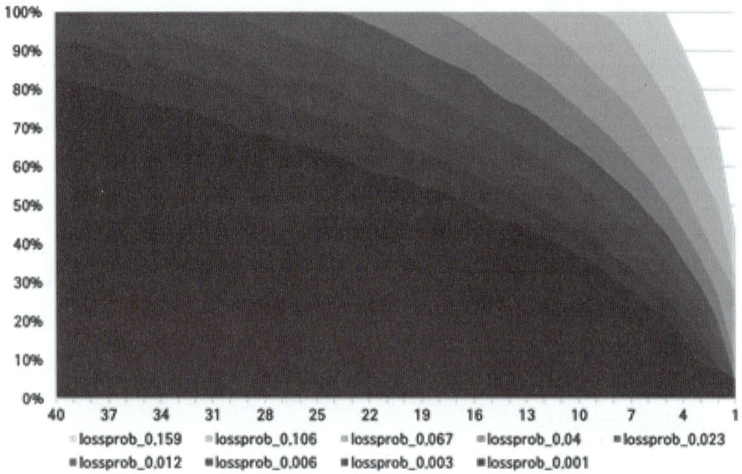

[그림] 퀀터백 테크놀로지스 GBI Glide Path

구분		Fixed Weight	Glide Path
투자기간 전체	기대 손익	3,270	2,708
	손익 표준편차	219	120
	1%VaR[1]	−279	506
	1%CVaR[2]	−535	312
	원금손실 비율[3]	0.022	0.001
	Expected Loss[4]	−312	−106
투자기간의 마지막 연도	1%VaR	−1,753	−101
	1%CVaR	−2,336	−137
	원금손실 비율	0.220	0.021
	Expected Loss	−552	−98

[표] 퀀터백 테크놀로지스 GBI Glide Path

※참고 : (단위 : 만원)

① 1%VaR(Value at Risk) : 전체 시뮬레이션 횟수 중 하위 1%에 해당하는 금액

② 1%CVaR(Conditional Value at Risk) : 1%VaR 금액보다 작은 금액의 평균으로 하위 1% 이하의 안 좋은 시장 상황이 발생했을 때 기대되는 손실 금액을 의미

② 원금손실 비율 : 전체 시뮬레이션 횟수 대비 손실이 발생한 시나리오 개수의 비율

④ Expected Loss : 발생한 손실 금액들의 평균으로 손실이 발생했을 때 기대되는 손실 금액을 의미

3. 체계적인 AI 기반의 rule base 알고리즘

쿼터백 테크놀로지스 사의 로보 어드바이저는 volatility controlled strategies라는 체계적인 AI 기반의 rule base 전략적 자산배분 알고리즘을 사용합니다.

- [1단계] Bootstrap Simulation을 통한 수익률 분포 추정
- [2단계] Bootstrap Simulation을 통해 주식 투자 비중 별 수익률 분포 생성
- [3단계] 주식, 채권간 수익률 상관관계 및 개별 자산 수익률의 시계열 자기상관을 유지하기 위해, block sampling with replacement을 통해 시뮬레이션
- [4단계] 추정된 수익률 분포에서 목표 변동성을 만족하는 위험배분 비중 산출

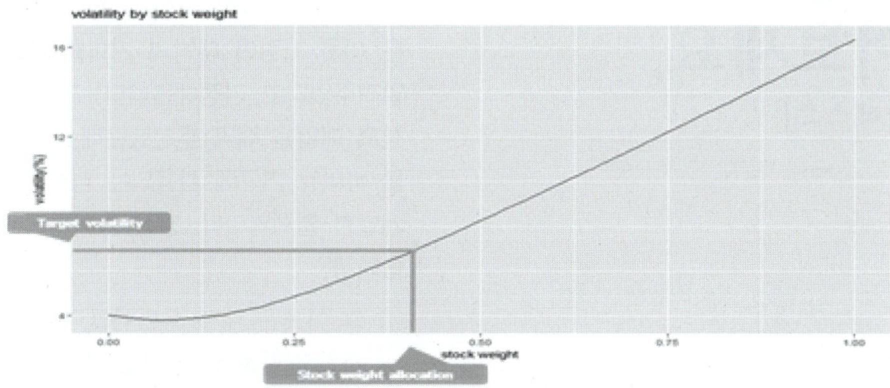

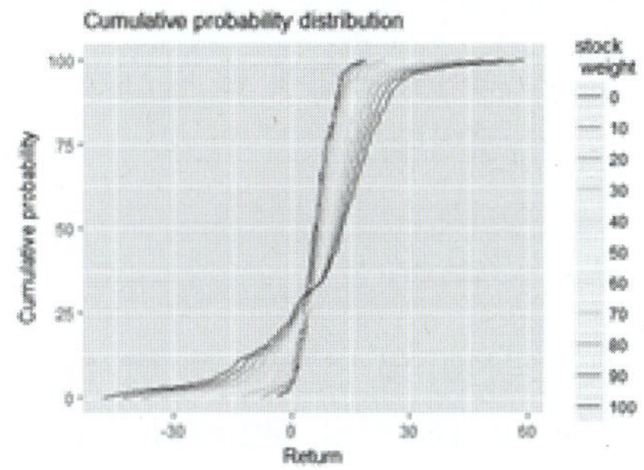

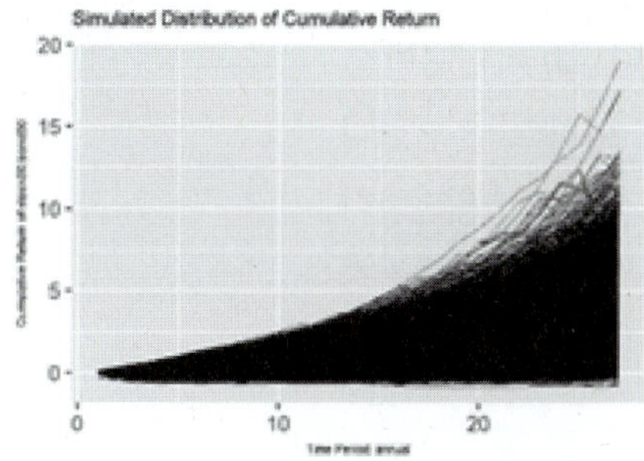

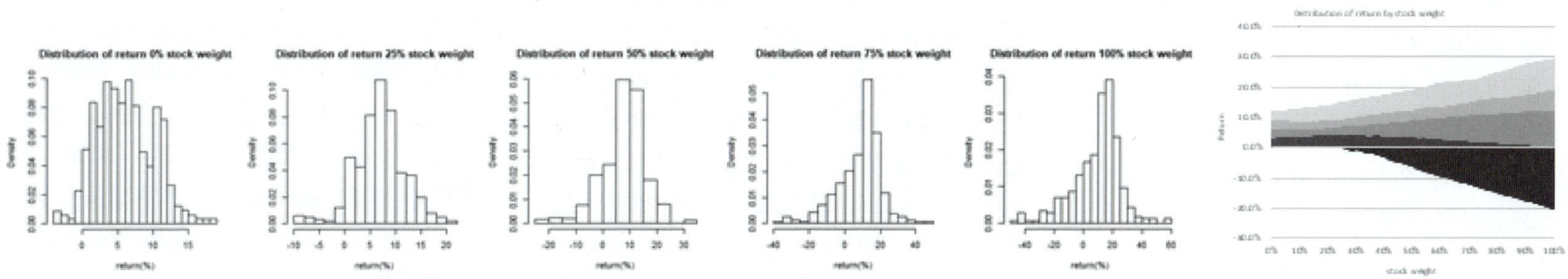

문제를 풀어보세요.

[사전 테스트]

1 당신이 운전을 할 때, 다른 운전자에 비해 얼마나 잘 하십니까?

① 평균 이하로 운전한다.
② 평균 정도로 운전한다.
③ 평균 이상으로 운전한다.
④ 평균보다 훨씬 잘 운전한다.

2 A는 대학야구선수였고, 졸업 후 체육교사가 되었습니다.

다음 내용 중 적절한 것은 무엇입니까?

① A는 지역 유소년팀 코치이다.
② A는 지역 유소년팀 코치이고 지역 소프트볼팀에 속해 있다.

3 당신이 여유자금이 있어 투자처를 찾고 있었는데, 때마침 주식시장에 대한 감이 좋은 이웃 사람이 대박의 기회를 제공할 팁을 알려주었다고 가정해봅니다. 그는 A라는 주식의 매입을 적극 추천했는데, 이 기업은 숯불 바비큐 기구에 사용되는 점화장치를 새로 개발한 업체입니다. 당신은 어떻게 대처하겠습니까?

① 그 이웃은 대체로 만족스러운 결과를 가져왔기 때문에 그 기업 주식을 매입한다.
② 해당 광고를 찾아 집으로 돌아온 후에 최종 의사결정 전에 좀 더 구체적으로 살펴볼 것이다.

4 당신이 몇 년 동안 눈 여겨 보아왔던 도심의 근사한 집을 구입하기 위해 지금 살고 있는 교외의 작은 집을 팔기로 결정했다고 합시다. 당신이 몇 년 동안 알고 지내던 부동산 중개인은 당신 집에 3억원의 가격을 책정했습니다. 당신이 이 집을 구입할 당시인 15년 전만해도 1억원이었기 때문에 3억원이라는 가격에 놀랄 수 밖에 없었습니다. 이 집을 시장에 내놓고서 몇 달을 기다려봤지만, 팔릴 기미가 전혀 보이지 않았습니다. 하루는 부동산 중개인이 전화를 해서는 A라는 기업에 대해 말해주면서, 이 회사가 8년 전에 IPO를 해서 도심에 사옥이 위치하고 있으며, 얼마 전 부도를 맞아 1만명의 직원이 거의 실직 상태라는 사실을 알려주었습니다. 중개인은 자신의 동료와 거의 매주 관련 회의를 하고 있으며, 지역 부동산 가격이 10% 가량 하락한 것으로 추정된다고 말했습니다. 이 중개인은 이런 새로운 정보를 바탕으로 원하는 가격을 결정해야만 한다고 말했습니다. 당신의 집 상태 및 매매 가능성 정도가 보통 수준이라고 할 때 당신은 어떤 행동을 취하겠습니까?

① 3억원의 가격으로 유지
② 5% 낮은 2.85억원으로 결정
③ 10% 낮은 2.70억원으로 결정
④ 매매가 확실할 것으로 판단되는 2.50억원으로 결정

5 당신이 최근에 현대차의 아반떼를 신차로 구입했다고 합시다. 당신은 신차 구입에 매우 만족스러워 하고 있습니다. 하루는 이웃사람 한 명이 세차를 하고 있는 당신에게 다가와 이렇게 말합니다. "와우, 차를 새로 뽑으셨나봐요. 혹시 쉐보레 크루즈(둘은 동급입니다)는 네비게이션 시스템을 무상으로 설치해주었다는 걸 알고 계셨겠지요?" 처음에 당신은 황당했을 것입니다. 여태까지 쉐보레

에서 신차에 네비게이션 시스템을 무상 설치해주었다는 사실을 모르고 있었으며, 당신은 신차 구입시 네비게이션 시스템을 옵션으로 장착하는데 100만원을 들였기 때문입니다. 당신은 다음 중 어떤 행동을 취하겠습니까?

① 곧장 집으로 돌아와 여러 가지 잡지에서 아반테를 결정하게 된 이유에 대한 내용을 찾아냅니다.

② 세차를 끝낸 후에, 다음과 같이 생각합니다. "다시 산다면 크루즈를 살지도 모르겠어. 내 차에는 내 돈으로 네비게이션 시스템을 설치했지만, 나는 아반떼로도 만족해."

③ 크루즈에 대한 여러 가지 분석 결과를 살핍니다. 그러나 그 결과에 따르지 않기로 결정합니다. 왜냐하면 차 구입은 중요한 의사결정이었으며, 이 차에 만족하고 있습니다. 차 구입에 대한 실무를 알게 되면 언짢아질 것입니다. 더 이상 생각하지 말고 즐겁게 차를 다루는 것이 낫습니다.

6 포트폴리오 수익률이 증가할 경우 성과 변화는 주로 무엇 때문이라고 생각하십니까?

① 투자 기술

② 투자 기술과 운의 결합

③ 운

7 고스톱을 칠 때, 자신이 돌린 패의 결과에 대해 통상 낙관합니까?

① 고스톱 패를 직접 돌릴 때, 더 좋은 결과가 나올 것이다.

② 누가 패를 돌리던지 결과는 차이가 없을 것이다.

8 당신이 보유한 투자상품의 가격에 대해 부정적인 정보를 들었을 때, 이러한 정보에 대해 당신은 어떻게 반응할 것입니까?

① 새로운 정보를 무시하는 경향이 있습니다. 왜냐하면 이미 투자를 했고, 그 투자상품이 성공할 것으로 이미 심증을 굳혔다.

② 그 투자상품을 산 이유에 대해 다시 평가해 볼 것이나 아마도 그 투자상품을 계속 보유할 것이다. 왜냐하면 그 투자상품이 성공할 것이라는 기존의 심증을 유지하기 때문이다.

③ 그 투자상품을 산 이유에 대해 다시 평가해 보고, 모든 사실에 대한 객관적 고려에 근거해 다음에 어떻게 할지 결정할 것이다.

9 당신은 KIA 타이거즈의 열렬한 팬입니다. 게임 시작 직전 스탠드에 앉아 있는데, 당신이 모르는 누군가가 다가와서 도박을 제안했다고 합시다. 먼저 그는 오늘 게임에서 KIA가 이길 승률이 얼마인지 당신에게 물어봅니다. 당신은 KIA가 두산 베어스와 경기를 하기 때문에 승률을 50%로 추정하는데, 두산은 순위가 중간 정도이며 전반적으로 괜찮은 팀이기 때문입니다. 그는 이어서 그 승률에 기초해 돈을 걸 용의가 있냐고 물어 봅니다. 당신은 자신이 내린 평가에 대해 자신이 있으므로 내기에 응합니다. 그러나 당신은 그 사람이 휴대용 전자 슬롯머신을 작동해 야구 게임에 돈을 걸기보다 그 슬롯머신에 돈을 거는 것이 좋을지 모른다고 제안을 하게 되어 놀라게 됩니다. 그 기계는 매번 50%의 확률로 나타나는 세 개의 체리가 나타나면 매번 돈을 지급합니다. 각 경우 내기에 거는 판돈이 같다면 어느 쪽에 내기를 걸겠습니까?

① 야구 게임

② 휴대용 전자 슬롯머신

10 당신은 마호가니 탁자를 사려고 합니다. 당신이 원하는 탁자는 400만원이고 돈을 지불하려 합니다. 기다리는 동안 가게에 있던 다른 고객이 똑같은 탁자를 10분 떨어진 거리에 있는 경쟁 가구점에서 397만원에 살 수 있다는 것을 알려줍니다. 낮은 가격에 구입하기 위해 차에 올라타고 그 가게로 운전해 가겠습니까?

① 그렇다. ② 아니다.

11 당신은 인플레이션을 헤지하기 위해 금에 투자했습니다. 금의 가치와 인플레이션 수준과의 관계를 알아보기 위해 면밀한 조사를 했습니다. 투자 후 3개월이 지나자 인플레이션 변화와 전혀 상관없이 금값이 올랐음을 알게 되었습니다. 이것은 예상했던 것이 아닙니다. 어떻게 반응할 것입니까?

①계속 밀어붙일 것이다. 투자성과가 좋아진 이유는 중요하지 않다. 중요한 것은 훌륭한 투자를 했다는 것이다.

② 왜 금값과 인플레이션이 예상했던 바와 달리 상관성이 없는지에 대해 조사하고 알아보려 할 것이다. 이는 계속해서 금에 투자해야 하는지를 결정하는데 도움이 될 것이다.

12 어떤 투자를 한 후 가격이 올랐다고 합시다. 그러나 그 주식을 산 이유와 그 주식의 가격이 오르게 된 근본 원인이 다릅니다. 당신의 자연스러운 행동은 무엇입니까?

① 주식이 오른 이유에 대해 신경을 쓰지 않는다. 수익을 잘 올렸다면 그것은 투자자로서 일을 잘했다는 것을 의미하고 잘했다는 것은 다음에 할 투자에 대해 더욱 자신이 생기게 한다.

② 비록 그 주식의 가격이 올랐지만, 중요하다고 생각했던 요인들이 그 주식의 성과에 영향을 미치지 않은 것으로 나타나 걱정이 된다. 이러한 경우에 통상 그 주식을 산 이유를 다시 생각해 보고, 왜 성공을 거두었는지 이해하고자 노력한다. 전반적으로 다음 투자에 더욱 신중해질 것이다.

13 펀드 성과 기록에 기초해 포트폴리오에 포함할 주식형 펀드를 선택한다고 할 때, 당신은 어떤 행동을 취하겠습니까?

① 최근 성과를 살펴보기 위해 3개월간의 기록을 본다.

② 최근 성과 및 과거 성과를 살펴보기 위해 1년간의 기록을 본다.

③ 최근 성과보다 과거 3년간의 기록을 본다.

14 '통찰력'이라는 펀드가 있습니다. 이 펀드는 지난 10년 동안 10% 표준편차로 6%의 연평균 수익률을 달성했습니다.

1) 이러한 성과가 지속된다면 수익률의 2/3가 −4%dptj 16% 사이에서 발생할 것으로 예상됩니다. 이 펀드에 투자하면 얼마나 편하게 느끼겠습니까?

   ① 편안하게 느낌
   ② 약간 편안함
   ③ 불편하게 느낌

2) 이러한 성과가 지속된다면 95%의 확률로 −14%에서 26% 사이에서 발생할 것으로 예상됩니다. 이 펀드에 투자하면 얼마나 편하게 느끼겠습니까?

   ① 편안하게 느낌
   ② 약간 편안함
   ③ 불편하게 느낌

15 당신의 HTS 계좌를 통해 삼성전자 주식 10주를 샀다고 합시다. 그 주식을 사고 나서 다른 계좌에 삼성전자 주식 10주를 이미 보유하고 있었다는 사실이 생각났습니다. 이중

으로 보유하고 있는 주식은 당신 전체 포트폴리오의 불균형을 초래하고 있습니다. 이러한 상황에서 당신의 대응은 무엇입니까?

① 이미 수수료를 지불하였고 삼성전자 주식을 좋아하므로 포트폴리오에 불균형을 가져오더라도 삼성전자 주식을 계속 보유한다.

② 포트폴리오 불균형에 마음이 편치 않다. 비록 두 번의 불필요한 수수료를 지급하게 될지라도 삼성전자 주식을 판다.

16 당신의 퇴직 저축 패턴을 어떻게 규정하겠습니까?

① 전문가의 조언을 받고 모든 세금우대 투자수단을 최대한 이용할 것이며, 세금 환급계좌에 되는 대로 돈을 저축할 것이다.

② 대부분의 세금우대 투자수단을 활용할 것이나 몇몇 경우에는 세세한 부분까지 신경을 쓰지 못할 것이다. 세금 환급 계좌에 저축을 할 수도 있고 안 할 수도 있다.

③ 퇴직에 대비해 거의 저축을 하지 않는다. 가처분 소득의 대부분을 소비하기 때문에 저축을 위한 돈이 거의 남아 있지 않다.

17 다른 투자자들과 비교해 볼 때, 당신은 얼마나 훌륭한 투자자입니까?

① 평균 이하

② 평균

③ 평균 이상

18 5,000만원을 투자할 계획이 있습니다. 두 가지 대안 중 어느 것을 선택하시겠습니까?

① 돈을 더 벌지 못하는 한이 있더라도, 최소한 5,000만원을 유지할 수 있도록 할 것이다.

② 7,500만원을 벌 확률이 50%, 3,500만원을 벌 확률이 50%인 투자를 할 것이다.

19 당신의 포트폴리오에는 AA- 등급 회사채를 포함하고 있습니다. 이 회사채는 계속해서 수익을 제공하고 있어 당신도 만족해하고 있습니다. 그런데 당신의 PB의 분석 결과 세금과 수수료를 제하고도 보다 많은 수익을 제공하는 지방채로 교체할 것을 추천하였으나 당신은 그 지방채에 익숙하지 않습니다. 무엇을 선택할 것입니까?

① 회사채를 매도한 후 지방채로 교체한다.

② 회사채를 계속 보유한다.

20 삼성전자 주식 200주를 매입하기로 결정했다고 합니다. 당신은 지금 주당 220만원에 100주를 매입하고, 이후 추가로 100주를 더 매입하기로 계획했습니다. 최초 매입 후 시장이 하락해 A 기업 주가는 210만원에 거래가 되고 있으며 기본적 가치에는 변화가 없습니다. 이 상황에서 여러분은 어떻게 하겠습니까?

① 나머지 100주를 매입하기 전에 주가가 다시 상승할 때까지 기다린다. 매입하기로 한 최초의 결정을 후회하기 때문에 210만원 이하로 하락하는 것을 원하지 않는다.

② 나머지 100주를 매입할 것이다. 그럼에도 불구하고 210만원 이하로 하락하면 후회할 것이다.

③ 나머지 100주를 매입할 것이다. 210만원 이하로 하락해도 후회하지는 않을 것이다.

당신이 보유한 편향은?

[사전 테스트]

1

④ 강한 과신(확실성 과신)

2

② 대표성(기저율 무시). A는 코치도 하고 지역 소프트볼팀에 속해 있을 수도 있습니다. 그러나 단순히 코치일 가능성이 더 큽니다.

3

① 강한 가용성 편향

4

① ② 앵커링 효과. 부동산 가격이 10% 하락했다는 사실을 명심해야 합니다. 집을 팔고 싶으면 10%보다 낮은 가격으로 시장에 내놓아야 합니다.

5

③ 인지 부조화

6

① 자기 귀인. 성공을 기술 덕분으로 생각하는 사람은 자기 귀인 편향에 빠지기 쉽습니다.

7

① 통제 착각

8

①② 보수성

9

② 모호성 회피. 승률이 비록 동일할지라도 슬롯머신은 사람들에게 훨씬 덜 모호한 내기입니다.

10

② 심리 회계

11

① 확증

12

① 사후확신

13

① ② 최신 효과

14

프레이밍 효과에 민감한 사람은 두 번째 질문에서 서로 다르게 답하게 됩니다. 고객이 이러한 경향을 보인다면 실무자로서 고객에게 정보 제공 시 그 방법에 있어 충분히 신중을 기해야 합니다. 왜냐하면 작은 것만으로도 충분히 큰 영향을 미칠 수 있기 때문입니다. 프레이밍 효과에 민감한 투자자들은 일반적으로 2)에서 보다 위험한 전략을 선택한 것으로 나타났습니다.

15

① 소유 효과

16

②, ③ 자기 통제

17

②, ③ 낙관주의

18

① 손실 회피

19

② 현상 유지

20

①, ② 후회 회피

과신 편향
[인지 편향(bias)]

1. 과신(overconfidence) 편향

과신 편향이란 한 개인의 직관적 사유, 판단 및 인지 능력에 대해 무한한 신뢰를 갖는 편향을 말합니다.

과신 편향에는 예측력 과신(prediction overconfidence)과 확실성 과신(certainty overconfidence)이 있습니다.

a 하락위험을 과소 평가

과신에 빠진 투자자들은 과거의 투자성과에 대한 무지·몰이해·부주의 때문에, 하락 위험을 과소평가하는 경향이 있습니다.

결국 기대와 다른, 낮은 포트폴리오 성과를 경험하게 됩니다.

[해결방법] 상담자는 다음과 같은 조사를 실시합니다.

- 거래행위를 살펴보거나 성과가 낮은 다른 투자상품을 살펴봅니다. 그리고 과신의 유해성에 대한 증거로서 활용합니다.
- 또한 학술적·실제적 연구결과를 제시해 시장이 얼마나 변덕스러운지 확인시킵니다. 그러면 고객들은 시장의 변덕에 대해 보다 많은 주의를 기울이게 될 것입니다.

b 자신의 정보 파악 능력을 맹목적으로 신뢰

과신에 빠진 투자자들은 투자상품에 대한 정보를 파악하는 자신의 능력을 맹목적으로 신뢰하는 경향이 있습니다.

결국 이들은 투자상품의 매입이나 매도에 대해 경고하는 부정적 신호를 무시하게 됩니다.

[해결방법] 상담자는 다음과 같은 조사를 실시합니다.

- 과거 2년 동안의 거래기록을 조사하고, 이들의 성과를 계산해 봅니다. 아마도 이들의 성과는 그리 좋지 못할 것입니다.
- 만약 그렇지 않다면, 더 긴 기간을 조사해봅니다.

c 덜 분산된 포트폴리오를 보유

과신에 빠진 투자자들은 보다 많은 위험을 추구함으로써, 덜 분산된 포트폴리오를 보유하는 경향이 있습니다.

이들은 자신이 감내할 수 있을 정도를 초과해 훨씬 많은 위험을 추구하고 있다는 사실조차도 모르고 있습니다.

[해결방법] 한때 잘 나가던 투자상품의 몰락 후에는 보다 현실적인 점검이 요구되므로, 상담자는 다음과 같이 질문합니다.

- "당신이 지금 당장 중국펀드를 갖고 있지 않다면, 현재 보유하고 있는 것과 같은 양의 펀드를 새로이 매수하시겠습니까?"
- 이에 대한 대답이 "아니오"라면 고객을 교묘히 설득시킨 것이 됩니다.

가용성 편향

[인지 편향(bias)]

2. 가용성 편향 (availability bias)

가용성 편향이란 특정 범주의 사례들이 머리 속에 얼마나 쉽게 떠오르는지 여부에 따라서 특정 사건의 가능성을 판단하는 편향을 말합니다.

가용성 편향은 일상생활 중에 나타나는 수많은 결과들이 얼마나 퍼져 있는지 또는 얼마나 친숙한지를 기초해 그 확률을 추정하게 되는 경험의 법칙입니다. 이러한 편향이 나타나는 사람들은 이해하기 어렵거나 상상하기 곤란한 향후 전망보다는 과거에 경험했던 확률 등을 쉽게 생각해냅니다.

a 기억재생능력/범주화/좁은 범위의 경험/동조화

기억재생능력(retrievability) : 투자자들은 신문기사, 친구의 제안 등으로 알게 된 정보를 바탕으로 투자상품을 선택하게 됩니다. 그리고 선택된 투자상품이 좋은 투자인지 확인하려고 하지 않습니다.

범주화(categorization) : 투자자들은 자신들의 기억 속 가용한 목록에 기초해 투자상품을 선택합니다. 마음속에서 다른 범주는 쉽게 떠오르지 않기 때문에 무시당하게 됩니다. 예를 들어 국내 투자자들은 좋은 투자기회가 존재하는 국가를 무시하는 경향이 있는데(home bias), 이는 이들 국가 범주는 투자자들의 기억 속에서 쉽게 떠오르지 않기 때문입니다.

좁은 범위의 경험(narrow range of experience) : 투자자들은 자신의 짧은 일상경험, 즉 직장생활, 지역사회, 동료들과의 생활경험에 부합되는 투자상품을 선택하게 됩니다. 예를 들어 기술산업 종사 투자자들은 기술산업만이 수익성이 좋다고 믿게 됩니다.

동조화(resonance) : 투자자들은 자신의 성향과 비슷하거나 자신의 행동과 관련된 특징을 갖는 투자상품을 선택하게 됩니다. 이와 반대될 때, 자신과 상관없다고 판단하고 이를 무시하게 됩니다. 예를 들어 검소한 사람들은 고가의 주식(높은 P/E)에 익숙하지 못해 이들 주식을 소유함으로써 얻게 되는 이득을 간과합니다.

[해결방법] 상담자는 다음과 같은 상담을 실시합니다.

- 고객의 투자상품에 대한 의사결정시 가용성 편향의 영향을 살피고, 신중한 의사결정을 하도록 도와줍니다.

앵커링 효과 편향

[인지 편향(bias)]

3. 앵커링 효과 (anchoring effect) 편향

앵커링 효과 편향이란 처음 입력된 정보가 정신적인 닻(anchor)으로 작용해, 이후의 판단에 계속 영향을 미치는 편향을 말합니다.

잘 알지 못하는 크기나 규모를 평가해야 할 때, 사람들은 보통 어떤 숫자 하나(anchor)를 생각하게 되는데, 이 숫자는 관련 정보나 분석을 반영하기 위해 상향, 혹은 하향 수정됩니다. 수많은 연구에서 사람들은 흔히 초기값의 선택방법과는 상관없이, 초기값을 제대로 수정하지 못하고 편향을 일으키는 근사치를 만드는 경향이 있음이 밝혀졌습니다.

a 기대수익률이 과거 수준을 기준으로 예측

앵커링 효과에 빠진 투자자들은 어떤 투자상품의 기대수익률이 과거 수준을 기준으로 오르거나 내려갈 것이라고 예측하는 경향이 있습니다.

예를 들어 A라는 펀드가 작년에 10%의 수익률을 기록했다면, 투자자들은 이 숫자에 고정되어 내년의 기대수익률에도 적용하려고 합니다.

[해결방법] 상담자는 다음과 같이 질문합니다.

- "당신의 기대치는 합리적으로 만들어진 값입니까? 또는 과거의 성과를 유지하려고 앵커링 된 것은 아닙니까?"
- 이런 일련의 질문을 통해 자산 매각이나 자산배분시 나타날 수 있는 앵커링 효과 편향을 제거할 수 있을 것입니다.

보수성 편향
[인지 편향(bias)]

4. 보수성(conservatism) 편향

보수성 편향이란 새로운 정보를 이용하지 못하고 사전적인 견해나 예측에 매달리는 심리적 과정을 말합니다.

보수성 편향은 기저율을 과대평가하고 표본에서 나온 증거를 과소평가하게 만듭니다. 결국 새로운 증거를 목전에 두고도 이성적인 사람이라면 취했을 대응을 하지 못하고 맙니다.

a 새로운 정보를 가공하는데 있어 어려움을 초래

보수성은 새로운 정보를 가공하는데 있어 근본적인 어려움을 초래하는 경향이 있습니다. 사람들은 복잡한 데이터를 볼 때 스트레스를 경험하기 때문에 이때의 대안은 기존의 믿음에 의존하는 것입니다.

예를 들어 투자자들이 A라는 기업이 성장할 것이라는 생각에서 A 기업 주식을 매입했는데, 그 후 해석하기 어려운 회계 기록상의 변화가 성장에 영향을 미쳤다고 발표한 경우, 투자자들은 그 발표를 해석하려고 시도하기 보다는 이를 무시하려는 경향이 있습니다. 즉 회사가 성장할 것이라는 기존의 생각이 더 분명하고 유지하기 쉬운 것입니다.

b 하나의 관점 · 예측을 고수

보수성에 빠진 투자자들은 새로운 정보의 출현에도 지나치게 경직되게 행동함으로써, 하나의 관점 · 예측을 고수하는 경향이 있습니다. 예를 들어, 투자자가 A라는 기업이 새로운 제품과 관련된 공시를 계획하고 있다는 것을 알고서 A기업 주식을 구입했다고 해봅시다. 그 후 A기업은 해당제품은 시장에 내놓기에 문제가 있다고 발표했다고 합시다. 이 경우 투자자는 A기업이 이룩한 뛰어난 발전에 대한 최초의 낙관적인 정보에 매달려서 그 후의 부정적인 공시에 대응한 행동을 취하지 못할 수 있습니다.

c 해결방법

상담자는 다음과 같은 상담을 실시합니다.

- 보수성은 인지 편향이기 때문에, 고객들에게 조언하거나 정보를 제공함으로써 편향의 결과를 수정 · 경감시킬 수 있습니다.
- 보수성은 훌륭한 의사 결정이 이루어지는 것을 방해하기 때문에, 고객들이 과거 견해에 매달리고 유망한 정보에 느리게 반응하지 않도록 조언해야 합니다.
- 상담자들은 투자자들이 이해하기 어려운 정보를 해석하고자 할 때에는 조언을 해주어야 합니다. 그렇지 않을 경우 고객들은 자신이 취해야 할 행동을 실행에 옮기지 못할 수 있습니다.

심리 회계 편향

[인지 편향(bias)]

5. 심리 회계(mental accounting) 편향

심리 회계 편향이란 자신의 자산을 몇 개의 대체 불가능한 심리 계정으로 그룹화 함으로써, 경제적 결과를 부호화 · 범주화 · 평가하는 편향을 말합니다.

심리 회계는 사람들이 돈을 심리적으로 분류되는 방식, 예를 들면 돈의 출처(일, 도박, 상속, 보너스 등) 또는 그 돈의 용도(여가, 필수품 등)에 기초해 서로 다르게 처리하는 비이성적인 단계를 밟도록 하는 원인이 됩니다.

a 수익 발생 후, 하락한 투자상품을 계속 보유

심리 회계에 빠진 투자자들은 과거 상당한 수익이 발생했으나, 그 후 가격이 하락한 투자 상품을 계속 보유하는 경향이 있습니다.

2000년대 초반의 강세장 기간 동안 투자자들은 왕성한 미 실현 수익을 경험했습니다. 시장조정에 의해 순가치가 떨어지고 있을 때, 대부분의 투자자들은 당시 작은 이익을 내고 있던 투자상품을 정리하지 못하고 주저했습니다. 오늘날에도 많은 사람들이 할 수 있을 때 이익실현을 하지 못한 것을 후회합니다.

[해결방법] 상담자는 다음과 같은 상담을 실시합니다.

- 심리 회계는 인지 편향이기 때문에, 어떤 투자상품이 과거에 큰 이익을 안겨주었을지라도, 투자 의사 결정에서 가장 중요한 것은 현재 전망이라는 것을 고객들에게 조언하거나 정보를 제공함으로써 편향의 결과를 수정 · 경감시킬 수 있습니다.

b 투자들이 따로 분리된 계정에 들어 있다고 상상

심리 회계에 빠진 투자자들은 자신의 투자들이 따로 분리된 계정에 들어 있다고 상상하는 경향이 있습니다. 이런 범주에 예를 들어 퇴직 연금 등이 포함될 수 있습니다. 그러나 재무 목표와 일치하는 다양한 계정을 상상하는 것은 투자자들이 계정들 간의 상관성을 무시하도록 만드는 원인이 될 수 있습니다. 이것은 비효율적인 포트폴리오 성과를 가져올 수 있습니다.

[해결방법] 상담자는 다음과 같은 상담을 실시합니다.

- 각각 분리된 심리 계정을 가진 고객들에게 어떻게 투자상품들이 서로 관련되어 포트폴리오 성과에 영향을 미치는지 보여줍니다.
- 과도한 상관관계의 나쁜 점과 충분한 분산 투자의 이점에 대해 직설적인 논의를 함으로써 바구니를 따로 관리해야 할 논거를 효과적으로 반박할 수 있습니다. 심리 회계는 인지 편향이므로 교육을 통해 극복할 수 있습니다.

c 실현수익률/평가수익률의 비합리적 구분

심리 회계에 빠진 투자자들은 실현된 수익률과 평가 수익률을 비합리적으로 구분하는 경향이 있습니다.

많은 투자자들은 자산원본을 유지하면서 이자나 배당 등 실현된 수익률을 소비하고자 합니다. 하지만 이자나 배당 등을 발생시키는 투자 상품도 가격변동으로 인해 평가손실을 기록할 수 있습니다. 예를 들어 높은 이자소득을 주는 채권 펀드가 때론 이자율의 변동 때문에 원본손실위험에 시달릴 수 있습니다. 심리 회계 편향에 빠진 투자자들은 실현된 수익률과 평가수익률을 구분하고, 실현된 수익률을 소비함으로써 장기적으로 전체 포트폴리오의 수익을 감소시키는 결과를 가져올 수 있습니다.

[해결방법] 상담자는 다음과 같은 상담을 실시합니다.

- 심리 회계 때문에 전체 포트폴리오 수익이 줄어드는 것을 방지하기 위한 가장 좋은 방법은 결국 전체 포트폴리오 수익이 어떤 자산 배분에 있어서도 가장 중요한 기준이라는 것을 고객에게 상기시키는 것입니다.
- 고객들이 전체 포트폴리오 수익의 중요성에 대해 알게 될수록 고객들은 과도한 심리 회계의 문제점을 인식하게 되어 문제는 자연적으로 해결될 것입니다.

d 판돈 효과

심리 회계에 빠진 투자자들은 판돈 효과, 즉 위험감수행위가 부가 증가할수록 더 커지는 현상에 빠질 수 있습니다.

심리 회계에 빠진 투자자들은 전체 포트폴리오 관점에서 위험의 크기를 평가하지 못하고, 개별투자상품별로 위험을 평가함으로써, 부가 증가할수록 개별투자상품이 지닌 위험크기가 작게 느껴지게 되어, 더 큰 위험을 감수하게 되는데, 이를 판돈효과라고 합니다. 이런 경우 투자자들은 자신들의 돈이 아닌 도박장의 돈을 가지고 게임을 하는 것으로 여기게 됩니다.

따라서 심리회계에 빠진 투자자들의 재무의사결정은 포트폴리오를 위험하게 만듭니다.

[해결방법] 상담자는 다음과 같은 상담을 실시합니다.

- 심리회계는 인지 편향이기 때문에, 선택된 투자상품과 전체 포트폴리오위험에 관한 교육을 받으면 이를 극복할 수 있습니다.

확증 편향

[인지 편향(bias)]

6. 확증(confirmation) 편향

확증 편향이란 자신의 신념과 일치하는 정보는 받아들이고, 신념과 일치하지 않는 정보는 무시하는 편향을 말합니다.

사람들은 자신이 원하는 결과를 보장하는 증거에 대해서는 지나치게 중요성을 부여하고, 반대 증거에 대해서는 과소평가합니다.

확증 편향은 특정 믿음 체계를 지지하는 증거를 수집하는 과정에서 그 선택에 편향이 작용하는 것으로 생각될 수 있는데, 이 믿음에 근거해 의사 결정권자들은 자신들의 주장을 확증하는 정보는 적극적으로 채택하거나 과대 평가하는 반면, 자신들의 주장에 반하는 증거는 무시하거나 과소 평가합니다.

a 덜 분산된 포트폴리오를 보유

많은 투자자들은 어떤 특정 투자상품에 빠져서 수년이 경과한 후 궁극적으로 한 가지에 치우친 덜 분산된 포트폴리오를 보유하게 됩니다. 이런 투자자들은 선호하는 투자상품에 대한 부정적인 것을 들으려 하지 않고 오로지 한 마음으로 자기 포지션이 이익을 가져다 줄 것이라는 확증을 찾고자 합니다.

[해결방법] 상담자는 다음과 같은 상담을 실시합니다.

- 어떤 투자상품에 지나친 집착을 보이는 고객들에게는 그 투자상품에 대해 불리한 자료를 찾아내도록 노력하라고 조언합니다.
- 이것은 선호하는 투자상품에 지나치게 집중되어 있는 포트폴리오를 보유한 고객들에게 특히 그렇습니다.

b 자신의 믿음을 확증하는 정보만을 사용

확증에 빠진 투자자들은 자신의 믿음을 확증하는 정보만을 사용하는 경향이 있습니다. 자신이 좋게 생각하는 투자상품이 좋은 투자상품이 아닐지도 모른다는 것을 보여주는 정보에 대해서는 스스로 눈을 감아버립니다.

[해결방법] 상담자는 다음과 같은 상담을 실시합니다.

- 투자 결정이 미리 정해진 기준, 예를 들어 52주 신고가 돌파와 같은 기준에 따라 내려진다면 다른 각도에서 그 의사 결정을 교차 검증하는 것이 바람직하다는 것을 조언합니다.
- 이것은 투자선택시 실질적 고려사항을 무시하고 맹목적으로 미리 설정된 원칙에 얽매이지 않도록 하는데 도움이 됩니다.

c 예상치 못한 투자상품의 가치 하락에 노출

확증에 빠진 투자자들의 믿음에 반대되는 정보는 무시하는 경향은 투자자들을 재앙, 예를 들어 예상치 못한 투자상품의 가치 하락에 노출시킬 수 있습니다.

[해결방법] 상담자는 다음과 같은 상담을 실시합니다.

- 편향 극복을 위한 첫 단계는 이 편향이 존재한다는 것을 인식시키는 것입니다. 그 후 고객들이 자신의 투자 결정에 반대되는 정보를 찾아내려 함으로써 편향을 극복할 수 있습니다.
- 단지 반대되는 증거가 존재한다고 해서 투자가 현명하지 못했다는 것을 의미하는 것은 아닙니다. 하지만 고객들이 모든 가능한 사건과 전망을 고려하도록 노력한다면 실수를 훨씬 덜하게 됩니다.

최신 효과 편향

[인지 편향(bias)]

7. 최신 효과(recency effect) 편향

최신 효과 편향이란 다소 지난 과거에 발생한 사건 · 관찰 결과보다는 최근의 것들을 훨씬 더 두드러지게 기억해내고 강조하도록 하는 편향을 말합니다.

최신 효과에 의해 사람들은 최근에 유지된 정보를 강조하고 새롭지 못한 사건이나 관찰은 무시하게 됩니다.

a '지금은 그 당시와는 달라' 등의 말에 현혹

최신효과에 빠진 투자자들은 대부분의 시장베테랑들이 주의하는, '지금은 그 당시와는 달라' 등의 말에 현혹되는 경향이 있습니다. 2008년에 최근 성과에 대한 단기 기억으로 몇몇 투자자들은 자신의 기억 속에서 이성적인 가치나 버블 혹은 정점, 하락장 등의 과거 사실을 지워버리곤 했습니다.

[해결방법] 상담자는 다음과 같은 상담을 실시합니다.

- 지금이 그 당시와 다르지 않음을 고객이 이해할 때까지 과거 데이터를 제시합니다.

b 기본적 가치를 무시, 최근의 성과에만 집중

최신 효과에 빠진 투자자들은 기본적 가치를 무시하고, 단지 최근의 성과에만 집중하는 경향이 있습니다. 최근 수익률이 정점을 이루었거나 성과가 가장 좋게 나타난 투자상품들은 과대 평가되어 있을 수 있습니다. 가치에 중점을 두지 않고 최근 성과만을 중요시한다면, 투자는 장기 평균을 밑도는 수준에 머무를 수 있습니다.

[해결방법] 상담자는 다음과 같은 상담을 실시합니다.

- 상담자는 고객들이 선호하지 않는 저평가된 투자상품이 가장 현명한 투자 대안이 될 수 있음을 설명할 필요가 있습니다.
- 이는 투자수익 주기표로 가장 설득력 있게 제시될 수 있으며, 최신 효과에 빠진 고객들을 균형 잡힌 자산 배분으로 이끌 수 있습니다.

c 적절한 자산배분을 무시

최신 효과에 빠진 투자자들은 적절한 자산배분을 무시하고, 주어진 자산에만 집중하는 경향이 있으며, 때로는 더욱 집중하곤 합니다. 하지만 적절한 자산 배분만이 투자 성공의 필수요소입니다.

[해결방법] 상담자는 다음과 같은 상담을 실시합니다.

- 상담자는 적절한 자산 배분과 분산투자원칙이 고객들을 스스로 재무목표에 도달할 수 있게 해준다는 것을 조언합니다.

대표성 편향

[한 걸음 더]

1. 대표성 (representativeness) 편향

대표성 편향이란 소수의 표본이 전체 모집단의 대표성을 지닌다고 잘못된 가정을 하게 되는 편향을 말합니다.

대표성 편향에 빠진 투자자들은 기저율을 무시하는 경향이 있습니다.

a 기저율을 무시

대표성 편향에 빠진 투자자들은 기저율을 무시하는 경향이 있습니다. 여기서 기저율(base rate)이란 판단과 의사 결정에 필요한 사건들의 상대적 빈도를 말합니다.

[해결방법] 상담자는 다음과 같이 질문합니다.

- "IPO 펀드가 장기적으로 실패할 확률과 장기적으로 성공할 확률은 어떤 것이 높습니까?"
- 대표성 편향에 빠진 투자자는 성공할 확률이 높다고 생각하지만, 이것은 IPO 펀드가 성공하기보다 실패하기 쉽다는 기저율을 무시한 것입니다. 이런 질문을 통해 실제 오류를 범하고 있는지 확인할 수 있으며, 이와 같은 과정을 거침으로써 편향을 교정하고, 보다 나은 투자의사결정을 할 수 있게 됩니다.

b 적은 숫자의 법칙을 추구

대표성 편향에 빠진 투자자들은 적은 숫자의 법칙을 추구하는 경향이 있습니다. 여기서 적은 숫자의 법칙(law of small numbers)이란 소규모 표본에 대해 과장된 신뢰를 갖는 것을 말합니다.

투자자들은 펀드매니저의 track record를 분석할 때 기껏해야 과거 몇 달 혹은 과거 몇 분기 동안의 자료를 살펴본 후, 부적절한 데이터에 기초해 분석을 실시하고, 펀드의 성과는 잘 짜여진 포트폴리오나 좋은 주식을 선택한 결과라고 결론을 맺습니다.

[해결방법] 상담자는 다음과 같이 질문합니다.
아래 질문은 쓸데없는 이익을 좇는 것을 피하고 궁극적으로 이익을 가져다 줄 투자상품을 선택하는데 도움이 될 것입니다.

- 크기와 유형이 비슷한 펀드와 비교했을 때, 당신이 고려하고 있는 펀드의 성과는 어떠합니까?
- 해당 펀드의 매니저는 이 펀드를 몇 년간 운용했습니까?
- 해당 매니저의 장기 성과가 우수합니까?
- 펀드의 1년, 3년, 5년 수익률이 모두 시장 평균수익률을 초과합니까?

인지 부조화 편향

[한 걸음 더]

2. 인지 부조화(cognitive dissonance) 편향

인지 부조화 편향이란 새롭게 얻게 된 정보가 기존 지식과 상충될 때 심리적인 불편함을 느끼는 편향을 말합니다.

사람들이 흔히 자신의 인식에 동조하고 심리적 안정감을 유지하기 위해 매우 요원한 합리화(rationalization)를 행하곤 합니다. 그러나 사람들이 인지 조화를 위해 자신의 행동 · 인식을 수정할 때, 이러한 수정이 항상 합리적으로 자신의 이익에 부합되는 것은 아닙니다.

a 선택적 인식/선택적 의사결정

선택적 인식 : 인지 부조화로 인한 선택적 인식을 경험한 투자자들은 선택 과정에서 확신하는 정보만을 인식하는 경향이 있습니다. 투자자들은 인지 부조화에 의해 부화뇌동 하는 행동을 하게 됩니다. 많은 정보들이 공표된 후 투자자들이 한꺼번에 행동해 그 결정에 반대되는 일련의 행동들이 쇄도하게 될 때까지, 최초 결정에 반대되는 정보(인지 부조화)를 피하려고 합니다.

선택적 의사 결정 : 인지 부조화로 인한 선택적 의사 결정은 원래의 의사 결정을 지속적으로 행할 가능성이 높을 때 발생하는 경향이 있습니다. 심지어 엄청난 경제적 비용을 초래할 때에도 의사 결정의 실행을 합리화하려고 합니다. 투자자들은 인지 부조화에 의해 새로운 투자상품에 대한 객관성 및 합리성을 갖지 못한 채 자신의 초기 의사 결정을 확신한 나머지 이미 손실이 큰 투자상품에 계속해서 투자하게 됩니다.

[해결방법] 상담자는 다음과 같은 상담을 실시합니다.

- 고객의 신념을 수정시키기
- 고객의 행동을 수정시키기
- 고객의 관련 행동에 대한 인식을 전환시키기

자기귀인 편향
[한 걸음 더]

3. 자기귀인 (self-attribution) 편향

자기귀인 편향이란 투자자들이 성공은 기질적 요인 탓으로 여기고, 실패는 상황적 요인 탓으로 돌리는 경향을 말합니다.

자기귀인 편향은 두 가지로 나누어 볼 수 있습니다.

• 자기고양 편향은 자신들의 성공에 대해서 비이성적으로 높은 공로를 주장하는 경향을 말합니다.
• 자기방어 편향은 추론 효과 즉, 실패 책임에 대해서 비이성적으로 부정하는 것을 말합니다.

a 듣고 싶어 하는 것만 청취

자기귀인에 빠진 투자자들은 자신이 듣고 싶어 하는 것만 청취하는 경향이 있습니다. 즉, 투자자에게 투자를 하기 위해 내려야 할 의사 결정을 확정 짓는 정보가 주어졌을 때, 그것이 자신의 총명함 덕분임을 내세우게 됩니다.

이것은 투자자들이 매수하거나 보유해서는 안 될 투자상품을 매수하거나 보유하도록 하게 합니다.

b 투자 성공 = 자신의 통찰력

자기귀인에 빠진 투자자들은 성공적 투자기간(한 분기 또는 1년)이 경과한 후에 성공이 자신이 통제할 수 없는 요인들 때문이 아니라, 자신의 투자자로서의 날카로운 통찰력 때문이라고 생각하는 경향이 있습니다.

이러한 행동은 투자자들이 자신의 행동에 지나치게 과신함으로써 너무 많은 위험을 감수하도록 하는 원인이 될 수 있습니다.

c 덜 분산된 포트폴리오를 보유

자기귀인에 빠진 투자자들은 분산이 제대로 되지 않은 포트폴리오를 보유하는 경향이 있습니다. 이는 특히 기업의 성공적인 성과를 자신의 공헌으로 치부하는 회사 간부 등과 같은 투자자들 사이에서 나타나게 됩니다.

투자상품의 성과는 종종 투자자 개인 기술보다는 운을 포함한 여러 요인 덕분입니다. 따라서 하나의 투자상품에 집중 투자하는 것은 자기 귀인과 관련되어 있으며 피해야 할 사항입니다.

[해결방법] 상담자는 다음과 같은 상담을 실시합니다.

• 고객이 자신의 투자 성공과 실패 양자를 가능한 한 객관적으로 조사하도록 돕고, 각 투자마다 사후 분석을 실시하도록 조언합니다.

통제 착각 편향
[한 걸음 더]

4. 통제 착각(illusion of control) 편향

통제 착각 편향이란 인간이 사물의 결과에 대해 사실상 영향을 미칠 수 없음에도, 통제할 수 있거나 최소한 영향력을 미칠 수 있다고 생각하는 편향을 말합니다.

객관적 확률보다 높게 설정한 성공 확률의 개인적 기대치. 통제 착각 편향은 일반적으로 투자자들이 과신에 빠지도록 합니다.

a 빈번한 거래/덜 분산된 포트폴리오

통제 착각에 빠진 투자자들은 적정한 수준보다 더 빈번하게 거래를 하는 경향이 있습니다. 연구에 의하면 투자자들, 특히 온라인 투자자들은 투자에 대해 실제보다 더 많은 통제권을 행사하고 있다고 믿습니다. 과도한 거래는 결과적으로 수익률을 감소시킵니다.

통제착각에 빠진 투자자들은 덜 분산된 포트폴리오를 유지하는 경향이 있습니다. 연구에 의하면 통제 착각에 빠진 투자자들은 집중 포지션을 유지하는데, 그 이유는 자신이 투자상품의 운명을 어느 정도 통제한다고 느끼는 투자상품에 끌리기 때문입니다. 그러나 이런 통제는 환상이며 분산투자가 안 될 경우 포트폴리오는 취약해집니다.

b 지정가 주문

통제착각에 빠진 투자자들은 자신의 투자에 대한 유사 통제감각을 느껴 보기 위해서 지정가 주문(limit order)이나 이와 유사한 테크닉을 사용하는 경향이 있습니다.

사실상 이런 메커니즘은 대부분 별 볼일 없는 기회에 불과하거나 제멋대로 형성되는 가격에 따라 불필요하게 투자하게 만듭니다.

c 해결방법

상담자는 다음과 같은 상담을 실시합니다.

- 고객들에게 성공적 투자는 확률 행위임을 인식시킵니다 : 가장 현명한 투자자일지라도 자신이 행하는 투자의 결과에 대해 전혀 통제권을 가지고 있지 못합니다.
- 고객들에게 통제착각에 쉽게 빠질 가능성을 촉발하는 환경을 인지시키고 피하도록 조언합니다 : 논리적으로 식별가능한 우연성에 기초해 투자 의사결정을 내리지 말아야 합니다.
- 고객들에게 정반대의 관점을 제시합니다.
- 고객들이 일단 투자하기로 결정한 경우, 통제 착각 편향을 피하기 위한 방법 중 하나는 고객들이 각 거래에 대해 기록을 유지하도록 하는 것입니다 : 예를 들어 해당 거래에 잠재된 타당성을 꼼꼼히 기록해 메모로 남기게 하는 것입니다. 각 투자의 중요한 특징을 기록해 두고 투자의 성공을 위한 것이라고 생각했던 속성을 강조하게 합니다.

모호성 회피 편향
[한 걸음 더]

5. 모호성 회피(ambiguity aversion) 편향

모호성 회피 편향은 일반적으로 사람들이 확률이 불확실한 모호한 상황에서 망설이는 편향을 말합니다.

모호성 회피의 독특한 측면은 능력 효과입니다. 모호성 회피에 빠진 투자자들은 불확실한 확률분포를 지닌 투자상품에 대해 지나친 주의를 기울입니다. 그러나 특정 영역(예를 들어 국내 인덱스 펀드, 중소형주 펀드 등)에서 자신들이 능력을 가지고 있다고 생각하는 경우 투자자들은 실제로 자신이 수용할 수 있는 위험보다 더 큰 위험을 받아들입니다.

a 모국 지수로 투자를 국한

모호성 회피에 빠진 투자자들은 모국 지수(예를 들어 KOSPI)가 해외 지수보다 친숙하므로, 모국 지수로 투자를 국한하는 경향이 있습니다.

이것은 ETF의 붐에 비추어볼 때 특히 중요한데, ETF로 인해 국내투자자들은 잘 모르는 지역, 예를 들어 유럽이나 남미에 투자할 수 있게 되었습니다. 특정 국가에 국한해 투자하는 것은 분산 투자에 대한 선택을 제한하며, 투자자가 해외에서 수익을 얻을 기회를 탐색하지 못하도록 합니다.

b 인지된 위험에 대해 더 높은 보상을 요구

모호성 회피에 빠진 투자자들은 특정 투자상품에 투자할 때 인지된 위험에 대해 더 높은 보상을 요구하는 경향이 있습니다.

따라서 투자자들은 오로지 보수적인 투자상품만 유지할 우려가 있는데, 그런 투자상품은 자산가치의 손실 가능성, 구매력의 소진, 그리고 이와 유사한 결과를 가져올 수 있습니다.

c 해결방법

상담자는 다음과 같은 상담을 실시합니다.

- 모호성 회피는 인지 편향이기 때문에, 고객들에게 조언하거나 정보를 제공함으로써 편향의 결과를 수정 · 경감시킬 수 있습니다.

사후 확신 편향

[한 걸음 더]

6. 사후 확신(hindsight) 편향

사후 확신 편향이란 특정 사건의 결과를 보고 난 후, 자기는 이미 진작부터 그런 결과를 확실히 예견하고 있었다고 믿는 편향을 말합니다.

즉, "나는 처음부터 알고 있었어!"라고 생각하는 편향입니다. 일단 어떤 사건이 일단락되면, 사후확신 편향에 빠진 사람들은 그 사건이 예측할 수 없었던 것임에도 불구하고 예측할 수 있었던 것이라고 생각하는 경향이 있습니다.

이러한 행동은 사람들이 발생 가능했던 여러가지 경우의 수보다 실제로 발생된 결과를 더 기꺼이 받아들인다는 사실에 의해 더욱 촉진됩니다. 따라서 사람들은 자신이 내린 예측의 정확성에 대해 과대 평가하는 경향이 있습니다.
몰론 이것은 사람들은 정확한 예측을 할 수 없다는 것이 아니라, 단지 사후 확신에 빠져 정확한 예측을 했다고 믿기 쉽다는 것입니다.

a 자신들의 기억을 편집

어떤 투자를 평가할 때, 사후 확신에 빠진 투자자들은 과거의 결과를 마치 자신들이 예측할 수 있었던 것처럼 받아들이도록 자신들의 기억을 편집하는 경향이 있습니다.

시간이 지남에 따라 이런 합리화는 과도한 위험 감수를 초래하는데, 사후 확신 편향에 빠진 투자자들은 사실상 그런 능력이 없음에도 불구하고, 자신들이 탁월한 예측 능력을 지니고 있다고 믿기 때문입니다.

[해결방법] 상담자는 다음과 같은 상담을 실시합니다.

- 고객들이 긍정적인 투자 성과가 예측 가능했다고 과신할 때 이것이 사후 확신 편향으로 의심된다면, 가장 바람직한 행동은 부드럽게 그 사실을 지적하는 것입니다.

이야기를 하는 것은 고객을 불쾌하게 하지 않으면서 요점을 전달할 수 있도록 하는 하나의 전략입니다.

b 과거의 투자 실패를 다르게 각색

사후 확신에 빠진 투자자들은 자신들의 투자 실패를 가져온 이전의 잘못된 예측에 대한 기억을 지워버리려 할 때, 당혹감을 완화시키려고 과거의 투자 실패를 다르게 각색하는 경향이 있습니다. 이런 형태의 자기 기만은 어떤 점에서는 인지 부조화와 유사한데, 이는 투자자들이 자신의 실수로부터 배우는 것을 방해합니다.

[해결방법] 상담자는 다음과 같은 상담을 실시합니다.

- 상담자는 많은 고객들이 잘못 내린 투자의사결정을 상기하려 하지 않는다는 것을 인식해야 합니다. 그러나 투자가 왜 잘못되었는지 이해하는 것은 시장에 대한 통찰력을 얻고 궁극적인 투자 성공을 위해 매우 중요합니다.
- 따라서 고객들이 잘된 투자의사결정과 잘못된 투자의사결정 모두를 주의 깊게 조사하도록 조언합니다.

c 펀드매니저를 지나치게 탓하거나 칭찬

사후 확신에 빠진 투자자들은 투자상품의 수익률이 나쁘거나 좋으면, 펀드매니저를 지나치게 탓하거나 칭찬하는 경향이 있습니다. 하지만 주식시장에서 무슨 일이 발생했는지를 객관적으로 돌아본다면, 이 투자자들은 모든 결과를 불가피한 것으로 받아들일 것입니다.

그렇다면 뛰어난 펀드매니저가 어떻게 투자자들의 비난을 받게 되는 것일까요? 자신들의 전략을 정확하게 실행하는 상위 25%에 드는 펀드매니저라 할지라도 모든 시장 주기마다 성공적인 결과를 창출하는 것은 아닙니다. 예를 들어 2010년대 대형주 펀드는 많은 비난을 받았습니다. 그러나 이들은 실적이 나쁜 매니저들이 아닙니다. 이들의 전략은 단지 그 당시에는 맞지 않았을 뿐입니다.

[해결방법] 상담자는 다음과 같은 상담을 실시합니다.

- 상담자는 시장이 주기에 따라 움직이고 고객들의 자산에 대한 펀드매니저들의 투자 성과가 다른 투자자산과 비교해서 상대적으로 낮을 수 있다는 것을 고객들에게 이해시킬 필요가 있습니다.
- 상담자는 고객들에게 좋은 펀드매니저라면 좋은 시절이나 나쁜 시절이나 지속적으로 유효한 투자 유형을 유지한다는 것을 이해시킬 필요가 있습니다.

프레이밍 효과
[한 걸음 더]

7. 프레이밍 효과(framing effect) 편향

프레이밍 효과 편향이란 똑같은 상황이나 사물을 어떤 시각으로 보느냐에 따라 해석이 달라지는 편향을 말합니다.

프레임(frame)을 결정하는 것은 행동·결과 또는 특별한 선택 상황에 대한 의사결정권자의 주관적인 개념입니다. 의사결정권자가 적용하는 프레임은 그 문제 자체나 규범, 습관 혹은 본인의 개인적 특성 등에 따라 부분적으로 영향을 받습니다.

프레이밍 효과는 또한 편협한 프레이밍(narrow framing) 효과라는 하위 현상으로 이루어집니다. 이는 사람들이 한·두 가지 상황에 지나치게 경직되어 있을 때 발생하는데, 다른 중요한 관점은 배제한 채 의사결정을 내리게 됩니다.

주어진 의사결정문제는 한 가지 이상의 방법으로 프레이밍이 가능합니다. 예를 들어 질문이 어떻게 이루어지는지에 따라 투자자는 프레이밍 효과에 의해 위험에 대해 무모하게 보수적이거나 공격적인 답을 하게 됩니다. 프레이밍은 종종 임의적이고 관련성이 떨어지기 때문에 매입, 매도 등 투자자의 판단에 영향을 미쳐서는 안됩니다.

[해결방법] 상담자는 다음에 주의해야 합니다.

- 위험성향 질문지는 고객의 목표를 달성하거나 적절한 투자상품을 선택하는데 필수적입니다. 그러므로 상담자는 되도록이면 중립적이고 독립적으로 고객들에게 사실과 선택기회를 제공해야 합니다.
- 명확한 대화기법이야말로 상담자와 고객간 관계를 성공적으로 이끄는 확실한 방법임을 명심해야 합니다.

a 단기 가격변동성에 민감

편협한 프레이밍 효과에 빠진 투자자들은 단일 산업 · 주식의 단기 가격변동성에 민감하게 반응하는 경향이 있습니다. 또한 다른 투자대안은 안중에도 없이 한 가지 자산구조만을 선호하게 될 수 있습니다. 이러한 행동은 근시안적인 손실 회피(loss aversion) 편향과 함께 나타납니다. 위험을 단지 단기 시장변동성에만 집중해 살핌으로써 너무 자주 거래하게 됩니다. 이러한 거래행동은 좋지 못한 투자행동입니다.

[해결방법] 상담자는 다음과 같은 상담을 실시합니다.

- 상담자는 고객들이 큰 그림, 즉 전체적인 부의 축적과 장기적 재무목표를 유지하도록 조언해야 합니다.

b 과도한 위험 회피

프레이밍 효과와 손실 회피는 과도한 위험 회피를 설명하는데 사용될 수 있습니다.

[해결방법] 상담자는 다음과 같은 상담을 실시합니다.

- 상담자는 고객들이 계속되는 의사결정에 있어 바로 전 기간에 기록한 손실 · 수익을 기준으로 삼지 않도록 조언해야 합니다.
- 무엇보다도 관련 교육, 분산 투자 · 적절한 포트폴리오 운용이야말로 이런 편향을 없애는 데 도움이 됩니다.

손실 회피 편향

[감정 편향(bias)]

1. 손실 회피(loss aversion) 편향

손실 회피 편향이란 사람들이 일반적으로 이익을 얻고자 하는 욕구보다 손실을 회피하고자 하는 욕구를 더 강하게 느끼는 편향을 말합니다.

심리적으로 손실 가능성은 동일한 규모의 이익을 얻을 가능성보다 평균적으로 두 배나 강력한 동기부여의 수단입니다.

손실 회피 편향 때문에 사람들은 회복가능성이 거의 없는 것을 알고 있음에도 불구하고 수익성이 없는 투자를 그만두지 못합니다.

반대로, 손실을 안 보는 것이 이익을 얻는 것보다 급박하므로, 손실을 회피하고자 하는 개인 투자자들은 이익 회수를 서두르는데, 회수하지 않으면 시장이 반전되어 자신들의 수익률이 무효가 될 것을 두려워하기 때문입니다. 여기에서 문제점은 이익을 보호하기 위해 너무 일찍 투자를 회수하면 가격 상승 잠재력에 제한을 두게 된다는 것입니다.

결론적으로 손실 회피 편향은 투자자들이 손실을 본 투자는 계속 보유하고, 이익을 본 투자는 처분하도록 하는 원인이 되어 포트폴리오수익률을 떨어뜨립니다.

a 손실을 본 투자상품을 지나치게 오래 보유

손실 회피 편향에 빠진 투자자들은 손실을 본 투자상품을 지나치게 오래 보유하는 경향이 있습니다. 이를 본전 회복병(get-even-it is)이라고도 부릅니다.

본전 회복병은 투자자들이 손실을 회복하길 바라는 마음에서 손실을 본 투자상품을 계속 보유하게 만드는 불행한 병입니다. 이러한 행동은 포트폴리오 수익률을 떨어뜨림으로써 매우 부정적인 결과를 초래합니다.

[해결방법] 상담자는 다음과 같은 상담을 실시합니다.

- 본전 회복병의 한 가지 증상은 어떤 투자에 대한 고객의 의사결정이 그 투자

를 위해 처음에 지불한 가격에 의존되는 것입니다.

- 효과적인 치료방법은 손절매 원칙입니다. 예를 들면, 10%의 손실이 생기면 즉시 투자상품을 매도하는 것입니다.
- 그러나 손절매 원칙을 수립할 때에는 투자상품의 정상적인 기대변동성 수준을 고려하는 것이 좋습니다. 투자상품의 가격이 단지 통상적인 등락을 반복한다면 매도할 필요는 없습니다.

b 이익을 본 투자상품을 지나치게 빨리 매도

손실 회피 편향에 빠진 투자자들은 팔지 않으면 자신들의 이익이 증발해 버릴까봐 염려가 되어, 이익을 본 투자상품을 지나치게 빨리 매도하는 경향이 있습니다. 이러한 행동은 포트폴리오의 상승가능성을 제한하고, 지나치게 빈번히 거래를 하도록 할 수 있는데, 이러한 거래는 투자수익률을 떨어뜨리는 것으로 나타났습니다.

[해결방법] 상담자는 다음과 같은 상담을 실시합니다.

- 상담자는 고객들이 가격이 오른 투자상품을 파는 원칙을 수립하도록 조언합니다. 이익 실현원칙은 펀더멘털과 가치 평가에 관련된 세부사항을 반영해 만들어질 때 가장 잘 작동됩니다. 목표는 이익이 나도록 하는 것입니다.
- 아울러 과세대상계좌의 경우 거래시 세금을 가능한한 내지 않도록 해야 한다는 것을 기억해야 합니다.

c 균형 잡히지 않은 포트폴리오를 보유

손실회피 편향에 빠진 투자자들은 균형 잡히지 않은 포트폴리오를 보유하는 경향이 있습니다. 예를 들어 여러 포지션에서 가치가 떨어지고 있으나 투자자가 손실 회피 때문에 팔지 않으려 할 경우, 불균형이 발생할 수 있습니다. 적절하게 다시 균형을 잡지 않으면 자산 배분은 부분최적인 수익률만 얻게 되어 고객의 장기목표에 부합하지 못하게 됩니다.

[해결방법] 상담자는 다음과 같은 상담을 실시합니다.

- 자산 배분과 분산 투자 이점에 대한 교육은 매우 중요한데, 투자자가 감정적 연결고리 때문에 편중된 투자 포지션을 가지고 있다면 교육을 더 해야 할 필요가 있습니다. 이런 상황에서 유용한 질문은 다음과 같습니다.
- "당신이 현재 A상품을 하나도 가지고 있지 않다면, 지금 당장 가지고 있는 것과 같은 수량의 상품을 그래도 고르시겠습니까?"
- 만일 그 대답이 "아니요" 라면 조정해야 할 필요성이 있습니다.

후회 회피 편향

[감정 편향(bias)]

2. 후회 회피(regret aversion) 편향

후회 회피 편향이란 후회를 하고 싶지 않은 심리를 말합니다. 후회는 불확실한 상황에서의 의사결정에 영향을 미칩니다.

후회를 회피하고자 하는 사람은 두 가지 실수, 즉 ① 실행 오류와 ② 미실행 오류로부터 유발되는 고민거리를 피하고 싶어 합니다.

- 실행 오류(errors of commission) : 잘못된 행동을 취했을 때 나타나는 오류
- 미실행 오류(errors of omission) : 잘못된 태만함, 즉 어떤 사실을 간과하거나 지나쳤을 때 나타나는 오류

후회의 감정은 실행 오류보다는 미실행 오류로 발생하는 결과에서 더욱 크게 나타납니다. 즉, 이미 기회를 놓친 투자상품의 결과가 더욱 크게 보이거나 금방 좇을 수 있을 것 같을 때, 후회는 가장 잘 드러날 뿐만 아니라 의사결정과정에서 큰 희생을 치르게 됩니다.

a 장기간 손실을 유지

후회 회피 편향에 빠진 투자자들은 장기간 손실을 유지하는 경향이 있습니다. 사람들은 자신이 잘못했을 때 이를 인정하고 싶어 하지 않아 손실을 보고 있는 투자상품을 장기간 매도하지 못하게 됩니다. 이와 같은 행동은 손실 회피와 유사하게 투자자의 부에 이롭지 못합니다.

[해결방법] 상담자는 다음과 같은 상담을 실시합니다.

- 상담자는 고객들에게 손해를 보는 것이 결코 즐거울 리 없지만, 수익성이 없다고 판단된 후에는 손절하고 시장을 빠져나오는 것이 가장 현명한 투자 방법임을 인지시켜야 합니다.
- 많은 투자자들, 심지어 가장 우수하다고 하는 트레이더들도 종종 발을 잘못 들여놓곤 합니다. 헤지 펀드가 베팅을 잘못할 수도 있고, 수십억 달러의 손실을 보고하더라도 이를 인정하곤 합니다.
- 상담자는 고객들에게 스스로의 손실에 대해 후회할 필요가 없다고 조언합니다. 고객들은 손해에 대한 고통을 덜 느낄 수 있다는 것을 알게 되면 손실의 고통은 줄어들 수 있고 그 경우 후회 회피의 영향도 감소할 것입니다.

b 지나치게 보수적으로 투자

후회 회피에 빠진 투자자들은 지나치게 보수적으로 투자하는 경향이 있습니다. 과거에 손실을 경험한, 즉 위험한 투자상품에 대한 그릇된 판단으로 고통을 경험한 적이 있는 대부분의 투자자들은 새로운 과감한 투자결정에 소극적이 되거나 매우 적은 위험만을 취하려고 합니다. 이런 행동은 장기적으로 낮은 성과를 초래하게 되며 결국 투자 목적에 방해가 될 수 있습니다.

[해결방법] 상담자는 다음과 같은 상담을 실시합니다.

- 상담자는 비록 고객들이 수익성 없는 투자상품에서 많은 손실을 입었더라도, 포트폴리오 차원에서 볼 때 위험은 포트폴리오 구성에 있어 건강한 자양분임을 인식시켜야 합니다.
- 상담자는 고객의 포트폴리오에 위험자산을 편입함으로써 장기적으로 수익 달성이 가능하다는 것을 보여줄 필요가 있습니다. 여기서 효율적 프런티어에 관한 연구가 도움이 될 것입니다.
- 과도한 보수성은 상대적으로 위험이 없다는 것을 의미하나, 위험을 감수하는 것은 종종 잠재적인 성과 달성을 의미하기 때문에, 포트폴리오 성장을 더디게 만들고, 이로 인해 궁극적인 재무목표에 도달하지 못하게 합니다.

c 군집 행동

후회 회피에 빠진 투자자들은 군집 행동을 하는 경향이 있습니다. 몇몇 투자자들은 대부분의 사람들이 매입한 투자상품을 함께 매입하는 것이야말로 미래의 후회를 줄이는 것이라고 생각합니다. 차이나 버블의 붕괴는 대부분의 군중이 잘못된 방향으로 움직일 수 있다는 것을 말해주는 예입니다.

[해결방법] 상담자는 다음과 같은 상담을 실시합니다.

- 상담자는 고객들이 군중심리에 빠졌다고 판단될 때 투자자의 동기부여에 관한 질문을 해서 이를 극복하도록 도울 수 있습니다.
- 예를 들어 직접 투자가 특정한 장기 재무목표와 관련되는지 여부를 질문할 수도 있습니다. 군중심리를 갖고 있는 투자자들은 종종 이런 질문에 쉽게 답하지 못합니다. 망설임 끝에 많은 고객들은 다시금 군중여론을 되짚어보게 될 것입니다.

소유 효과 편향

[한 걸음 더]

1. 소유 효과(endowment effect) 편향

소유 효과 편향이란 자산의 소유권을 가지지 않은 경우보다 소유권을 가진 경우, 그 자산의 가치를 더 높게 평가하는 경향을 말합니다.

소유 효과는 어떤 대상의 가치에 대해 서로 다른 가중치를 부여하는 심리과정으로 정의됩니다. 그 가치는 그 목적물을 소유하고 있다가 잃어버렸거나 소유하고 있지는 않지만 장차 그것을 얻게 될 가능성이 있는지 여부에 따라 좌우됩니다. 만일 자신이 소유한 목적물을 잃어버렸다면 그 손실의 크기는, 그 목적물을 새로이 소유할 경우 얻게 될 이익보다 더 크게 인식됩니다.

a 거래비용 때문에 계속 보유

소유 효과에 빠진 투자자들은 거래비용 때문에 매수한(이미 가지고 있는) 투자상품을 계속 보유하는 경향이 있습니다. 이러한 비용은 현명하지 못한 투자를 청산할 때 지불하는 매우 적은 대가일 수 있습니다.

[해결방법] 상담자는 다음과 같은 상담을 실시합니다.

- 상담자는 그 투자상품을 보유하는 대신 매도함으로써 얻을 수 있는 잠재이익·회피가능손실을 숫자를 이용해 보여줍니다.
- 그 다음에 이런 합계치와 수수료로 발생하는 상대적으로 변변치 않은 예상수치와 비교해 보여줍니다.

b 친숙성 때문에 계속 보유

소유 효과에 빠진 투자자들은 친숙성 때문에 매수한(이미 가지고 있는) 투자상품을 계속 보유하는 경향이 있습니다. 하지만 친숙성이 성과가 나쁜 투자상품을 보유하는 것을 정당화시킬 수 없습니다.

[해결방법] 상담자는 다음과 같은 상담을 실시합니다.

- 친숙성은 극복하기 어려울 수 있습니다. 안락함은 투자자에게 매우 중요하며, 고객이 매우 불편해 할 것 같은 방향으로 포트폴리오를 제안하는 것은 현명하지 않을 수 있습니다. 이것은 상담자의 조언이 완전히 힘을 잃은 경우 특히 중요하게 작용할 수 있습니다.
- 고객의 친숙성에 대한 욕구가 상담자의 재무조언과 상충될 때, 이를 다루는 가장 좋은 방법은 고객에게 친숙하지는 않지만 당신이 추천하고자 하는 투자상품의 과거 성과를 고객과 함께 살펴보는 것입니다. 그리고 상담자의 추천에 포함된 논리를 제시합니다.
- 친숙한 보유 투자상품을 전부 새롭고 두려운 투자상품으로 교체하도록 권하기보다는, 고객으로 하여금 친숙한 보유 투자상품의 일부를 새로운 투자상품으로 교체하는 것을 시도해 보도록 권하는 것이 좋습니다.
- 이러한 방식으로 고객은 새로운 투자상품에 대한 친숙성을 키워 나갈 수 있으며 만족할 정도의 안락함에 도달할 수 있습니다.

자기통제 편향

[한 걸음 더]

2. 자기통제(self-control) 편향

자기통제 편향이란 사람들이 내일을 위한 저축 대신 오늘 소비하게 하는 원인이 되는 행동양식을 말합니다. 사람들은 특히 돈에 있어 자기 통제 편향을 보여줍니다.

자기통제 편향은 사람들의 욕구와 자기 훈련 부족으로, 구체적인 행동을 하지 못하는 무능력과의 갈등으로 표현될 수 있습니다. 실제로 많은 사람들이 일시적 만족을 위해 자신의 장기 목적을 거부하는 경우가 나타납니다.

자기통제 편향에 빠진 고객에게 조언하는 방법은 저축행위에 대한 합리적 이론인 생애주기가설을 이용하는 것입니다.

a 미래 저축을 희생한 대가로 현재 소비를 증가

자기통제 편향에 빠진 투자자들은 미래 저축을 희생한 대가로 현재 소비를 증가시키는 경향이 있습니다.

퇴직은 투자자가 충분히 저축을 하기 훨씬 전에 닥쳐오기 마련이므로 이런 행동은 개인의 부에 위험합니다. 종종 사람들은 잃어버린 시간을 만회하기 위해 포트폴리오 구성에 있어 부적절한 수준의 위험을 감내하곤 합니다. 이러한 행위는 문제를 키울 뿐입니다.

[해결방법] 상담자는 다음과 같은 상담을 실시합니다.

- 상담자는 고객이 비록 퇴직할 때까지 여전히 많은 시간이 남아있는 경우에도 미래의 안락한 생활을 보장하기 위해 충분한 돈을 저축하도록 조언을 해야 합니다.
- 만일 상담자가 60세를 넘겼고 퇴직에 대비해 충분히 저축하지 못했다면 더욱 어려운 상황이 발생됩니다. 퇴직에 대비한 돈을 키우기 위해서는 저축, 투자, 위험 감수 간에 신중한 균형이 필요합니다. 종종 이런 고객들은 파트타

임 직업 같은 부가적 선택을 하거나 소비를 줄임으로써 이익을 얻을 수 있습니다.
- 어느 경우에나 자기 자신을 위한 투자, 즉 현재소비보다 높은 수준의 우선권을 미래에 부여하는 것이 매우 중요합니다.

b 자산 배분 불균형 문제에 빠지는 경향

자기통제 편향에 빠진 투자자들은 자산 배분 불균형 문제에 빠지는 경향이 있습니다.

예를 들어 어떤 투자자들은 '오늘 소비하자' 는 생각 때문에 소득을 발생시키는 자산을 선호합니다. 이러한 행동은 장기적 부에 위험할 수 있는데, 소득 발생 자산을 너무 많이 보유할 경우 포트폴리오가 인플레이션을 따라 잡을 수 없기 때문입니다.

어떤 투자자들은 단지 자신이 위험을 감수하기를 좋아하고 자기 자신을 통제할 수 없다는 이유만으로 다른 자산 유형, 예를 들어 채권보다 주식을 더 선호할 수 있습니다.

[해결방법] 상담자는 다음과 같은 상담을 실시합니다.
- 상담자는 고객들에게 계획된 자산 배분을 유지하는 것이 중요하다는 점을 강조해야 합니다. 고객의 이익을 위해 설득력 있게 제시할 수 있는 자산 배분의 이점에 대한 정보는 어디에도 널려 있습니다.
- 고객들이 주식을 좋아하거나 채권을 좋아하거나 간에 자기 통제가 부족한 고객들은 적절하게 균형 잡힌 포트폴리오를 유지해서 자신들의 장기 재무 목표를 달성하도록 하는 상담을 받을 필요가 있습니다.

c 기본적인 재무원칙에 무지

자기통제 편향에 빠진 투자자들은 기본적인 재무원칙에 무지한 경향이 있습니다.

자기통제 편향은 투자자가 준수한다면 장기적으로 커다란 부를 축적할 수 있도록 하는 기본적인 재무원칙, 예를 들어 이자율의 복리계산, 정액분할 투자법 및 이와 유사한 행동들에 대해 무지하게 되는 원인이 될 수 있습니다. 장기간에 걸쳐 이런 훈련 효과를 얻는데 실패한다면 고객들은 상당한 양의 장기적 부를 축적하는 기회를 놓칠 수 있습니다.

[해결방법] 상담자는 다음과 같은 상담을 실시합니다.
- 아마도 가장 중대한 이슈는 고객들에게 복리의 이점에 대해 조언하는 것입니다.
- 비록 사소한 1~2%의 차이일지라도 수십년간 복리로 계산되면 안락한 퇴직과 평균 이하의 퇴직 간의 차이를 가져올 수 있다는 것을 보여줄 수 있는 효과적인 소프트웨어 프로그램들은 다양하게 널려 있습니다.

낙관주의 편향
[한 걸음 더]

3. 낙관주의(optimism) 편향

낙관주의 편향이란 사람들이 대체로 자신의 미래나 자신에 관련된 일은 긍정적으로 생각하는 경향을 말합니다.

투자자들은 시장, 경제, 자신이 행한 투자에서 긍정적 성과가 생길 잠재력에 대해 지나치게 낙관하는 경향이 있습니다. 지나치게 낙관적인 투자자들은 나쁜 결과는 단지 다른 사람에게만 발생하지 자신에게 발생하지 않을 것으로 생각합니다. 사람들이 자신이 행한 투자결정에 있어 반대 결과가 나타날 가능성을 주의깊게 인식하지 못하므로 그런 과신은 포트폴리오에 해가 될 수 있습니다.

투자자들은 재무의사결정을 할 때 더 적절한 외부 견해를 채택하지 않고 내부 견해를 채택하는 경향이 있습니다. 내부 견해는 현재 상황에 초점을 맞추고 개인적 개입을 반영하는 견해입니다. 그러나 외부 견해는 현재의 상황을 과거의 유사한 상황에서 발생한 결과 범위 내에서 냉정하게 평가하는 것입니다.

이런 내부-외부 사고과정에 의거해 투자자를 낙관주의 편향이 있는 경우와 이성적 · 경제적 의사결정을 하는 경우로 구분할 수 있는데, 대부분의 비이성적인 장미빛 예측은 과거 유사 상황의 결과를 거의 무시하면서 현재의 특정 상황에 치우친 감정에서 나오는 경향이 있습니다.

a home bias

낙관주의에 빠진 투자자들은 자신들에게 가까운 지역에 투자(home bias)하는 경향이 있습니다. 즉 자신들의 지역적 영역의 전망에 대해 과도하게 낙관합니다.

[해결방법] 상담자는 다음과 같은 상담을 실시합니다.

• 자산 배분은 성공적인 포트폴리오의 열쇠임을 조언합니다 : 낙관주의 편향은 투자자들이 다른 자산은 무시하면서 과도하게 특정 자산유형을 선호하게 하는 원인이 될 수 있습니다. 고객들이 균형 잡힌 자산 배분을 하고 이를 고수하도록 독려해야 합니다.

b 낮은 저축률

낙관주의에 빠진 투자자들은 보통 저축을 적게 하고, 노후 대비에도 소홀한 경향이 있습니다.

[해결방법] 상담자는 다음과 같은 상담을 실시합니다.

- 재력보다 낮게 생활하고 주기적으로 저축하도록 조언합니다 : 저축과 투자는 장기 재무목표를 달성하기 위한 열쇠입니다. 낙관주의 편향에 너무 자주 빠지게 되면 통상 저축을 하지 못하게 되고, 따라서 이 편향과 싸우고자 하는 사람들은 확실하게 저축을 하거나 모든 기회에 있어 현명하게 투자하려고 노력해야 합니다.
- 복리계산은 장기 재무목표 달성에 중요한 공헌을 한다는 사실을 교육합니다 : 낙관주의 편향은 훈련된 투자의 이점을 흐리게 할 수 있습니다. 고객들이 매년 복리계산에 의해 자신들의 돈을 불려 나가도록 독려합니다.

c 시장수익률과 비슷하게 수익을 올린다고 생각

낙관주의에 빠진 투자자들은 스스로 시장수익률과 비슷하게 수익을 올린다고 생각하는 경향이 있습니다.

사실상 그들은 수익률을 떨어뜨리고 복리수익률의 장기 이점을 없애 버리는 인플레이션, 수수료, 세금 등과 같은 것들을 걱정해야 합니다.

d 장미빛 전망 자료에 지나치게 집착

낙관주의에 빠진 투자자들은 장미빛 전망을 보여주는 자료에 지나치게 집착하는 경향이 있습니다.

투자자들은 시장이나 자신의 투자에 대해 좋은 뉴스를 선호하며, 따라서 비관주의보다 낙관주의에 기울어져 있을 수 있습니다.

현상 유지 편향
[한 걸음 더]

4. 현상 유지(Status Quo) 편향

현상 유지 편향이란 변화를 초래할지도 모르는 대안을 선택하지 않고 현상태를 유지하는 대안을 선택하도록 하는 편향을 말합니다.

현상 유지 편향은 어떤 사물이 그대로 있는 것을 선호하는 사람들에게서 나타납니다. 관성이라는 과학원리는 현상 유지 편향과 직관적으로 매우 유사합니다.

a 손실 회피 편향과 함께 나타날 수 있음

현상 유지 편향은 손실 회피 편향과 함께 나타날 수 있습니다. 이 경우는 자산을 재배분하거나 투자상품을 수정해야 할 투자자들이 현상을 유지하는 경우입니다. 이들은 현상 유지야말로 손실을 최소화할 수 있다고 생각합니다. 이는 다른 대안을 선택했을 때 장기적으로 보다 높은 수익이 달성될 수 있을 때에도 나타납니다.

[해결방법] 상담자는 다음과 같은 상담을 실시합니다.

- 고객들의 입장에서는 아무 것도 하지 않는 것이 의사결정과정을 거치는 것보다 훨씬 수월합니다. 특히 의사결정이 감정적 고통을 수반할 때 더욱 그렇습니다. 예를 들어 손해를 본 투자상품의 매도 결정시 손실의 영향이 각인될 수 있습니다.
- 그러나 때로는 행동하지 않는 것은 장기적 재무목표를 달성하는데 방해가 될 수도 있습니다.

- 고객이 변화를 망설이고 있다면 상담자는 우선 현상 유지 편향이 재무목표에 어떤 영향을 미치는지 주의깊게 분석해야 합니다.
- 고객의 편향이 실제 그들의 부에 좋지 못한 영향을 미친다고 판단되면 그때에는 교육을 통해 이를 바로 잡아야 합니다. 고객들에게 흔히 발생하는 편향을 설명하고 단호한 행동에 따른 이점을 설명합니다.

b 부적절한 자산을 보유하는 경향

현상 유지 편향에 빠진 투자자들은 부적절한 자산을 보유하는 경향이 있습니다. 현상 유지 편향에 빠진 투자자들은 아무런 행동도 취하지 않음으로써 자신의 위험/수익 프로파일에 적절하지 못한 투자를 보유할 수 있습니다. 이는 투자자가 과도한 위험을 취하거나 과도하게 보수적으로 투자한다는 것을 의미합니다.

[해결방법] 상담자는 다음과 같은 상담을 실시합니다.

- 현상 유지 편향을 극복시키는 가장 좋은 방법은 교육입니다. 현상 유지 편향은 특히 영향력이 크며, 극복하기가 쉽지 않습니다.
- 고객들이 적절하지 못한 자산을 유지할 경우 발생할 손실 위험에 대해 설명하는 것이 때로는 효과적인 전략일 수 있으며, 고객들의 행동 변화를 유발할 수 있습니다.
- 또 다른 전략으로서 고객들에게 단일 투자상품만 보유할 경우 하락장에서 전체적인 부의 수준이 어떻게 될지, 그러한 부의 변화가 초래하는 삶의 변화에 대해 설명하는 것도 도움이 될 수 있습니다.

c 친숙하거나 좋아하는 투자상품의 보유를 유지

현상 유지 편향에 빠진 투자자들은 자신에게 친숙하거나 감정적으로 좋아하는 투자상품의 보유를 유지하는 경향이 있습니다. 이런 행동은 재무목표를 손상시킬 수 있습니다. 왜냐하면 그 투자상품을 보유함으로써 갖게 되는 주관적인 만족을 위해서 낮은 성과에도 불구하고 계속 보유하는 것은 정당화될 수는 없습니다.

[해결방법] 상담자는 다음과 같은 상담을 실시합니다.

- 상담자는 고객들에게 감정은 자산관리에 있어 최소화되어야 한다는 사실을 인식시켜야 합니다.
- 재무목표가 혼란스러울 때, 그냥 방관하거나 감정에 치우치게 되면 매우 위험해질 수 있습니다.
- 상담자는 고객들에게 감정을 어떻게 통제해야 하는지 설명할 수 있어야 합니다.

편향 반영 포트폴리오

[편향의 반영]

1. 편향 반영 포트폴리오

포트폴리오 구성 과정에서 행동 편향을 반영할 때 가장 중요한 사항은, 보다 편안한 마음을 갖도록 돕기 위해, 포트폴리오에 대한 편향을 갖고 있는 비이성적인 투자자들의 선호도를 자제시켜야 하는지 아니면 그대로 반영할 것인지 여부를 결정하는 것입니다.

a 편향 반영의 원칙

부의 수준이 낮은 고객의 편향은 자제시키고, 부유한 고객의 편향은 수용합니다.

인지 편향은 자제시키고, 감정 편향은 수용합니다.

- 인지 편향 : 잘못된 사유의 결과로 나타나기 때문에, 보다 정확한 정보와 조언으로 얼마든지 수정될 수 있습니다.
- 감정 편향 : 의식적인 계산에 의하기보다 충동적이거나 직관적으로 파생되기 때문에, 이것을 고치기는 어렵습니다.

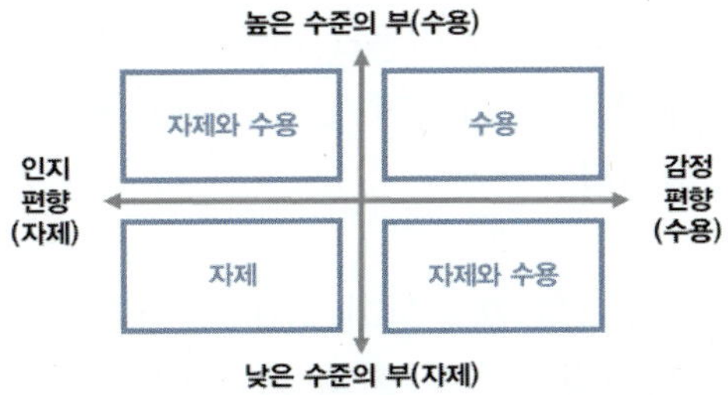

자산군		MP 비중	편향조정P 비중	% 변화율	차이	차이율 (절대값)
안전자산		5%	10%	100%	5%	5%
코어자산	주식	50%	45%	−10%	−5%	5%
	채권	25%	30%	20%	5%	5%
위성자산	주식	20%	15%	−25%	−5%	5%
		100%	100%	편향조정 편차 = 20%		

b 편향 반영 포트폴리오

로보 어드바이저 등을 통해 주어진 모델 포트폴리오에 행동 편향을 적절히 반영한 편향 반영 포트폴리오를 만듭니다.

이때 모델 포트폴리오의 20% 이상을 수정해서는 안 됩니다. 20%라는 숫자에 대한 논리는 대부분 투자정책이 상하 10% 범위의 재량권을 허용하기 때문입니다.

모델 포트폴리오로부터 적절한 편차를 결정하는 방법

① 각 자산군의 모델 포트폴리오 비중으로부터 편향이 반영된 편향 반영 포트폴리오 비중을 차감해 차이를 구합니다.

② ①에서 구한 차이를 각 자산군의 모델 포트폴리오 비중으로 나누어 % 변화율을 구합니다.

차이의 절대값을 구해 차이율을 구하고, 그것을 모두 합산하면 편향 조정 편차가 됩니다.

사례1
[편향의 반영]

1. 김 여사님의 사례

김 여사님은 남편과 사별 후 단조로운 삶을 영위하는 70세 미망인입니다. 그녀의 유일한 수입은 총 10억 원의 투자 포트폴리오에서 달성되는 수익이 전부입니다. 당신은 3년 전부터 알고 지내는 이 여사님으로부터 김 여사님에 대한 이야기를 전해 들었습니다.

김 여사님의 기본적인 투자목표는 자신의 자산으로 여생에 부족함이 없어야 한다는 것입니다.

김 여사님은 IMF 사태 때 남편의 사업체가 부도위기에 몰렸던 기억 때문에 어떤 상황에도 돈을 잃고 싶지 않습니다. 김 여사님은 금융시장에 대해 고집이 세고 사고의 유연성이 결여된 것으로 보입니다.

a 김 여사님의 현재 포트폴리오

채권형 증권투자신탁 100%

b 분석

김 여사님과의 자문계약을 맺고서, 당신의 추천 모델 포트폴리오가 반대로 제시되더라도 그녀는 자신의 포트폴리오를 절대 수정하지 않을 것이라는 것을 알게 되었습니다.

김 여사님은 채권형 증권투자신탁을 보유하고 있는데 인플레이션이 그녀의 자산에 영향을 미치게 될 것이라고 판단되었습니다.

포트폴리오 재구성에 있어 그녀가 느끼는 불안감은 한두 가지 편견에서 비롯되는 것이 아닐까 의심이 되어 김 여사님의 투자성향을 파악하기 위해 30분간의 진단 테스트를 제안했습니다. 그러나 그녀는 10분간의 진단 테스트만을 허락했습니다. 시간 절약을 위해 당신은 의심되는 편향, 즉 손실 회피, 앵커링 효과, 현상 유지에 대한 질문을 준비했고, 진단 결과 그 세 가지 편향에 해당한다는 것을 알았습니다.

포트폴리오 재구성을 위해 김 여사님께 투자자 성향평가를 실시했습니다. 그녀의 점수로부터 위험중립형 모델 포트폴리오인 주식 25%, 채권 65%, 유동성 10%을 추천할 수 있습니다. 당신은 김 여사님이 지금까지와 달리 보다 위험한 포트폴리오를 감수할 수 있음을 알게 되었고, 편향이 작용한다는 것을 확신했습니다.

c 편향 반영 포트폴리오

당신은 김 여사님이 현재의 포트폴리오에 집착한다면 파산하게 될지도 모른다고 판단했습니다. 또한 자산관리 소프트웨어도 당신의 우려를 반영하고 있습니다. 김 여사님의 부의 수준이 현재 적절하지만, 장기적으로 불균형한 포트폴리오가 지속된다면 풍요로운 미래를 감당하기에 충분한 것은 아닙니다.

현재와 같이 100% 채권을 고수하는 그녀의 편견을 수용한다면 김 여사님의 재무목표는 위험하게 됩니다. 그러나 그녀의 편향은 원칙적으로 감정 편향이어서 조언이나 정보로 교정될 수 없습니다. 이러한 이유 때문에, 그녀의 편견을 자제시키려고 할 경우 상황이 복잡하게 됩니다.

당신은 김 여사님의 부의 수준이 과하지 않고 그녀의 편향이 주로 감정 편향이라는 것을 알고 있기 때문에, 편견을 자제시키기도 하고 수용하기도 해야 합니다.

당신은 김 여사님의 편향을 반영해 모델 포트폴리오를 주식 15%, 채권 75%, 유동성 10%인 편향 반영 포트폴리오로 수정했습니다. 자산 관리 소프트웨어도 새로운 포트폴리오가 적절한 것으로 평가했습니다.

김 여사님의 편향 반영 포트폴리오는 편향 조정 편차 한도(20% 이하)내에서 편향을 반영했습니다.

이제 당신은 추천 포트폴리오를 김 여사님에게 제시해야 합니다. 뿐만 아니라 한 가지 자산에만 집중 투자함으로써 발생하는 위험에 대해 지속적으로 교육해야 합니다.

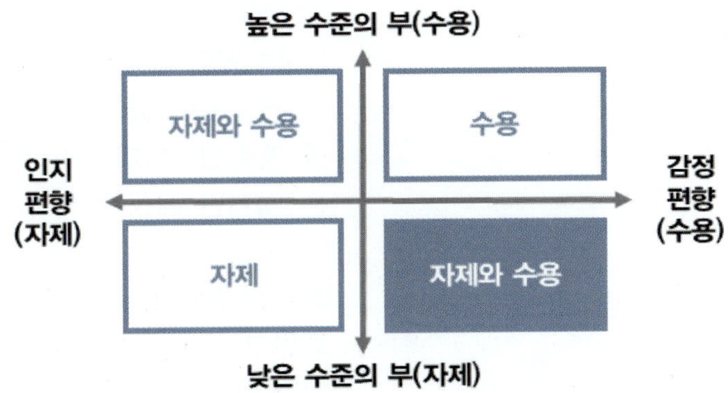

자산군		MP 비중	편향조정P 비중	% 변화율	차이	차이율 (절대값)
안전자산		10%	10%	0%	0%	0%
코어자산	주식	25%	15%	-40%	-10%	10%
	채권	65%	75%	15%	10%	10%
위성자산	주식					
		100%	100%	편향조정 편차 = 20%		

사례2

[편향의 반영]

2. 장 상무님의 사례

장 상무님은 50세의 미혼으로 연봉이 2.5억 원인 금융사 상무입니다. 그는 다소 낭비벽이 있기는 하지만 약 1.5억 원을 저축했습니다. 작년에 심장병을 앓기는 않지만 지금은 완쾌되었습니다.

최우선 재무목표는 65세에 건강하게 은퇴하고, 어머니께 3억 원을 드리는 것입니다(이 선물을 위해서 건강보험을 들 수 없습니다)

당신은 1년이 조금 못되는 기간 그와 함께 일해 오고 있는 PB입니다. 당신은 장 상무님과 좋은 관계를 유지했고 그도 당신의 추천을 호의적으로 받아주는 것 같아 보입니다.

당신은 장 상무님이 융통성을 가지고 있으며 지적 능력도 뛰어나다고 생각합니다. 단 몇 가지 편향을 지니고 있다는 것도 압니다.

a 장 상무님의 현재 포트폴리오

주식형 증권투자신탁 100%

b 분석

당신은 장 상무님의 재무목표를 위해 모델 포트폴리오를 다소 보수적으로 가져가야 한다고 생각했습니다. 그러나 한편으로 장 상무님은 그 생각에 완전히 동의하지 않을 수도 있습니다. 당신은 심각한 금융시장의 하락이 건강관련비용을 포함해 장 상무님의 생활비를 갉아 먹을지도 모른다고 판단했습니다. 자산관리 소프트웨어는 장 상무님이 다소 덜 공격적인 포트폴리오로도 자신의 재무목표를 달성하는데 무리가 없다고 진단했습니다.

그러나 장 상무님은 자신이 매우 훌륭한 투자자라고 생각하기 때문에 당신으로서는 그런 변화가 장 상무님으로 하여금 공격적으로 투자하지 않는 것에 대한 후회를 일으킬지 모른다고 걱정됩니다. 그는 편향 설문에 참여하였고 다음과 같은 편향에 민감한 것으로 진단되었습니다. 과신 편향, 후회 회피 편향, 자기통제 편향 포트폴리오 재구성을 위해 장 상무님께 투자자 성향평가를 실시했습니다. 그의 점수로부터 적극투자형 모델 포트폴리오인 주식 70%, 채권 25%, 유동성 5%을 추천할 수 있습니다. 또한 이론적으로 장 상무님이 지금까지와 달리 보다 균형 잡힌 포트폴리오가 적합하며, 편향이 작용한다는 것을 확신했습니다.

c 편향 반영 포트폴리오

부의 수준을 고려했을 때 장 상무님은 현재 자산 배분이 심각할 정도로 위험한 것은 아닙니다. 시장이 좋지 않더라도 그의 임금 수준이 높기 때문입니다. 그의 행동 편향은 주로 감정 편향입니다.

당신은 모델 포트폴리오가 제시하는 것보다 공격적인 포트폴리오를 추천할 수도 있습니다. 또 이런 추천으로 장 상무님은 훨씬 더 편안함을 느낄 수도 있습니다.

그러나 동시에 당신은 시장이 좋지 않을 때 장 상무님의 포트폴리오에 노출될 위험을 감안해 현금흐름을 분석해야 합니다. 또한 보다 안정적인 현금 보유를 유지하도록 조언할 수도 있습니다.

당신은 장 상무님의 편향을 반영해 모델 포트폴리오를 주식 75%, 채권 25%, 유동성 10%인 편향 반영 포트폴리오로 수정했습니다. 자산관리 소프트웨어도 새로운 포트폴리오가 시장이 좋지 않을 때도 적절한 수익을 달성하는 것으로 평가했습니다.

장 상무님의 편향 반영 포트폴리오는 편향 조정 편차 한도(20% 이하)내에서 편향을 반영했습니다.

이제 당신은 추천 포트폴리오를 장 상무님에게 제시해야 합니다. 뿐만 아니라 이런 결과를 어떻게 낼 수 있었는지 장 상무님께 충분히 설명해야 합니다.

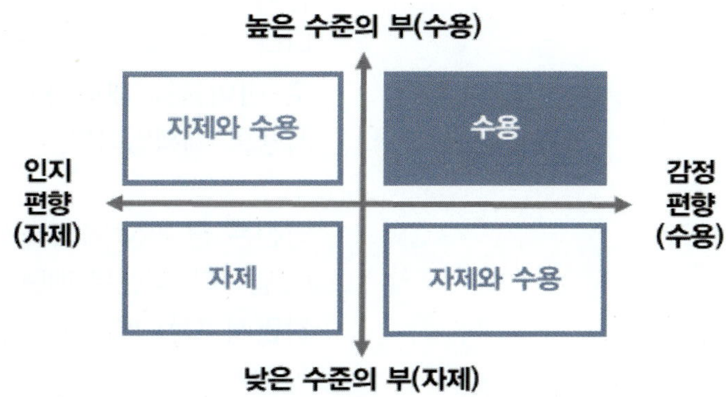

자산군		MP 비중	편향조정P 비중	% 변화율	차이	차이율 (절대값)
안전자산		5%	10%	100%	5%	5%
코어자산	주식	50%	50%	0%	0%	0%
	채권	25%	15%	−40%	−10%	10%
위성자산	주식	20%	25%	25%	5%	5%
		100%	100%	편향조정 편차 = 20%		

사례3

[편향의 반영]

3. 진 과장 가족의 사례

진 과장 부부는 금융에 관해 잘 알고 있으며, 4살과 6살 아이가 있는 40세의 동갑내기 부부입니다. 이들은 금융에 관해 큰 문제가 없지만 서브프라임 사태 때 어느 정도 타격을 입기도 했습니다.

이들의 총수입은 1.2억 원이며 이 수입이 갑자기 늘어나지는 않을 것으로 판단됩니다. 3억 원을 상속받았는데 이 자금으로 아이들을 대학까지 보내고 은퇴 후 사용할 계획입니다.

당신은 진 과장 가족과 3년 동안 일해 온 PB입니다. 당신은 매년 재무 계획을 수정하면서 자산 배분을 추천하곤 했습니다.

a 진 과장 가족의 현재 포트폴리오

작년에 당신이 제안한 것은 적극투자형 모델 포트폴리오인 주식 70%, 채권 25%, 현금 5%입니다. 그러나 그 당시 진 과장 가족은 보다 공격적인 투자상품을 선택했습니다.

올해 다시 동일한 모델 포트폴리오를 제안했을 때는 보다 보수적인 위험중립형 모델 포트폴리오인 주식 50%, 채권 45%, 현금 5%를 선호했습니다.

b 분석

당신은 진 과장 가족이 다음과 같은 편향을 갖고 있다는 것을 확인했습니다. 즉, 진 과장 가족은 단기 시장의 유행에 민감해 재무목표를 위해 너무 자주 포트폴리오를 변경하는 경향이 있습니다. 그러나 예상한 대로 이들은 그리 성공적이지 못했습니다.

이들 부부는 당신이 현 상태를 유지하라고 조언하더라도 이를 수용하려고 하지 않습니다. 현재 이들은 위험 회피적인 투자를 해야 한다고 생각합니다. 이 또한 서브프라임 사태 이후 시장 유행을 반영한 것입니다.

편향 테스트 결과는 다음과 같습니다. 통제 착각 편향, 최근성 편향, 가용성 편향.

c 편향 반영 포트폴리오

통제 착각 편향, 최근성 편향, 가용성 편향 모두 인지 편향입니다. 즉 관련 정보에 의해 수정될 수 있는 편향입니다.

또한 자산관리 소프트웨어에서는 진 과장 가족의 적정 부 수준에서 주식의 배분이 부족해 자녀들의 대학 학비나 은퇴 후 생활비를 충족하지 못할 것이라고 나타났습니다.

당신은 주식의 배분을 늘릴 목적으로 진 과장 가족의 편향이 자제 되어야 한다고 결정했습니다.

모델 포트폴리오는 주식 70%, 채권 25%, 유동성 5%로 제시되었습니다. 진 과장 부부는 심사숙고 후에 주식의 비중을 50%로 낮추기를 원했습니다. 그러나 당신은 이들이 인지 편향에 의해 그런 생각을 갖게 되었다는 것을 알고 있습니다. 또한 이들의 보수적이고 특이한 포트폴리오는 위험에 노출될 수 있습니다.

진 과장 부부의 편향은 교육을 통해 수정될 수 있기 때문에, 또 당신은 장기 재무목표가 위험해지는 것을 원하지 않기 때문에, 모델 포트폴리오를 그대로 추천했습니다.

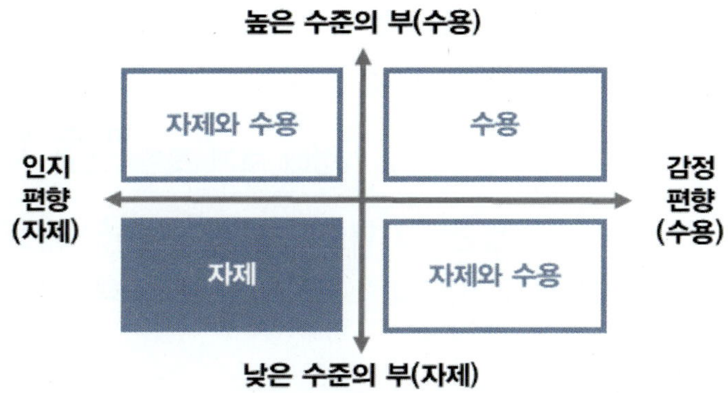

자산군		MP 비중	편향조정P 비중	% 변화율	차이	차이율 (절대값)
안전자산		5%	10%	0%	0%	0%
코어자산	주식	50%	50%	0%	0%	0%
	채권	25%	25%	0%	0%	0%
위성자산	주식	20%	20%	0%	0%	0%
		100%	100%	편향조정 편차 = 0%		

경험해 보지 못한 **"초저금리의 길"**,

불편하고 불안하지만 **홍정웅 대표**의 지식과 현장경험에서 우러난
자산관리 기본 체력 강화 교본인 이 책이 투자자와 PB에게 든든한 친구가 될 것이다.

前 광주은행 부행장 **김태진**

홍 정 웅 (Hong Jeong Woong)
E-mail : jwhong70@gmail.com
現) 코코칭 대표
前) 광주은행 WM사업부 부장대우
광주은행 신탁연금부 자산배분 및 상품선정 자문위원
JB금융지주 금융조사부 부장
하나대투증권 청담금융센터 PB
KTB자산운용㈜ 주식운용2팀 및 전략 리서치 팀 팀장
동부자산운용㈜ 주식운용팀 차장
교보투자신탁운용㈜ 주식운용팀 선임주식운용역
교보생명보험㈜ 조사역

퇴직연금으로 시작하는 자기주도 자산관리

출판일자 2020년 2월 18일
인쇄일자 2020년 2월 10일
지 은 이 홍정웅
발 행 처 WHYBOOKS ㈜와이북스
등록번호 제390-2011-000012호
주 소 경기도 고양시 일산동구 탄중로 343 518동 401호
대표전화 031 976-3555
팩 스 02 2068-1995
I S B N 979-11-350-1864-0 (부가기호 03320)
정 가 20,000원